Wandering the Mind: A
Phenomenological Study of
Teachers' Emotions

漫步心灵：

教师情绪的现象学研究

谢翌 等著

中国社会科学出版社

图书在版编目（CIP）数据

漫步心灵：教师情绪的现象学研究／谢翌等著. —北京：中国社会科学
出版社，2022.7
ISBN 978 - 7 - 5227 - 0360 - 2

Ⅰ.①漫… Ⅱ.①谢… Ⅲ.①教师—情绪状态—研究 Ⅳ.①G6443

中国版本图书馆 CIP 数据核字（2022）第 106478 号

出 版 人 赵剑英
责任编辑 许 琳 周怡冰
责任校对 李 硕
责任印制 郝美娜

出 版 中国社会科学出版社
社 址 北京鼓楼西大街甲 158 号
邮 编 100720
网 址 http://www.csspw.cn
发 行 部 010 - 84083685
门 市 部 010 - 84029450
经 销 新华书店及其他书店

印刷装订 北京君升印刷有限公司
版 次 2022 年 7 月第 1 版
印 次 2022 年 7 月第 1 次印刷

开 本 710×1000 1/16
印 张 22
字 数 328 千字
定 价 128.00 元

序

倾听情绪：让生命在故事中升华

　　焦虑的时代裹挟着教育卷入了功利的浪潮，痴迷于外在价值的追求遮蔽了教育作为生命间的活动这一实质，挤占了教师和学生内在生命所需要的价值空间。被压抑的生命个体，仿佛情绪被抽空了，已然如凋零的花朵，失去了绽放的可能，没了向上的生机。在这样一种内卷的洪流中，教师犹如孤独的"文化英雄"，他们尝试着用生命的余情去拯救被社会病态所伤害的孩子们（"社会性病患"），并决定医治他们；面对社会的各种期待和指责，面对内卷化的教育竞争，他们仍然需要格局高远，敞开心扉，并以心灵影响心灵，帮助学生顶天立地地生活。

　　教师劳动是一种复杂的情绪劳动，犹如登山探险，令人兴奋，也令人恐惧，需要激情（包括强烈的爱或极端的痛苦、满满的希望与绝望的呐喊等），需要情绪管理的智慧，需要生活情趣的滋养，更需要在激情"燃尽"之时得以更新和补充勇气。教师亦是"常人"，同样有七情六欲。然而，教师的情绪表达必定受到"职业规范"和文化期待的规约，因而生成了不一样的"情态"和"价值"。教育作为一种情绪劳动，是以情绪作为生命对话的介质，并与教育活动"纠缠"在一起，成为课程的一部分，因而有着十分不同的结构样态和实质，有着不一样的教育学价值，值得我们深度探寻和挖掘。教师的成长也不只是专业知识的成长，更需要的是情绪能力的成长。优质的教育永远需求内心资源的重拾与涵养，需要情绪力量的补给。

　　教师是用生命工作的，他们的专业力量源自内在的心灵。教师的内心是一个经由情感历练而生成的宝藏"暗箱"。教育即是行走在生命之间、心灵之间的活动，这种互动的体验就是他们内心世界的重要内容，也是教育真实发生的"印迹"。在一个"行走在生命间"的特定专业场域中，铸就了教师独特的心灵世界。这种生命间的生活体验成了进入教师内心的通道，"倾听"他们生活体验，方才像真正漫步他们的心灵，欣赏他们的内心景观，触摸他们的内心世界。正如梅洛－庞蒂所说，世界不是我们所想象的那样，而应该是真正"生活过的体验"。教师的生命住在"情感故事"里，因情绪体验而精彩，因而生命不只"看见"，更是因"听"而"见"。倾听教师的生活体验，关注他们生命中的"轶事"，这是理解教师最好的方式；同时，"彼此倾听"亦是内心世界不断更新的最好方式。

教师情绪世界中有幸福，也有内疚、恐惧、抱怨、忧虑、愤怒等，它们有着不一样的谱系和内涵。直面这些情绪，回归真实的教育场景，回到生命体验的那一刻，我们才能真正理解其内在结构与本质。每一种情绪都有着不一样的教育学味道，有着不一样的教育学价值。我们的"还原"未必是"全景式"的，但一定程度上彰显了某些特征和现实样态。教师情绪伴随着教师的整个生涯，不管是"新教师"（如"实习教师"），还是"老教师"（比如扮演最复杂教师角色的班主任），都会面临情绪的滋养或困扰。越是优秀的教师越会遇到复杂的情绪，有时充满激情，有时又会低迷消沉；有时十分幸福，有时又会非常痛苦；有时成就满满，有时又觉得不过是"空洞的胜利"；有时带着希望，有时又无比绝望……越是用心对学生、用生命做教育的老师，就越有可能受到情绪的各种影响。带着理解的旨趣，"悬置"已有的前见，我们用"漫步式倾听"，与基础教育阶段的不同教师进行对话，试图打开教师心灵这个"黑箱"，为教师的生命成长提供资讯和滋养，为未来教师教育提出新的视角，更为生命共同体的提升揭示新的路径。

情绪既可能是教育活动的"助燃剂"，也可能是"灭火器"。我们需要从情绪入手，去把握教师的内在生命样态和专业生活质量。情绪不仅对于教育过程的改进具有重要的影响，同时对于教师生命有着重要的教育学意义。积极的情绪可以增强教师的职业热情，提升教师的格局和气度，让教师享受教育的过程；消极的情绪既是教师历练与成长的重要力量，也可能会伤害甚至耗尽教师的内在能量，使得教育过程变得乏味。

教师情绪是一种文化现象，是个体、学校、社会等共同作用的产物。因此，需要置于"个人—组织""个人—社会"的互动情境之中来理解。不同的文化往往会催生相应的文化情绪，要么压制面对，要么独立前行，需要有不断的勇气更新来支援。情境可以打开教师的"心灵世界"，帮助教师在关系中进行自我确认、自我更新，进而实现自我的完整。教师成长不应该是一种"外在的强制式培训"，需要建立"倾听教师教育学"，首先是基于个人情绪体验的倾听，帮助学习者重拾生命经验。用教师的故事滋养自己，在反思中实现自我解放，因故事而完整，因故事而美丽。

探索教师的内心景观，在我们的"情本体"文化结构中有着特别的意义。情绪是共同体很好的"黏合剂"。一方面，教育学就是一种关系学，需要教师用情绪做好与学生有意义的联结，寻找生命的意义，喜、怒、哀、乐、怨、忧等情绪的表达都能彰显教育的智慧，引导个体的自我确认和自我完整；另一方面，探寻情绪的内涵、结构、本质与意义，可以引领教师走出消极的情绪困境，用积极的情感将自己和学科编织在一个共同体结构之中。

我们的探索旨在交流个人在某个点上的经验或故事，开始于中途，结束于中途，建构了一些不是"结论"的"结论"：只是一种开放性的生活经验的叙说，可以为新经验的建构提供可能的生长点。正如克兰德尼与康奈利在他们《关于叙事研究》一书的后记中所说的："目的是告诉人们要进行叙事思维，了解叙事研究者做了些什么，而并不是告诉人们叙事研究该怎么做。"我们的研究也只是为理解教师内心景观提供了一道光：纵使林中多歧路，唯愿人生各精彩。

2021 年 6 月

目　　录

第一章　绪　论

　　人的行为很多时候受到情绪的影响。情绪的影响有时候是积极的，有时候是消极的。"我们会面对无数情绪知识能派上用场的情况……在每一种情况中，情绪线索都会引导你的行为，就好像被刻在黑胶唱片上的歌曲，总会默默地在我们耳边发出警告，告诉我们应该怎么做。"[①] 教育本身是一种情绪劳动。教师情绪反映教师生命的内心景观，影响着教师的教育决策，对于教育生态系统和教育质量都有着十分重要的影响。在当前国家快速发展、教育改革日益频繁、社会压力与日俱增的情况下，教育被置于解决各种社会发展问题的中心位置，承受着越来越大的压力。教师已从过去潜心地传道授业，逐步被推到了公众的聚光灯下，不得不应对教学以外的各种复杂关系和外在压力。在这种大背景下，教师该如何应对自己的情绪呢？如何处理好与学生、同事、领导等相关利益主体之间的情绪关系呢？嵌存于多主体互动之网中的教师情绪到底形塑了一种什么样的专业内心景观？具体的表征与结构是怎样的？它对教师个人、对教育、对整个社会又将产生怎样的影响……厘清这些问题不仅关系到教师的生命质量，也关系到教育的质量和整个社会的进步。

　　[①] ［意］乔瓦尼·弗契多：《情绪是什么》，黄珏苹译，浙江人民出版社2018年版，第19—20页。

第一节　教师情绪：丰富化的内心景观

情绪的内隐性和多变性，使其犹如"黑箱"，无法直接把握。作为教师内在生命的重要组成部分，情绪是一种隐性力量，就像一只无形之手，深刻地影响着教育实践。教师情绪可以看作是教育质量的"晴雨表"，人们可从教师情绪的表征中把握教育生态的现实样态。当然，受职业特征的影响，教师情绪又具有显著的身份规约性，考验着教师以及教育管理者的情绪智慧。

一　教师生命质量的表征

情绪是教师生命历程中的重要景观，专业生活中的喜怒哀乐构成了教师情绪生活的丰富内涵。教师的情绪反映了教师的工作状态和生活情况，教育情境的多变性、教育对象的差异性、家—校—社的互动性等，众多因素影响着教师的情绪，教师能否恰当地管理自己的情绪并睿智地表达自己的情绪，彰显着教师的教育智慧和生命态度。

情绪体验是生命健康的重要维度。欧美普遍认可的一个生命质量调查工具是 SF—36，将生命质量主要分为"生理健康"和"心理健康"两大类[1]。其中"情绪对角色功能的影响"被看作是生命质量的重要维度，情绪之于教师的心理健康至关重要。有研究表明，中小学教师的心理健康问题不容乐观，尤其是在强迫症、抑郁、人际关系等方面。[2] 2018 年 9 月 13 日凌晨，某中学王老师因不满当下的教师生活状况而跳楼自杀。他的妻女和学生都不敢相信这个事实。在他们眼中，王老师是一位热情积极、爱岗敬业、认真负责的好老师。家属发现了其手机里未发出的短信："我的自杀，以此表达对教育局、学校的失望，原来拖欠工资，现在各种各样的检查、乱七八糟的档案、名

---

[1]　王红妹等：《中文版 SF-36 量表用于杭州市区居民生命质量研究》，《中华预防医学杂志》2001 年第 6 期。
[2]　胡海燕等：《中小学教师心理健康状况调查研究》，《中国健康心理学杂志》2014 年第 9 期。

目繁杂的培训，职称不公。"王老师因为不满意当下的职业生活，同时缺乏教师情绪表达的平台和机会，最终不堪情绪的压力选择轻生。"圣人化"的教师职业道德和"神化"教师人格的社会期待，逼迫着教师选择隐藏这些消极的情绪，扮演"文化英雄"，去面对社会的各种不当要求，去设法改变和拯救来到学校的"社会病患"。然而，教师自身的情绪被忽略了，这起码是王老师自杀的重要诱因。情绪表征是职业生活的重要内容，需要各方重视起来，并给予科学地管理和积极地干预。教师职业的特殊性增加了教师情绪的内隐性，更加需要敏锐地察觉和智慧地关注。

教师的情绪状态彰显着教师的生活质量和幸福感，是教师内在生命质量的重要表征。教师的生命质量取决于个体职业生活的幸福感。越来越多的国家将国民的幸福感作为衡量社会发展水平的关键指标。幸福是现实生活的主观反映，它既同人们生活的客观条件密切相关，又体现了人们内心的意义需求和价值取向，人们的主观幸福感正是由这些因素共同作用而产生的个体对自身存在状况的一种积极的心理体验。[①] 关于主观幸福感的结构，迪纳等人（Diener & Emmons，1984）认为主要包含两个方面：（1）情感成分，包括积极情感（pleasant affect，PA）和消极情感（unpleasant affect，NA）；（2）认知成分，称为生活满意度（life satisfaction）。[②] 其中，积极情感包括欢喜、振奋、满意、幸福等情感体验；消极情感包括羞愧、悲伤、焦虑、担忧、气愤等情感体验。由此可见，情绪状态是衡量主观幸福感的主要维度之一。

教育以增加人的福祉为旨归，它关乎心灵，关乎生命，关乎成长。[③] 唯有幸福的教师，才能提供幸福的教育；唯有幸福的教育，才能创造孩子的幸福生活；唯有师生的幸福生活，才能实现教育的价值。那么，教师的幸福是什么？我们认为至少可以从两个层面理解：

---

① 邢占军：《主观幸福感研究：对幸福的实证探索》，《理论学刊》2002 年第 5 期。

② 王培刚：《主观幸福感结构 情感要素和认知要素二元分类图式的诊断》，《社会》2010 年第 4 期。

③ 单万杰：《做一名幸福的教师》，《中国民族教育》2013 年第 5 期。

首先是教师作为普通人的存在，他们应该和所有的人一样，享有作为一个"普通人"的幸福，比如健康的身心、良好的物质生活保障、来自家庭生活的快乐等；其次是作为"职业人"的存在，享有作为一名"教师"的幸福，比如来自学生的成长、专业技能的提升、家长的尊重和社会的认同等。当然，社会大众似乎过于重视教师"职业人"的身份，而忽视了教师作为一个"普通人"的存在。社会对教师的期待主要是无私的奉献，而很少关注作为一个完整生命的内在需求。

二　学校教育质量的"晴雨表"

教师是教育质量的根本保证，教师的情绪深刻地影响着教育的质量。教育作为一项生命发展的事业，一定不能止于学问和知识，而应追求整体生命的质量。作为生命质量的重要表征，教师的情绪样态反映了一所学校的教育质量。教师积极的情绪状态是提升教育质量的前提。关注一所学校，评价一所学校，挂在教师脸上的情绪可见一斑。

家长通过教师情绪感知学校的教育情态。基于家庭与学校关系的教师情绪彰显了学校的开放程度，反映了家校协作的质量。教育中的不同主体需要透过教师情绪进行调整和反思。就学校管理者而言，教师的情绪折射出学校的教育生态，反映出教师的工作状态。教师是否充满教育活力，是否具有应对教育改革的韧性，与家长之间的沟通与协作是否顺畅。就教师个体而言，情绪体验是评价家校关系的重要指标。家校关系是教师职业报偿的重要源泉。家长的认可会增强教师的职业幸福感。同样，基于家校的教师情绪也是学生成长的重要环境和教育资源，是学生成长的重要力量。

教师情绪是一种潜课程，常常构成教育活动的底色。我们发现，当教师面带笑容出现在课堂，课堂的底色往往是快乐的；当教师怒气冲冲进到课堂，课堂的底色一定是压抑的。教师的情绪传递着教育信息，生气表达抱怨或懈怠，幸福表征关爱和激情，这些情绪必然潜移默化地影响学生的情绪，长久的情绪状态会成为一种持续的教育力量，或积极或消极地影响学生的成长。欢乐的情绪让人产生积极的联想，表达出对事情的热爱；抱怨的情绪使人产生消极的联想，让人理解为讨厌这些工作对象或这一环境。当教师充分享受着教书育人的快乐，并把这种快乐带入对话和工作当中，学生一定能够感受到愉悦；当教师把学生看作自己的孩子给予关爱的时候，学生也一定能感受到幸福……用快乐传递快乐，用爱教会爱，这大概是教师情绪的教育价值所在。加拿大情绪研究专家丹尼尔·沙博、米歇尔·沙博指出，教与学是一个情绪性的过程，当我们阐述教学策略时，我们应该优先考虑理解情绪和情绪能力的重要性，并把它们作为教学工作的一部分。① 教师控制自己的情绪，调整自己的心态，有利于其迅速而准确地掌握信息，整合知识，进而传递给学生。② 此外，教师情绪表达的合理性不仅有助于陶冶师生的情操，增强师生的关系，更有助于将情感心理应用到更广阔的教育领域，促进教学目标的达成。③ 当教师对孩子良好的行为方式及时地表现出兴趣或愉快的情绪时，孩子的学习兴趣便会得到极大的提高。④专家型教师通常拥有较高的情绪智能，能够理解教学的复杂性，善于在合适的场合运用、表达适当的情绪，调动学生积极学习的情绪体验；同时，能够持续地理解、监控课堂中的情绪，能够面对学生的负向情绪表达出更多的同理心，增强学生学习的投入度。⑤

积极的情绪状态将给教育提供丰富的正能量，相反，消极的情绪状态则可能降低教育成效。以教师职业倦怠为例，研究发现，整体上

----

① ［加］丹尼尔·沙博、米歇尔·沙博：《情绪教育法——将情商应用于学习》，韦纳、宝家义译，教育科学出版社2009年版，第13页。

② 曹蓉：《教师情绪智力影响教学效果的探析》，《高等理科教育》2001年第5期。

③ 虞亚君、张鹏程：《教师情绪表达的内涵、影响因素及策略研究》，《教学与管理》2014年第27期。

④ Ahn, H. J. & Stifter C., "Child Care Teachers' Response to Children's Emotional Expression", *Early Education and Development*, Vol. 17, No. 2, June 2006, pp. 253 – 270.

⑤ 孙彩霞、李子建：《专家型教师情绪智能的表征与成因》，《基础教育》2020年第4期。

教师情绪智力与教师职业倦怠呈现中等强度的负相关。①当前，中小学教师普遍面临非常大的压力，一方面是社会快速发展对教育不断提出新的更高的期待，这种激烈的社会竞争蔓延到教育当中，"不要输在起跑线上"成了许多家长的教育信念，进而把压力转嫁给了教师；另一方面是教育评价体制机制的问题，导致教育生态内部的内卷式竞争，大量的督导、评估、检查等加重了教师的工作负担，加上教师职称晋升难、薪资整体水平不高等因素，教师往往面临着工作任务重、生活压力大、个人发展难等多重困境，职业倦怠现象普遍存在。作为一种消极的情绪状态，职业倦怠显著地降低了教师的教育成效。如果没有良好的情绪调节能力，教师道德失范行为很容易出现。媒体曾报道过的很多教师道德失范行为，多数是因为教师没能管控好自己的情绪，逾出了师德的边界。

总而言之，教师的情绪拥有着某种神秘的力量，无论是对教师个人的内在生命质量还是对教育质量的提升，都起着十分重要的作用。然而在现实生活中，教师情绪没有能够受到合理的关注，且更多地被当作一种"问题"来处理。

三　教师专业智慧的反映

教师情绪表达具有智慧性和身份规约性两重属性。海因德（Hinde）认为，情绪表达是个体内在感受的向外表达②，向谁表达、表达什么、如何表达，需要情绪智慧。情绪表达因而会受到相关规则的调节和制约。"情绪表达规则"概念最早由埃克曼和弗雷森（Ek-man & Friesen）提出，它规定个体在什么情境下，对谁，应该表现出什么样的情绪，而不管个体内心真正的情绪状态如何。③更进一步，有学者总结了支配中国教师在专业场景中情绪感受与表达的四项情绪法

---

①　郑楚楚、郭力平：《二十一世纪以来国内外教师情绪智力与教师职业倦怠关系研究的元分析》，《教师教育研究》2018年第4期。

②　赵申冉：《负性情绪表达情境对负性情绪表达规则选择倾向的影响》，博士学位论文，河南大学，2015年。

③　侯瑞鹤等：《儿童对情绪表达规则的认知》，《心理科学进展》2004年第3期。

则：（1）要有激情；（2）隐藏消极情绪；（3）表现积极情绪；（4）利用情绪实现教学目标（Yin & Lee，2012）。①由此可见，教师情绪的表达具有显著的身份规约性。

教师情绪表达反映出教师的内在职业信念和职业能力。教师的一言一行都深深地烙上了职业的印记，它要求教师保持亲和力、保持理性，尤其是管理好自己的情绪。所以，生活中有趣的现象是，教师似乎很容易被识别出来，外在情绪都伴随着教师气质，教师们常常能在人群中被识别出来。"教师印象"就是"温文尔雅、彬彬有礼、衣着端庄、博学多识"。教师自古以来被人们视为"真、善、美"的化身，这种道德期待，让教师这份职业备受社会尊敬，同时也在一定程度上成为教师情绪的"阀门"。为了维护教师的道德形象，教师不得不小心谨慎地处理自己的情绪。在学生面前，需要展现出自己内心的强大、头脑的睿智，做好情绪管理的榜样。普通人的喜怒哀乐可以写在脸上，或者直接表现在行为方式上，但教师职业作为时刻要给他人施以积极影响的职业，往往被要求隐藏消极情绪，自行消化消极情绪。至少在面对学生、家长或工作过程中，教师角色期待引领他们将情绪埋在心里。所谓"学高为师，身正为范"，既是对教师的专业要求，也是社会对教师角色的道德期待。"身正"意味着要给社会正面的形象表达，这植根于教师信念深处，也规约着教师的情绪表达。

教师情绪表达的身份规约性，决定了教师情绪的神秘性，也意味着需要专业智慧的介入与调适。一方面，与所有人一样，教师需要将自己的情绪表达出来，无论是积极还是消极，才能确保身心健康；另一方面，出于职业的特殊性，教师的情绪表达需要遵守相应的职业规范和符合社会的道德期待，以把握好情绪表达的尺度。这就需要教师利用自己的智慧，在个体和社会的张力之中管理好自己的情绪。教师情绪表达的身份规约性要求教师时常反思自己的情绪，同时也呼吁理解和关注教师情绪，重视其教育价值，让情绪为教育实践和师生成长

---

① 尹弘飚：《教育实证研究的一般路径：以教师情绪劳动研究为例》，《华东师范大学学报》（教育科学版）2017年第3期。

服务。

第二节　教育现象学视角下的教师情绪

自 20 世纪 80 年代开始，西方的人文社会科学领域逐渐重视对情绪的研究，研究主要采用传统心理测量的方法。到了 21 世纪，由于学术界"情绪革命"在教育领域中的延伸，关注教师情绪已经成为许多教育研究分支领域（如教学、课程变革和课程实施等）的一个共同趋势。[①]21 世纪初，随着北美教育现象学的传入，用现象学的方法和态度研究教育问题开始在中国受到重视。教师情绪首先是一个教育问题，并且由于情绪与生活密切相关，是个体与社会、文化互动所形成的生活体验，因此，聚焦生活体验的教育现象学自然将教师情绪纳入其研究视域。

一　教育现象学：朝向内心景观

现象学是 20 世纪具有广泛影响的哲学流派之一。最早将现象学引入教育学领域的学者是德国海德堡大学校长克里克（Krieck E.），其在 20 世纪 20—30 年代就在其《教育科学纲要》等著作中，引用现象学本质分析的方法研究教育学的问题。[②] 1944 年，由荷兰乌特勒支（Utrecht）大学的著名学者兰格维尔德（Martinus Jan Langeveld）出版的《教育学的科学本性》一书，正式提出了"Phenomenological Pedagogy"的概念，在中国大陆，通常将其翻译成"教育现象学"或"现象学教育学"，本书倾向于"教育现象学"这个译名。基于此，国内著名教育现象学学者李树英（2009）认为，所谓教育现象学是一门追问教育生活中具体现象的学问。这里的"现象"是指我们教育生活中具体的"情境"，当情境中的交互主体发生了具有教育意义的行

---

① 尹弘飚：《教师情绪：课程改革中亟待正视的一个议题》，《教育发展研究》2007 年第 6 期。

② 王萍：《教育现象学的发展历程》，《河北师范大学学报》（教育科学版）2011 年第 9 期。

为时，即为"教育现象"。可见，教育现象学虽融会贯通了现象学的理论和方法，但关注的仍是教育，研究的是"教育现象"。因此，定名的落脚点是教育学而非现象学，即以教育现象为研究对象的现象学。基于以上理解，将 Phenomenological Pedagogy 定名为教育现象学更为合适。①

20 世纪 70 年代，教育现象学开始在北美传播，其中重要的代表人物是加拿大阿尔伯塔大学的范梅南（Van Manen M）教授。其在采访中表示"荷兰的生存哲学思想对我的现象学教育思想的形成有着深刻影响。我所接受教师教育的乌特支（Utrecht）大学是荷兰现象学教育学的发源地，并深受教育家兰格威尔德（Martinus Jan Langeveld）的影响。现象学对我的影响直到我在上世纪 70 年代初来到加拿大之后才开始运用于教育学领域。"②同一时期，阿尔伯塔大学有一大批在教育现象学领域成果丰硕的学者，包括奥克（Aoki T.）、肯尼斯（Ken－neth J.）、卡森（Carson T.）等。20 世纪 80 年代，英美等西方国家的中央政府均大举进行教育改革，他们推崇的教育学范式是基于大数据、宏观政策分析的量化研究。"在此新难局中，执意向人文学科靠拢的范梅南还算幸运，他获得了加拿大官方的人文学科资助。但是他也因此更要提高教育学的人文学术品质。这意味着，他必须调整兰格威尔德的学术定位。"③ 1984 年，范梅南教授首创了《现象学＋教育学》④ 杂志，成为学者们沟通交流的一个重要平台。同时《现象学＋教育学》也译介了兰格威尔德、比克曼、博尔诺等人的作品，这不仅扩大了教育现象学的影响力，使教育现象学被更多的人所认识和关注，也使加拿大阿尔伯塔大学成为新的教育现象学研究中

---

① 李树英、王萍：《教育现象学的两个基本问题》，《华东师范大学学报》（教育科学版）2009 年第 3 期。

② 李树英：《教育现象学：一门新型的教育学——访教育现象学国际大师马克斯·范梅南教授》，《开放教育研究》2005 年第 3 期。

③ 周勇：《文学、电影与人生教育学——论教育学的现象学转向及其优化路径》，《全球教育展望》2013 年第 8 期。

④ 该杂志现已于 2006 年改名为《现象学＋实践》，范梅南教授为杂志荣誉主编，执行主编为 Carianahenr－Icsson。

心。此外，内尔（Nell B. F.）（1973）的《现象学方法之于教育学》、博齐（Burch R.）（1989）的系列作品《现象学及其实践》《重新思考现象学和人文科学》等，这些作品对教育现象学方法的探讨使得人们有了运用教育现象学方法开展研究的依据和基础，进而促进了教育现象学具体研究的开展。①

当然，对教育现象学国际化起到重要推动作用，尤其是对中国大陆影响深远的是范梅南教授，其代表作《教学的机智》《儿童成长的秘密》《生活体验研究》等已成为中国大陆教育现象学研究的必读书目。2004 年 6 月初，范梅南教授首次应邀来到中国大陆，先后访问了中央教育科学研究所、北京大学教育学院、北京师范大学教育学院、华东师范大学教育学院，并做了一系列精彩演讲，受到了国内专家和学者们的热烈欢迎。②

教育现象学作为一种研究方法或者看待教育问题的态度，从众多现象学的哲学流派中吸收了相关的理论精华。李树英（2009）认为，现象学的哲学传统至少有六大学派：以胡塞尔为代表的超验现象学派；以海德格尔、萨特、梅洛—庞蒂等为代表的存在主义现象学派；以维特根斯坦等学者为代表的语言现象学派；以莱文纳思为代表的伦理现象学派；以伽达默尔为代表的解释现象学派；以范登伯格为代表的实践的现象学派等。③通过广泛吸收借鉴，教育现象学逐步形成了自己的概念体系和方法体系。

在概念体系上，以胡塞尔为代表的超验现象学派，为教育现象学贡献了诸如"悬置""还原""生活体验""本质"等重要概念。现象学的研究者需要暂时摒弃自己的"先验"，避免先入为主地看待教育问题，要回到教育生活体验中，直面教育生活的原初体验，进而

---

① 王萍：《教育现象学的发展历程》，《河北师范大学学报》（教育科学版）2011 年第 9 期。

② 李树英：《教育现象学：一门新型的教育学——访教育现象学国际大师马克斯·范梅南教授》，《开放教育研究》2005 年第 3 期。

③ 李树英、王萍：《教育现象学的两个基本问题》，《华东师范大学学报》（教育科学版）2009 年第 3 期。

"还原"现象的"本质"。"悬置—还原"的态度，要求研究者对教育现象保持开放的态度，保持好奇心，通过不断"追问"的方式去探求事物的真相，避免"想当然"的判断。除此以外，存在主义现象学派对"此时此刻"体验的重视；解释现象学中"生活文本的解读与反思"；伦理现象学的"规范性"；语言现象学的"感性语言或诗化语言"等都是教育现象学吸收的重要养分。

范梅南谈到，很多学者的研究是从理论到理论或从理论到生活，而他自己则尝试着从教育的生活世界出发，来研究教育。"我们要回到当下亲历的教育体验之中，回到前科学、前理论、前概念的教育生活中，来探寻教育现象的本质结构。"[①] 在胡塞尔看来，"体验是心理的、内在的东西，所有的内在生活。意识是由许多体验组成，其中包括听、看、触摸、痛苦、快乐、爱、恨等各种经验体验和认知体验。它们不能从外部去研究，而只能从内心去探讨。"[②]

教育现象学对待教育问题始终持开放的态度，其研究也没有固定的模式，但总体而言，美国学者赫伯特·斯皮格伯格（H. Spiegelberg）认为，任何自称为现象学方法的研究至少需要满足以下三个要求：[③]

（1）须从直接探究显现在我们意识中被经验到的现象开始，特别要关注它们呈现的方式，而不怀疑它们真实与否；

（2）须抓住这些被经验到的现象的本质结构以及现象之间的根本关系；

（3）揭示这些现象在我们意识中的构成，即这些现象在我们的经验中成形的方式。

范梅南教授还提供了一种分析生活现象学的基本方法或程序：[④]

（1）转向对一个深深吸引我们并使我们与世界相联系的现象的

---

① 蒋开君：《走近范梅南》，北京师范大学出版社 2014 年版，第 60 页。
② ［德］施密茨：《新现象学》，庞学铨、李张林译，上海译文出版社 1997 年版，第ⅩⅢ页。
③ Spiegelberg, H., *Doing Phenomenology*, Den Haag: Martinus Nijhof, 1975, p. 267.
④ ［加］马克斯·范梅南：《生活体验研究——人文科学视野中的教育学》，宋广文等译，教育科学出版社 2003 年版，第 22—38 页。

关注；

（2）调查我们真实经历过的经验而不是我们所抽象的经验；

（3）反思表征现象特点的根本主题；

（4）通过写作和改写的艺术方式来描述这一现象；

（5）保持与这一现象的强烈而有目的的教育学关系；

（6）通过考虑部分和整体的关系来协调整个研究。

当然，所有这些方法和程序需要研究者灵活使用，而不是固定的程式。

二 生活体验：教师情绪通达之道

教师情绪作为一种教育现象，是教师个体或群体对所经验到的世界的反映。教育现象学以生活体验为对象，强调"悬置前见""回到事实本身""反思"等，这些研究态度十分适合教师情绪的理解。教师情绪多数是教师生活体验的表达，具有情境性、内隐性、多变性等特征，需要基于深描和反思，才能揭示其内在的本质。因为只有摒弃先见，还原教育生活原初的体验，并以一种好奇的、开放式的态度去观照，才能发现情绪的实质及其象征意义。教育现象学不仅为情绪研究提供了适切的方法论指导，而且直接指明了研究教师情绪的具体方法，包括对话式访谈、生活轶事写作、现象学式追问以及扎根理论式的反思等，在本书第三章（研究设计）中将再具体阐述。

教育是行走在生命之间的事业，教师情绪必然受到其教育活动中人际生活体验的影响。现象学研究开始于人生活的体验：面对一个真实的人，身处在特定的个体、社会、历史生命环境的脉络中，去了解有关人类存在的某些面向。①这种关于教师情绪的问题很多是过程性的，仅仅用个别的轶事很难"还原"其全貌，需要基于整体性的观照。现象学是研究纯粹体验本质的描述性哲学。胡塞尔的目的在于，在事件原初的源头或本质中，不需要经过任何的解释，也不需要通过

---

① ［加］马克斯·范梅南：《探究生活经验——建立敏思行动教育学的人文科学》，高淑清等译，（嘉义）涛石文化事业有限公司2004年版，第36页。

任何理论，捕获体验。现象学自身关注的是生活体验的本质（Erleb-niswesen）——它是特定的（concreta），不是概要的（abstracta）。[①]"现象学研究区别于多数其他质性研究方法，原因在于其方法的动机意图具有很强的哲学性。在现象学的深处是对起源、源泉、意义的意义和意义的蕴意这些问题的哲学上无尽的好奇和迷恋。"[②] 对生活现象的鲜活意义以及个人存在的一系列事件的理解，现象学总有一种蕴含着丰富有力的、创见性的、促人深思的探究方法和思想火花。[③]

教师情绪的现象学研究是前概念、前理论、前科学的研究视角，它基于中小学教师教育生活的情绪体验，通过现象学的细致分析，探寻教师情绪的本质。探寻生活意义的过程，是一连串的生活意义结构的重新寻找与反复检核的过程。教师情绪的现象学研究也是一种严谨认真的科学态度和研究方式，它以哲学的思维态度和哲学的方法作为理论资源，试图去如其所是地揭示出教师情绪本来充盈、丰富和生动的原初状态，以探析出教师情绪的本质。

以教育现象学的方法分析教师的生活体验，能更贴切地理解教师情绪的本质结构，更深一层检视情绪的核心意义与现实启示，把握住每个人适切而得体的"情感制品"（heart ware），进而更有针对性地进行教师教育的改革。教育现象学运用诗性的语言来捕捉、追踪、接近鲜活的生活体验。诗化的语言能够在体验与言语之间形成一种张力，让字里行间可以描绘、追寻事情的本原。[④] 在现象学研究视域中，教师情绪样态可以更加丰富具体，包括教师幸福、教师内疚、教师恐惧、教师抱怨、教师忧虑以及教师愤怒等。教育作为一种情绪实践活动，它受到教育多主体之间交互的影响，"它不仅仅关注我们认识到

---

① Max van Manen, *Phenomenology of Practice*：*Meaning-Giving Methods in Phenomenological Research and Writing*, California：Left Coast Press, 2014, p. 89.

② Max van Manen, *Phenomenology of Practice*：*Meaning-Giving Methods in Phenomenological Research and Writing*, California：Left Coast Press, 2014, p. 74.

③ Max van Manen, *Phenomenology of Practice*：*Meaning-Giving Methods in Phenomenological Research and Writing*, California：Left Coast Press, 2014, pp. 72 – 74.

④ ［加］马克斯·范梅南、李树英：《教育的情调》，李树英译，教育科学出版社2019 年版，第 172 页。

什么，更关注我们实现着什么。认识到什么，指向的可能是一个深刻的事实；实现着什么，所展现的是动态、开放、深厚和丰富的意义。在这二者的区别与联系中，我们感受着现象学运动及其实践转向所特有的韵味。"①

教师情绪复杂、抽象且依附于文化，对其研究需要把握好特定社会情境和文化的影响，而量化研究难以揭示这种内隐性的影响，现象学的方法和态度倒是非常适合此类研究主题。"当今，人的情绪、情感问题被许多学科的研究所重视，总体看，心理学研究较多，国外从20世纪60年代中期开始，国内80年代以来也有长足的进步。相比之下，教育理论对这方面的开发研究较为薄弱。"②国外对这方面的研究也体现出这种特点，对教师情绪的研究多建立在量化数据的实证分析上，较少对教师情绪的内隐世界进行质性研究，这难以展示教师充盈着的生动有趣的情绪样式，也很难揭示情绪背后的隐性规则。③"人的意识都是对某物（对象）的意识，离开了对某一特定物的趋向、指向或意向，就无所谓意识，因而意识总是指向、意向某物的意识，无论认识还是情绪、情感都有'指向物'或'意向物'。"④教师情绪作为一种教师心里泛起的感受，在现象学的意义上被指称为"感觉内容"。这一"感觉内容"是作为一个"感觉"的内容而直接被给予的东西，它们的出现和消失，设定了我们被体验到的身体状况的某种变更，类似于饿、渴、疼痛、快感、疲劳以及所有那些模糊地定位于特定器官的"器官感觉"，即人们所"感受到"的"感觉"。⑤

---

① 宁虹、钟亚妮：《现象学教育学探析》，《教育研究》2002年第8期。

② 朱小蔓：《情感教育论纲》，人民出版社2008年版，第1页。

③ Klaas Van Veen & Peter Sleegers, "How does it feel? Teachers' emotions in a context of change", *Curriculum Studies*, 2006, p. 38.

④ 朱光明：《做现象学的教育研究》，江西师范大学初等教育学院演讲，2016年。

⑤ ［德］马克思·舍勒：《哲学与现象学》，倪梁康译，北京师范大学出版社2014年版，第27页。

三 教师情绪的"样子"：本研究的核心关切

以往的教师情绪研究也很少以现象学作为方法论，探究教师情绪的整体图景，这是本研究的核心愿景。回顾以往情绪研究的文献，学科视角多为心理学、哲学、人类学和社会学。而从教育学的学科视角出发，以质性研究的方法展开的学术文献则较为少见，这也是以往研究的局限所在。对于本研究来说，Denzin（1984）对情绪研究的一些忠告也巩固了我们对现象学研究的选择。他认为"情绪的现象学理解不是因果性的，而是描述的、诠释的和过程性的"①。教师情绪因其隐秘特性，一般的质性研究策略较难深入把捉，而现象学研究则不同，其旨趣在于抓住彰显现象或者事件本质的专有特性。范梅南教授认为，现象学在和世界中的事物、事件相遇时，它的凝视对准一些区域，意义和理解发生、涌动，将岁月沉淀的薄膜穿透——然后注入、弥漫、感染、触摸、激发着我们，对我们的存在产生形成性和情感性的作用。② 教师作为一个现实中的个人，在其以教育生活为核心的完整生活过程中，必然有各种各样情绪的表达。只有当我们抱着开放与包容的态度聆听教师内心的声音时，才能更好地捕捉到教师的完整形象，教育活动原本有的样子也才能更好地彰显。

"后课改"时代境遇与使命的变化亟待围绕教师研究的视点转换进行调整，这种调整的方向更多地依赖健康的专业情绪。③ 教师情绪渗透在职业生活的各个方面，像职业倦怠、焦虑、恐惧、职业幸福感和职业内疚感等，这些年来一直是教育研究领域所关注的话题。教师专业情绪的成长不应过多追求技术层面上的长进，而更应从自身认同和自身完善上汲取能量。"自身认同和完整不是用来雕饰栩栩如生的英雄人物的花岗石，而是一个处于复杂的、不断需求的、终生自我发

---

① Norman K. Denzin, *Qualitative Inquiry Under Fire*: *Toward a New Paradigm Dialogue*, California: Left Coast Press, 2009, p. 86.

② ［加］马克斯·范梅南：《实践现象学：现象学研究与写作中意义给予的方法》，尹垠、蒋开君译，教育科学出版社2018年版，第15页。

③ 刘万海：《论教师的职业内疚》，《教育发展研究》2011年第10期。

现的过程中的敏感领域。"① 这种内向式的生长动力恰恰是教师情绪在形成与变革的过程中以自我的坚毅力量不断强化、扩散与蔓延。作为教师专业成长的"催化剂"，教师情绪不仅会影响教学水平的发挥，也会对学生产生较为深刻的影响。如果教师一直以一种困惑的状态、消极的情绪进行教学，认为教学过程是一种困扰和负担，性急易怒，缺乏工作热情，存在衰竭无助感，那么自我价值和职业理想就不能很好地实现，更不能顺利完成工作任务。②

为解释性地理解学校教师日常生活中的情绪，探讨教师情绪与学校日常生活和文化之间的互动关系，揭示教师情绪的现实样态、内在结构、影响因素以及教育学意义，本研究的问题聚焦为：

1. 教师日常情绪体验的现实样态与主要特征是怎样的？

（1）教师的主要情绪有哪些？

（2）这些情绪的实质和现实表征如何？

2. 教师情绪的主要影响因素是什么？

（1）影响学校日常生活中教师情绪的主要因素有哪些？

（2）教师情绪生态系统内在的运作逻辑是怎样的？

3. 教师情绪有什么样的教育学价值？

（1）教师情绪与教师成长的关系是什么？

（2）教师情绪与教育实践之间有什么关联？

4. 教师应该如何管理自己的情绪？

由于研究主题较为庞大，研究团队成员也较为复杂。结合项目的总体设计，成员们在不同时段分别从教师情绪的不同主题出发，尝试运用现象学的态度和方法探寻其内在本质与教育学价值。

---

① ［美］帕克·帕尔默：《教学勇气：漫步教师心灵（十周年纪念版）》，吴国珍等译，华东师范大学出版社 2014 年版，第 6 页。

② 张丽等：《中小学教师工作困扰、消极情绪与职业幸福感的相关研究——以山东省域数据调查为例》，《当代教育科学》2019 年第 11 期。

第三节　教师情绪典型样态的现象学分析

情绪作为一种内在的生命体验，其具有显著的隐匿性和多样性，尽管如此，本研究仍然需要找到明确的观照维度，以确定自己的研究对象。"人生在世"总有一种情绪在，无论做事与不做事都会有一种情绪的基调始终伴随。① "每种具体情绪的主观体验的色调是不同的，它们分别代表着人们不同的感受。正由于这个世界包含了这么丰富而多姿多彩的情绪体验，才会如此生动可爱。"② 人的情绪的丰富多样和千变万化，以及其数量之多使研究者难以确定其种类。③ 但类似快乐、悲哀、愤怒、恐惧等情绪通常被认为是人类的基本情绪，然后每一种基本情绪又有许多相近的情绪类型，比如与快乐相关的情绪还有高兴、愉快、幸福等。本研究很难穷尽教师的所有情绪类型，甚至难以对其进行准确分类详尽论述。《黄帝内经·素问》曾写道："人有五脏，化五气，以生喜、怒、悲、恐、忧。"17 世纪笛卡尔提出了六种基本情绪，包括羡慕、爱、恨、欲望、愉快、悲哀，并认为它们的混合物产生了我们称之为情绪的内省情感。④ 帕洛特（2001）将情绪构建成一个维度树结构，其中基本情绪被分为二级情绪⑤：第一层包含六种主要情绪，即爱、快乐、惊讶、愤怒、悲伤和恐惧；第二个层次包含每个基本情绪群中更多的情绪，例如，爱伴随的是迷恋、欲望、渴望和愉快。综合国内外已有的情绪分类，并结合教师职业的特殊性，本研究确定将教师的六种典型情绪作为重点观照维度，即教师幸福、教师内疚、教师恐惧、教师抱怨、教师忧虑、教师愤怒。同时，针对班主任和实习教师工作的特殊性和重要性，对这两类典型教

---

① 蒋开君：《走近范梅南》，北京师范大学出版社 2014 年版，第 175 页。
② 王志良：《人工情感》，机械工业出版社 2009 年版，第 2 页。
③ 石林：《情绪研究中的若干问题综述》，《心理学动态》2000 年第 1 期。
④ 张静抒：《情感管理学》，上海交通大学出版社 2005 年版，第 77 页。
⑤ Parrot, W., *Emotions in Social Psychology*, Philadelphia：Psychology Press，2001，p. 118.

师的情绪体验进行了单独而全面的观照。

一 教师的典型情绪表征：六种情绪体验

本书从第四章到第九章分别介绍了教师的六种情绪体验，本着现象学的方法和态度，以教师的日常情绪体验为对象，通过大量轶事的解读，揭示了教师情绪的现实样态、结构特征及其蕴含的教育学意义。

（一）教师的幸福

本书第四章关注教师的幸福情绪。当人们对教师职业表达敬佩时，最常说的话是"做老师好，可以桃李满天下"。的确，这是教师职业特有的幸福，除此以外，教师的幸福也体现在教育生活的日常点滴之中。教师幸福不只是个人的福祉，也关联着与其生命有着密切关联的每一位学生。教师的幸福可以分享，可以传递，可以作为一种教育力量。运用现象学的研究方法，通过对教师幸福轶事的写作与反思，追溯教师幸福的结构，试图理解教师幸福体验的现实样态、内在特质和教育学意义。教师幸福本质上是一种由内心深处的意义报偿感，而非只是外在物质上的获得与满足。教师幸福体验主要来自师生互动、学校管理、同事关系以及社会的信任和尊重等生活体验，彰显了教师内在的职业追求。教师的幸福与教育教学工作密切相关，其教育学意义主要体现为：教学共长喜悦的教育力量；作为专业发展的快乐的情感激励；表达无私奉献职业情怀的内在素养。

（二）教师的内疚

本书第五章关注教师的内疚情绪。内疚通常被归类为消极情绪，但适当的内疚，恰恰是教师专业成长的重要内驱力。内疚在教师身上普遍存在，如某日对学生批评过重、任教班级学生的考试成绩不理想、又或者某个学生因各种原因退学等。教师的职业内疚是教师生命的重要内容，在某种程度上，其代表着一种内在的道德力量。本章通过现象学的研究方法，分析了大量包含内疚情绪的教育轶事，揭示了内疚情绪的基本内涵：内疚是"内发式"的自我追思，在反思的过程中，个体对所做的事感到悔悟的心理状态，是一种面对自我的"道德审判"。教师内疚是教师生命的重要景观，弥漫于教育的场域之中，主要表现为：基于专业失误的自责；基于专业威信假设的羞愧；基于专业伦理的负罪感。其教育学意义在于：作为一种情绪动力，是教师专业发展的原动力；作为一种职业良知，有助于唤醒教师的职业自觉；作为一种反思意识，可以提高教师的道德自律感；作为一种调节力量：有利于推动师生关系的改善；作为一种换位体验的生活智慧，可以提升教师体知的能力；作为一种善的发现，可以催生个体的人文情怀；作为一种积极情绪，促进教师求真求善。

（三）教师的忧虑

本书第六章关注教师的忧虑情绪。教师职业也是属于高压力职业之一，并没有局外人想象得那么轻松。一份对教师的研究数据显示，有五分之一到三分之一的教师对其工作感觉到"非常有压力和特别有压力"①。教师的压力是多元化的，不仅有繁重的工作任务、职场竞争带来的压力，也有教师内在职业理想带来的压力。毕竟，教育事关学生的前途和国家的未来。教师忧虑是教师职业发展的内在动力，主要表现为关于师生互动冲突的焦虑、关于学生身心健康的担忧、关于教师专业发展的愁苦、关于学校评价应对的紧张。教师忧虑拥有多元性、延续性、弥散性和道德性等特质。其教育学意义在于：教师忧虑催生师生良性互动的期待；引导教师全方位的育人信念；激发教师专业成长的动力；促进学校评价适切性的反思。

（四）教师的恐惧

本书第七章关注教师的恐惧情绪。随着互联网和信息技术的快速发展及其在教育领域的广泛应用，教师及其教育生活都发生了变革。为此，我们聚焦网络教学这种新型教学方式，以教师网络教学恐惧为抓手揭示教师恐惧。网络教学中教师恐惧的本质是教师在这种新型教学范式中，因现代信息技术这个核心媒介而引发了系列变革，要求教师走出面对面的教学情境中所形成的安全而可控的舒适圈，从而给教师带来极度不安、无能为力等强烈情绪体验。网络教学中教师恐惧体

---

① 王力娟：《中小学教师状态焦虑研究》，硕士学位论文，西南大学，2008年。

验十分丰富，包括不确定的技术恐惧、虚拟化的交往恐惧、公开化的学科恐惧、被聚焦的自身恐惧和不公平的体制恐惧。作为当前教学范式变革的必然结果，网络教学中教师恐惧表征着教师对网络教学这种新型教学模式的切实践行及其在变革情境中的生存状态，未来可以教师恐惧体验为参照，重建当前的网络教育生态，为深入推进网络教学提供全方位支持。

（五）教师的抱怨

本书第八章关注教师的抱怨情绪。尽管抱怨通常也被划归为消极情绪，但是教师的抱怨通常都事出有因，背后关联着教育政策的合理性、学校内部管理的规范性、家校之间的合作状况，甚至教师个人的身心健康状况等众多对教育改革至关重要的信息。因此，教师的抱怨需要引起教育管理者和研究者高度的关注。教师抱怨是教师职业价值观的外在表征，主要抱怨的领域来自学校内部管理、家校合作、学生成长以及教育政策等方面。其主要特质表现为：内心诉求的外化、内在压力的表征、对道德绑架的抵制、消极情绪的弥散、价值冲突的彰显。教师抱怨是走进教师内心世界的窗口，是教师保持心理健康的调节器，也是改进学校管理的契机。

（六）教师的愤怒

本书第九章关注教师的愤怒情绪。本章以幼儿教师为例，阐述了教师日常教学愤怒的体验及其教育学意义。幼儿教师的愤怒主要表现为：深感"无力"的"强力"申诉；暗含"伤害"的"保护"手段；捍卫"正义"的"过激"方式；维持"秩序"的"失控"状态；羡慕"儿童"的"成人"慨叹。幼儿教师愤怒具有以下特征：适应性，即一种适应性的社会情绪；不愉悦性，即一种不愉悦的工作状态；低效性，即一种低效的应对方式；不对等性，即师幼关系不对等的反映。理解愤怒的适应性是改善教师情感教育的突破口；识别愤怒中的冲突是维护教师心理健康的有效手段；调节愤怒下的行为是提升教师职业道德的正确途径。

二 典型教师的情绪表征：两类教师体验

本书关注了两类典型教师的情绪：一类是实习教师，另一类是班主任。具体研究概要如下。

（一）实习教师情绪体验的变迁历程

本书第十章关注实习教师的情感体验。本部分以农村顶岗实习教师为例，探究实习教师的情绪体验。对顶岗实习的师范生而言，顶岗实习是一种全职教师角色的体验课程。随着生活场域的变化，个体从象牙塔的大学生到农村学校的顶岗教师，从生活内容到生活方式都发生了变化，也必然伴随着复杂的情感变化。那么，在顶岗实习过程中，他们的情感体验有哪些，会遭遇什么样的情感困境，又是如何调试和应对的？在专业发展的起始阶段，顶岗实习教师需要怎样的情感关注和支持？……这一系列问题的思考和回答对促进准教师专业成长具有重要的理论意义与实践价值。研究表明，农村顶岗实习教师的情绪情感变化历程包括：一是兴奋与期待：实习生活预体验；二是"陌生"与"围困"：作为外来的闯入者；三是冲突与调适：围墙内外的"重要他人"；四是角色认同与自觉：从自我边缘到主动担当。另外，研究从教师情绪课程的构建角度出发，揭示实习教师情绪体验的教育学意义，具体包括：提升情感素养，优化职业生命体验的情感课程旨归；基于情感发展阶段视角的情感课程目标体系与活动设计；基于情感课程共同体的情感课程实施条件。

（二）班主任情绪体验的整体图景

本书第十一章关注了班主任的情绪体验。班主任是中小学至关重要的一个群体，他们比普通教师承担了更多的教育责任，包括班级管理、家校沟通、教育政策的上传下达等，是学生个体成长中不可忽视的情感导师和学校管理中的重要力量。由于班主任直接面对学生和家长，又是家—校—社的联结纽带，因而这一群体的情绪十分关键，希望重视他们的内心景观。本部分主要以班主任日常教学事件为载体，从班级管理、家校沟通、同事关系等相关维度进行考察，以呈现真实的情绪体验样态，并揭示生活及教育事件之间的关联与意义。研究发现，班主任情绪体验主要表现为：日常班级管理中细碎的"感动"情绪；师生交往中"问题学生"带来的负面情绪；家校沟通中的"苦闷"情绪；同事关系中"理解"对化解消极情绪的作用等。班主任情绪的主要特征表现在：复杂性、教育性、"平衡—不平衡"的循环性。其教育学意义体现为：为理解班主任内心景观提供认识途径；为缓解班主任职业倦怠提供依据；为制定班主任培养政策提供支持。

教育现象学是一门迷恋人成长的学问，与教育的本性不谋而合、巧妙衔接。因此，我们常常以教育现象学的视角，去理解教育生活中普普通通、习以为常的体验。同样普普通通、习以为常的教师情绪却是不容忽视的教育资源，也需要被关注、被理解、被支持。本书以实践的教育现象学为路径，朝向教师情绪这一丰富化的内心景观，希望持续秉持现象学态度，用日常的语言去理解教师情绪的基本体验、内在特征、变迁历程与整体图景，赋予情绪体验以生命本体意义。

第二章　情绪与教师情绪

人们通常习惯把情绪当作"问题"来处理，总想寻找"问题"背后的根源，殊不知情绪即是个体生活体验的世界镜像。教师情绪也是如此，理性主义过于讲究理性分析与定量考证，忽视了对教师内心景观样态的观照。情绪事件从来不是一个单一的行动或反应，而是在一定文化情境的影响下，个体对生活中人、事、物所产生的认知、评估、反应、感受、表达及行为倾向的体验。情绪既是个体认知经验的体现，也是生活情境的文化反映，因而既是个体差异的重要表征，也是个体生活状态的直观展示。因教师职业的特殊性，教师情绪被赋予了独特的教育学意义，关注教师情绪，对帮助教师成长，改善教育生态，提高教育质量具有重要意义。

第一节　情绪概述

情绪是我们人类心理学现象中的重要组成部分，如同丰富多样的调色剂，时常给我们的工作与生活增光添彩。情绪不是固定不变的，它会随着个体情境关系的改变，在各种活动中以不同的形式产生、发展、显现与表达。情绪是高度个体化和情境性的，情绪体验即某一事件的本质反映，伴随着一定的观念与态度。个体生长于社会关系中，历经各种情绪波澜，情绪也逐渐成为个体适应世界的方式。情绪理论是解读教师情绪的线索，本节将从内涵及类型两方面对情绪进行概述。

一 情绪的内涵

"情绪"这个单词来源于动词"to move"（动作），是"开始运动"的意思。这可能就是为什么当我们被某件事情感动时，我们常会说"有事情在内部发生"。在"emotion"（情绪）一词中，我们也能发现单词"motion"（运动），它与"motor"（马达）或"engines"（发动机）具有相同的词根。① 可见，情绪通常被认为是能够唤起个人行动状态的主观体验，关系到个人的心理。美国心理学的奠基者威廉·詹姆斯曾提出了第一个重要的情绪理论，按照这一理论，情绪是我们身体对特定情境的反应方式的标签，情绪的感受方面是对身体行为和心理唤起的知觉，即事件——评估——行为——情绪感受。② 学者们也陆续对情绪进行定义，通常从心理学的角度对情绪的内涵进行解读。例如罗伯特·普拉切克（Pluntchik）（1982）曾认为情绪是推论出的对某一刺激所做出的复杂反应，包括认知评价、主观改变、自主神经和神经兴奋、行为冲动和对启动复杂序列的刺激有影响的行为。③ 而情绪发生的特征不仅在于其情绪感受（例如，焦虑），而且通常伴随着特定的想法（例如，"我可能会受伤"）、身体—生理变化（例如，肾上腺髓质激素的释放）、行动倾向（包括接近与回避、打架与逃跑）（例如，离开情境的冲动）和表达行为（例如，睁大眼睛、畏缩姿势）。④

情绪的社会学是一个隐性的探究模式，20 世纪 70 年代开始复兴。20 世纪 70 年代，维果茨基理论已经从较综合的视角来理解情绪，认

---

① ［加］丹尼尔·沙博、米歇尔·沙博：《情绪教育法——将情商应用于学习》，韦纳、宝家义译，教育科学出版社 2009 年版，第 29 页。

② ［美］米歇尔·N. 施塔、詹姆斯·W. 卡莱特：《情绪心理学》，周仁来等译，中国轻工业出版社 2015 年版，第 14—15 页。

③ ［美］米歇尔·N. 施塔、詹姆斯·W. 卡莱特：《情绪心理学》，周仁来等译，中国轻工业出版社 2015 年版，第 5 页。

④ Frenzel, Anne C., Pekrun R. et al., "Measuring Teachers' Enjoyment, Anger, and Anxiety: The Teacher Emotions Scales (TES)", *Contemporary Educational Psychology*, Vol. 46, 2016, pp. 148 – 163.

为情绪与思想和行为密切相关，它是社会认知发展过程的一部分，并受到我们所生活时代的制度、文化和历史背景的影响。但这一思想在早期的情绪理论界并未引起重视。从 20 世纪 90 年代中期开始，相关研究逐渐将情绪与社会文化相关联。个人层面的情绪越来越被视为由社会互动控制的，即情绪不仅是由个体内部特征决定，还是由社会关系等因素来决定的，社会、文化和政治因素在塑造情绪方面发挥着重要作用，进而影响认知过程。这些观点都可以被称为情绪的社会建构论。情绪的这一功能被描述为跨个人内部和人际之间的运作，并与更广泛的情境相联系。例如赞比拉斯从个体—社会文化互动的视角对情绪进行了诸多解读，其认为情绪不仅是指个人倾向或心理素质的问题，还涉及由一个人的工作如何组织和领导而构建的社会和政治经验。① 同时情绪也是可评估的、关系的和政治的，通常由更广泛的社会中的政治和权力关系所塑造。② 可见，情绪作为一种话语实践，在情感表达方面是富有成效的——也就是说，它使个人成为参与复杂的权力关系网络的社会和文化特定的人。③ 由此可见，他不仅承认了情绪在社会领域的重要性，也承认了文化和政治因素对情绪的重要影响。因此，发展到后来，许多教育领域的学者倾向于采用舒茨等人（2006）的定义，他们将情绪视为"在作为社会历史语境的一部分的交易中，对于实现目标或维持标准或信念的感知成功，从有意识或无意识的判断中产生的社会建构、个人实施的存在方式"④。后来也有学者认为对情绪的社会学分析应以人类行为和相互作用是受到个体在

① Zembylas, M. ,"Emotions and Teacher Identity: A Post – structural Perspective", *Teachers and Teaching: Theory and Practice*, Vol. 9, No. 3, August 2003, pp. 213 – 238.

② Zembylas, M. , "The Emotional Characteristics of Teaching: An Ethnographic Study of One Teacher ", *Teaching and Teacher Education*, Vol. 20, No. 2, February 2004, pp. 185 – 201.

③ Zembylas, M. , "Discursive Practices, Genealogies, and Emotional Rules: A Poststructuralist View on Emotion and Identity in Teaching", *Teaching and Teacher Education*, Vol. 21, No. 8, November 2005, pp. 935 – 948.

④ Schutz, P. A. , Hong, J. Y. , Gross, D. I. & Osbon, J. N. , "Reflections on Investigating Emotion in Educational Activity Setting", *Educational Psychology Review*, Vol. 18, No. 4, December 2006, p. 344.

文化引导的社会结构中的位置制约的观点作为开端，从文化、社会结构、认知评价、情绪唤起和互动五个基本要素对情绪进行社会学分析。[①]

我国心理学界在谈到情绪的定义时，大多沿用苏联的观点，认为情绪是人对客观事物的态度的体验，这是一个笼统的、具有广泛意义的概念。[②] 也有学者提道，"情绪，是一个人各种感觉、思想和行为的一种心理和生理状态，是对外界刺激所产生的心理反应，以及附带的生理反应，包括喜、怒、忧、思、悲、恐、惊等情绪表现"[③]。总而言之，"人非草木，孰能无情？"人是情绪的动物。人类的基本情绪，比如喜、怒、忧、思、悲、恐、惊"七情"，都是大家切身感受过的体验。不管是基于生存本能暴露出来的"战斗或逃跑"的真实反应，还是对职业生活的热爱，情绪都提供了一种保护自身和提升生活体验的方法。

二 情绪的类型

在 1872 年出版的《人类和动物情感的表达》一书中，达尔文认为情绪是早期的动物祖先遗传给人类的，其在书中描述了世界各地的快乐、悲伤、恐惧、愤怒以及其他一些人类情绪的相似性。[④] 后来也有研究者在这些情绪类型的基础上进行丰富。另一种观点就是认为情绪具有多种分类方式，情绪是由两个或两个以上的维度构成的，简要可以归纳为二元的、多元的和多维的等类别。最常见的就是将情绪分为积极情绪与消极情绪两类。此二分法范畴也为后一种情绪分类研究奠定了坚实的基础。情绪也具有多维量结构。冯特于 1896 年提出情绪的三维学说，他认为感情过程由三对感情元素，即愉快—不愉快、

[①] ［美］迈克尔·刘易斯、珍妮特·M. 哈维兰—琼斯、莉莎·费尔德曼·巴雷特：《情绪心理学》（第 3 版），南莎译，电子工业出版社 2015 年版，第 26—27 页。

[②] 姚本先：《心理学新论》（修订版），高等教育出版社 2005 年版，第 122 页。

[③] 张萌：《管理好情绪：做一个内心强大的自己》，吉林文史出版社 2019 年版，前言。

[④] ［美］詹姆斯·W. 卡莱特、米歇尔·N. 施塔：《情绪》，周仁来等译，中国轻工业出版社 2009 年版，第 25 页。

兴奋—沉静、紧张—松弛来构成，每对感情元素都具有处于两级之间的程度变化，每种情绪在具体发生的过程中分别处于这三个维量两级之间的不同位置上。① 冯特的三维理论至今仍具有其重要意义，很多学者后来提出的情绪维量量表都是基于其所提出来的三维论。迄今为止，最典型的情绪多维量表应以普拉奇克为代表，他经过分类排列，把情绪分为相似性、对立性和强度三个维量，其发行任何情绪的这三个维度都不相同。② 帕洛特将情绪构建成一个维度树结构，其中基本情绪被分为二级情绪，二级情绪又被细分为三级情绪。第一层包含六种主要情绪，即爱、快乐、惊讶、愤怒、悲伤和恐惧；第二层包含每个基本情绪群中更多的情绪，例如，爱伴随的是迷恋、欲望、渴望和愉快，这些都是次要的情感，而来自次级情绪组的每种情绪也有三级情绪划分。③ 格罗斯和巴雷特则提出情绪有四个主要的观点，并把它们放入一个情绪连续体，从左到右依次包括基本情绪、评价、心理结构和社会结构。④

　　综观相关文献，学者们对情绪的观点基本上可以分为两类：一是情绪作为个体心理现象。诸多心理学学者认同情绪是受到神经/激素系统调节的主观与客观因素之间复杂的相互作用的结果。二是情绪作为社会文化建构。社会建构主义者主张情绪是文化社会以及参与社会结构所导致的条件化的结果。可见，情绪既是一种个体心理现象，也是一种社会文化建构。人的情绪不止是孕育于自然之中，同时也植根于一定的社会情境关系。情绪是个体适应世界的方式，在与人类认知密切联系的过程中影响着人们对事件的觉知以及指导着人们的工作与生活。

---

① 孟昭兰：《情绪心理学》，北京大学出版社 2005 年版，第 5 页。

② 孟昭兰：《情绪心理学》，北京大学出版社 2005 年版，第 5 页。

③ Parrot，W.，*Emotions in Social Psychology*，Philadelphia：Psychology Press，2011.

④ Cross，D. I. & Hong，J. Y.，"An Ecological Examination of Teachers´ Emotions in the School Context"，*Teaching and Teacher Education*，Vol. 28，No. 7，October 2012，pp. 957 – 967.

第二节 教师情绪：从受漠视到被关注

在 20 世纪 80 年代以前强调理性主义、实证主义和客观主义的年代，教师情绪并未引起教育学术界的重视，处在学术研究的边缘位置，甚至被贴上负面标签。之后，随着教育研究范式的转向与丰富，教师情绪研究越来越受到重视，慢慢地从被忽视的境地渐渐走入教育学人的学术交流视野。

一 教师情绪：从边缘性主题到重要议题

教师情绪是教师在教育教学活动中强力的发动机，它以"引擎"的有形与无形的载体为能量场，使得教师从内而外都以一种感受性的方式运动。在教育情境中，受社会惯常心理的影响，"情绪"一词通常被视为"不好的东西"，通常被笼罩着浓烈的贬义色彩。因此，许多师范生或刚刚步入教师行列的新手教师常常被告诫"不要把情绪带入课堂"。在这种刻板印象的影响下，教师情绪常常被忽视或被轻视。情绪也长期处在学术研究的边缘位置，当前从研究到教学等教育工作的主流话语都着重于理性分析，讲求教育及其发展的逻辑性、目的性、准确性，而忽视人的情绪[1]，这在一向强调理性、注重客观的西方表现得更为明显。有学者对西方早期缺乏教师情绪研究的原因进行分析，具体如下：首先，西方文化中有一种根深蒂固的对情绪的偏见，传统的理性与情绪的二分法在教育研究、教师认知思维和教师信念的研究中得以延续；其次，尽管过去已经做出了诸多努力来强调教师情绪的作用，但教育研究人员似乎对研究如此"难以捉摸"、无法客观衡量的东西持怀疑态度，例如，情绪研究一直被认为比认知研究更复杂和困难；最后，情绪和情绪问题通常与女性和女权主义哲学联系在一起，因此，作为有价值和有效的可研究问题，它们被排除在主

---

[1] 尹弘飚：《教师情绪的研究：发展脉络与概念框架》，《全球教育展望》2008 年第 4 期。

导的父权结构之外。① 后来在教师高流失率等多方面影响下，教师的情绪变革开始变得至关重要，逐渐被认为是一个重要的研究领域。同时也由于学术界"情绪革命"在教育领域中的延伸，关注教师情绪现已成为许多教育研究分支领域（如教学、教育领导、教育、课程变革和课程实施等）的一个共同趋势。② 自 20 世纪 80 年代以来，教师情绪逐渐得到研究者的重视，成为多学科研究的对象，借鉴尹弘飚老师在其博士论文中的分析，本研究在其基础上，大体上将过去几十年来涉及教师情绪的研究分为以下三个阶段：

（一）心理—控制取向的教师情绪研究：20 世纪 80 年代到 90 年代早期

20 世纪 80 年代，西方的人文社会科学领域开始兴起了一股情绪研究的热潮。许多教育研究者将教师情绪的研究视为"心理学"学科领域，尤其是认知心理学，教师情绪作为一种社会和文化现象的概念并没有被研究者广泛接受。许多研究倾向于认为教学实践是一种认知活动，情绪通常源于个人，且局限于大脑功能和个性等内部方面。③ 但这一时期的少数研究描述了情绪在教学中的重要性，侧重于建立情绪在教学中的作用的意识。有学者认为有效的教学和学习必然是情绪的，它涉及人类的互动，师生关系的质量对学习过程至关重要。④ 例如萨尔茨伯格－威登堡等人（1983）基于一组教师的工作，提出理解进入学习和教学过程的情绪因素的性质有助于教师和学生"努力建立更富有成效的关系"⑤。教师的情绪反应直接影响学生情绪发展，

---

① Zembylas M., "Caring for Teacher Emotion: Reflections on Teacher Self-Development", *Studies in Philosophy and Education*, Vol. 22, No. 2, 2003, pp. 103 – 125.

② 尹弘飚：《教师情绪的研究：发展脉络与概念框架》，《全球教育展望》2008 年第 4 期。

③ Zembylas, M., "Caring for Teacher Emotion: Reflections on Teacher Self-Development", *Studies in Philosophy and Education*, Vol. 22, No. 2, March 2003, p. 104.

④ Osborn, M., "Book Reviews: The Highs and Lows of Teaching: 60 Years of Research Revisited", *Cambridge Journal of Education*, Vol. 26, 1996, p. 455.

⑤ Salzberger-Wittenberg, I., Henry, G. & Osborne, E., *The Emotional Experience of Teaching and Learning*, London: Routledge&Kegan Paul, 1983, p. 9.

研究中强调教师和学生之间的精神关系和个人关系，但其理论框架是基于精神分析学，使得许多关于这些关系的人际和社会政治层面的问题没有得到回答。

该阶段的研究主要秉承了心理测量传统，采用具有较高信度、效度的标准化问卷，倾向于把教师情绪作为教师以多种形式存在着的复杂的个人内部心理特征，将讨论集中在教师的压力以及倦怠等方面。压力和倦怠研究表明，结构特征对于教师的生活经验以及他们在教学中的表现和满意度至关重要。压力已成为讨论教师职业生涯中各种问题的一个宽泛的概念，为与情绪衰竭和脱离教学相关的研究提供了一个总体框架。倦怠被归入压力的概念，也以情绪衰竭为中心。虽然它本身并不称为情绪，但压力和倦怠研究已将教师情绪研究纳入了主流教育研究。① 此外，该阶段研究认为教师情绪通常由教师的主观体验、外部行为表征、存在于身体内部的生理反应等因素组成，大部分研究将教师情绪假定为一种消极的心理现象，对于阻碍以及影响教育实践和课程变革的不良心理和行为因素，例如倦怠、焦虑、压力等，主张用一系列技术控制策略对教师的情绪反应进行干预或者让教师自己进行自我管理与控制，而不是针对具体情况去理解教师情绪现象及其影响因素。

（二）建构—诠释取向的教师情绪研究：20 世纪 90 年代中期到 21 世纪初

这一阶段，情绪已不再只被视为个人倾向或心理素质的问题，还被视为由个人工作（教师教学）是如何组织和领导的社会和政治经历。例如教师经历和表达的情感不仅是个人性格的问题，而是建立在社会关系和家庭、文化以及环境的价值体系中。② 教师的情绪不仅是由内部个体特征决定的，还是由关系决定的，这种观点被称为情绪的

---

① Zembylas，M.，"Caring for Teacher Emotion：Reflections on Teacher Self-Development"，*Studies in Philosophy and Education*，Vol. 22，No. 2，March 2003，pp. 108 – 109.

② Zembylas，M.，"Emotions and Teacher Identity：A Post-structural Perspective"，*Teachers and Teaching*，Vol. 9，No. 3，August 2003，p. 216.

社会建构论。① 因为意识到教师情绪会影响教师行为，教师情绪得到教育学者的强烈关注。情绪研究的研究焦点主要关注于教学。② 教学作为一种教师的专业活动，被看作为一种情绪实践。另外，课程、教育变革和教育领导之间的学理联系也被研究者所关注。到了 21 世纪，教育研究界聚焦情绪的微观研究，从情绪的具体层面来解读情绪所蕴含的理论与实践意义。伴随"后课改"时代的到来，教师情绪与教育理论的学理关系日益受到教育研究者的关注。教师参与学校变革的视点发生了变换，即从关注行为走向关注情绪体验。由于学术界"情绪革命"在教育领域中的延伸，关注教师情绪已经成为许多教育研究分支领域（如教学、课程变革和课程实施等）的一个共同趋势③，且对教师情绪维度的学科理论进行探索。

教师情绪研究出现明显的理论转向，即教师情绪被看作社会结构和文化共同建构的复杂现象，研究者多从社会文化、情绪规则等方面研究教师情绪的塑造、转换和调节，积极关注社会文化、政策改变、权利地位、人际互动等方面与教师情绪体验之间的联系。在研究设计上，这一阶段的研究多采用访谈、观察、传记等质化手段；在分析视角上，将社会建构主义、女性主义、后结构主义等社会学学科领域理论引入教师情绪分析之中，超越了心理学的范畴；在涉及范围上，教师情绪研究已经渗透到教学、教育变革、教育领导、教师教育、课程实施等各个主要领域。具体如下：

教育变革与教师情绪的相关研究。直到 19 世纪 90 年代中期，国内外学者才对教育变革中的教师情绪展开了比较全面的研究。最初的研究大都是描述性的，旨在呈现教师在变革中产生的消极情绪，因为这些情绪会影响到变革的规划、实施及其管理。例如莉特尔（1996）

---

① Zembylas, M., "Caring for Teacher Emotion: Reflections on Teacher Self-Development", *Studies in Philosophy and Education*, Vol. 22, No. 2, March 2003, p. 109.

② Mei Ngan Tam, *Emotions and Emotional Experiences: A Case Study in Hong Kong*, Germany: Scholar's Press, 2007, p. 11.

③ 尹弘飚：《教师情绪：课程改革中亟待正视的一个议题》，《教育发展研究》2007年第 3B 期。

研究了美国中学从事大规模改革运动的教师的高度情绪化和不断变化的职业轮廓之间的交叉关系。她采用案例研究，阐明教师高度情绪化的经历与职业生涯中断或职业风险的关系，情绪困扰程度的增加使得教师们孤立无援，学校改革工作的特定背景动态会影响着教师的情绪反应，并会使其工作出现转折点。[①] 同时也有学者发现行政政策、学校中的专业关系和教师效能的限制是教师脆弱性感觉的重要来源，道德层面和政治层面的因素会影响教师对其工作的情绪体验。[②]

教学与教师情绪的相关研究。教学是一种情绪劳动，21 世纪以来有部分学者对教学中的教师情绪展开了持续而深入的探讨，提出了一些颇有见地的理论，如教学的情绪地理学、情绪系谱学和情绪法则。尼娅斯（1996）论述了情绪在教师教学中发挥着重要作用的原因，首先教师常常满怀激情地感受他们的学生，他们的专业技能、同事和学校的结构、社会交往以及教育政策等对他们的学生和他们自己的实际造成影响；其次，情绪根植于认知，只有解决好教师的情绪反应以及构成这些反应的态度、价值观和信念，才能帮助教师发展其课堂和管理技能；最后，每个老师都有独特的自我意识，教师的情绪虽然是个体经历的，但却是集体关注的问题，它们是由环境引起的，这些环境可以被识别、理解。[③] 国内很多关于教师情绪的研究也涉及教学，例如探讨教师的情绪对教学的影响[④]、教师情绪对学习效果的影响[⑤]、教师情感特征在教学中的作用[⑥]等。

教师教育与教师情绪的相关研究。该阶段教师教育领域也开始注

---

① Little, J. W., "The Emotional Contours and Career Trajectories of (Disappointed) Reform Enthusiasts", *Cambridge Journal of Education*, Vol. 26, No. 3, November 1996, pp. 345 – 359.

② Kelchtermans, G., "Teacher Vulnerability: Understanding Its Moral and Political Roots", *Cambridge Journal of Education*, Vol. 26, No. 3, November 1996, pp. 307 – 324.

③ Nias, J., "Thinking about Feeling: the Emotions in Teaching", *Cambridge Journal of Education*, Vol. 26, No. 3, July 1996, pp. 293 – 294.

④ 郭惠智：《教师的情绪对教学的影响》，《心理发展与教育》1985 年第 2 期。

⑤ 孙许民：《谈教师情绪对学习效果的影响》，《体育函授》1994 年第 Z1 期。

⑥ 郭文武：《教师情感特征在教学中的作用》，《河南教育学院学报》（哲学社会科学版）1996 年第 1 期。

重教师情绪的研究，认为教师情绪对教师专业发展具有重要的作用。例如戈尔比通过对两位资深女教师的情绪生活进行研究，发现她们从学生那里获得相当大的情绪安慰和安全感，并建议教师专业发展需要考虑情绪的作用，为分析引发情绪愉悦或痛苦的情况提供机会，此外教师教育中可增设情绪课程。[①] 好的教师情绪有助于形成良好的课堂氛围，进而促进师生的情感交流，教师要学会调整稳定自身的情绪，将情绪稳定在最佳状态中。[②]

课程实施与教师情绪的相关研究。课程改革对教师情绪造成了强烈的冲击，教师对课程改革所持有的复杂的情绪反应，会始终伴随着课程改革的整个进程。例如李子健及尹弘飚明确了教师在课程实施研究中的关键地位，超越情绪作为个人心理现象的视野，分析了教师情绪与课程实施之间的关联，以及教师情绪与社会文化、政治、道德、专业等社会因素之间的互动。研究表明，课程实施若想取得理想的效果，就必须关注教师情绪和课程实施之间的互惠影响。[③]

（三）多样化视角下的教师情绪研究：21 世纪一二十年代

教师情绪互动是个体与环境的生态系统之间的互动，教师情绪有积极情绪，也有消极情绪，情绪的形成不仅和个体的心理品质、知识储备、经验阅历等因素有关，也与众多环境因素的交互有关。从社会学上看，制度主义和互动主义是研究教师情绪社会建构的两种常用社会学视角。教师情绪是一种互动的制度建构，在教育改革背景下，教师情绪的建构涉及制度逻辑、学校组织的制度语境和参与意义协商的社会行为者（如学校管理者和教师）之间的动态关系。[④] 有学者聚焦宏观层面社会经济地位、中观层面社会关系、微观层面个体社会发展能力，教师消极情绪体验较普遍，且消极情绪在个体特征变量上存在

① Golby, M., "Teachers' Emotions: An Illustrated Discussion", *Cambridge Journal of Education*, Vol. 26, No. 3, 1996, pp. 423 – 434.

② 彭建军：《青年教师要善于控制自己的情绪》，《学校体育》1986 年第 5 期。

③ 李子建、尹弘飚：《教师情绪与课程实施》，《新课程》（综合版）2007 年第 2 期。

④ Kwok Kuen Tsang, "The Interactional-institutional Construction of Teachers' Emotions in Hong Kong: the Inhabited Institutionalism Perspective", *Frontiers in Psychology*, No. 10, November 2019, p. 2.

显著性差异。① 从新高考改革看，新高考改革的消极情绪弥漫于教师的工作和生活中，改革场域内各利益相关者相互不理解的状态普遍存在，由此带来的情绪误解会阻碍改革的持续推进。② 从心路历程的具体表现上看，教师浅层扮演的情绪表现为伪装与抑制，深层扮演的情绪表现为转移、分离与重构，而真实的情绪表达则是流露、释放与宣泄。③ 从学习共同体中看，从"对话、协作"出发，可以构建交响式共同体，通过"循环式系统"管控教师情绪劳动，可以补充其情绪资源的消耗。④

由此可见，历史阶段不同，教师情绪的关注程度与向度也有所不同。

二　教师情绪研究的多维视角

21 世纪以来，学术焦点聚焦于考虑教师情绪的作用，并探索如何从历史、文化、语境和社会政治的角度来看待情绪，而不是根据情绪的先验配价（即积极与消极）对情绪进行分类。⑤ 教师在课堂上需要应对各种内部经历的情绪，但他们必须满足社会环境展示规则，这些规则要求教师主要表达对学习和学生发展最佳的特定情绪。通常情况下，教师内部经历的情绪和外部表达的情绪可能会有很大差异，这要求教师根据所涉及的情绪和策略类型，通过微妙的情绪劳动行为不

---

① 傅海伦、张丽：《中小学乡村教师消极情绪体验的社会学分析——以山东省域数据调查为例》，《山东师范大学学报》（社会科学版）2020 年第 1 期。

② 黄亚婷、刘浩：《新高考改革中的教师情绪：基于情绪地理学的叙事研究》，《全球教育展望》2020 年第 4 期。

③ 杨田静、尹爱青：《扮演与真实：小学音乐教师情绪劳动心路历程探析》，《中国教育学刊》2019 年第 12 期。

④ 李玲玉、刘春：《基于学习共同体的新手教师情绪劳动管理策略——以贵州省 Z 县 11 位教师的访谈调查为例》，《中小学教师培训》2020 年第 3 期。

⑤ Gkonou, C., & Miller, E. R., "An Exploration of Language Teacher Reflection, Emotion Labor, and Emotional Capital", *TESOL Quarterly*, Vol. 55, No. 1, March 2020, pp. 2 - 3.

断达成个人—环境妥协。[1] 本节将从教师情绪的组成结构、影响因素、教育学价值、调节策略四个方面进行阐述。

（一）教师情绪的组成结构

情绪不被视为个体心理现象，也不视为离散的情绪状态，而是被视为与他人和特定情况相关的感受或影响，这些也都会受到一定的规则影响。教师情绪是一种内在的感觉，这种感觉在他们的身体范围内保持不动，但与他们与学生、同事和父母的联系和互动方式是不可分割的。[2] 这一定义不仅整合了人类情绪的内在变化，而且注重外部情绪体验的交互作用，很好地把握了教师情绪在情境中的特征。教师的情感体验具有多样性，诸如"普遍情绪枯竭"或"枯竭"等综合概念都不足以详细描述教师的情绪生活。教师情绪包括教师个体的动态心理状态水平、情绪自我调节能力和对外部刺激的反应以及一种综合方法。教师情绪不是"在他们身体范围内保持惰性的内在感觉，而是他们与学生、同事和父母的关系和互动方式的组成部分"[3]。

教师情绪的划分通常也是根据情绪的分类方式来进行，情绪有多种分类方式，大致可以归纳为二分的、多元的和多维的三类。目前将教师情绪分为积极的情绪和消极的情绪较为常见。有学者认为教师情绪结构通常包含积极的和消极的教师个人情绪，以及积极的和消极的教师专业情绪等。[4] 教师的积极情绪一般包括兴奋、喜悦、满足、骄傲，消极情绪则包括愤怒、沮丧、焦虑和悲伤。有研究显示，快乐、幸福和满足是教师最常提到的积极情绪，烦恼、挫折和愤怒是教师最

---

① Wang, H., Hall, N.C., Chiu, M.M., Goetz, T. & Gogol, K., "Exploring the Structure of Teachers' Emotional Labor in the Classroom: A Multitrait-Multimethod Analysis", *Educational Measurement: Issues and Practice*, Vol. 39, No. 3, June 2020, pp. 1 – 13.

② Farouk, S., "What can the Self-conscious Emotion of Guilt Tell us about Primary School Teachers' Moral Purpose and the Relationships They have with Their Pupils?", *Teachers and Teaching: Theory and Practice*, Vol. 18, No. 4, June 2012, p. 497.

③ Farouk, S., "What Can the Self-conscious Emotion of Guilt Tell Us about Primary School Teachers' Moral Purpose and the Relationships They Have with Their Pupils?", *Teachers and Teaching: Theory and Practice*, Vol. 18, No. 4, June 2012, p. 491.

④ Mevarech, Z. R. &Maskit, D., "The Teaching Experience and The Emotions It Evokes", *Social Psychology of Education*, Vol. 18, No. 2, January 2015, pp. 241 – 253.

常提到的消极情绪。① 教师最主要的负面情绪是焦虑和沮丧，它们分别与学生的思维以及为认知差异学习者寻找契合的教学方法有关。兴奋是在教学前和教学后谈话中最常见的积极情绪，主要是由于以教师/教学为中心的原因引起的，如教授概念本身和使用新的资源来教授概念；与积极情绪相似，中性情绪主要有以教师为中心的原因，这些原因与教师对教学的胜任感有关。② 许多教师情绪的实证研究也反映了教师情绪的多维特征，例如有学者使用享受、愤怒和焦虑创建了一个教师情绪量表。③ 也有研究认为教师的情绪有五个维度，包括快乐、爱、悲伤、愤怒、恐惧。④

（二）教师情绪的影响因素

教师情绪通常会受到内部和外部因素的影响。人和环境之间的相互作用是情绪体验发生的必要条件。教学是一项高度复杂的活动，以同时实现多个相互关联的目标为中心，在教师情绪研究中，教师的情绪体验通常是围绕教学/课堂事件中引发单一情绪（例如愤怒或快乐）的单一人—环境互动来定义的。外部因素通常涉及课堂情境、课程变革、人际关系、制度规范等方面。因此，教学有可能激发混合的情绪体验，引发多种情绪。⑤

课程变革是关乎"人"的情绪性事业，教师情绪与课程变革的实

① Hagenauer, G., &Volet, S. E., "'I don't think I could, you know, just teach without any emotion': Exploring the Nature and Origin of University Teachers' Emotions", *Research Papers in Education*, Vol. 29, No. 2, 2014, pp. 240 – 262.

② Cross Francis, D. I., Hong, J. et al., "The Dominance of Blended Emotions: a Qualitative Study of Elementary Teachers′Emotions Related to Mathematics Teaching", *Frontiers in Psychology*, Vol. 11, August 2020, p. 14.

③ Frenzel, Anne C., Pekrun R. et al., "Measuring Teachers' Enjoyment, Anger, and Anxiety: The Teacher Emotions Scales (TES)", *Contemporary Educational Psychology*, Vol. 46, 2016, pp. 148 – 163.

④ Junjun Chen, "Understanding Teacher Emotions: The Development of a Teacher Emotion Inventory", *Teaching and Teacher Education*, Vol. 55, January 2016, pp. 68 – 77.

⑤ Cross Francis, D. I., Hong J. et al., "The Dominance of Blended Emotions: a Qualitative Study of Elementary Teachers'Emotions Related to Mathematics Teaching", *Frontiers in Psychology*, Vol. 11, August 2020, p. 4.

效具有紧密的联系，教师情绪是变革的重要参考维度。[1] 教师在不同的情况下即包括与他人的互动（例如学生、同事、校长和家长）、对教学目标的反应、对教学活动和教育系统的评价等，也都会经历多变的情绪反应。[2] 教师的情绪表达受到课堂情境的影响，课堂情境因素通常指师生之间关于课堂规则、组织、气氛内容等的认识对教师情绪表达的影响。[3] 此外，教师的情绪反应不仅取决于具体的课堂事件本身，还取决于所涉及学生的破坏性行为的感知历史。学生的情绪对教师的情绪具有较大影响，学生群体成为影响教师自我效能感的关键环境因素，从而也影响他们的情绪体验。例如学生的不良行为是教师职业倦怠的显著预测因子，经常引发教师的负面情绪，如愤怒或沮丧，这些负面情绪可能会影响教师的福祉、工作动机或教学行为。[4] 可见，学生的情绪容易影响教师在课堂中的情绪，教师时常需要根据学生情绪的变化来适当调整自身情绪的表达方式。最后，制度也是影响教师情绪的重要因素。制度是认知、规范和调节的力量，指导人们在给定的环境中如何行为、解释和感受，教师的情绪会受制度影响。教师情绪作为一种相互作用的制度建构结果，意味着情绪是社会行为者之间意义协商的结果，在这种情况下，学校管理者和教师在制度逻辑下规范他们的行为，而制度逻辑反过来支持他们所处的制度环境。[5]

教师情绪受影响的不仅仅是根据语境的规则对事件所作的解释，还有个人对事件采取行动和做出反应的主体努力。[6] 内部因素通常涉

---

① 刘红霞、王彦飞、曾先锋：《高职课程变革中的教师关注：情绪视角的微观审视》，《中国职业技术教育》2017 年第 17 期。

② Mevarech, Z. R. & Maskit, D., "The Teaching Experience and the Emotions It Evokes", *Social Psychology of Education*, Vol. 18, No. 2, January 2015, pp. 241 – 253.

③ 虞亚君、张鹏程：《教师情绪表达的内涵、影响因素及策略研究》，《教学与管理》2014 年第 27 期。

④ Mei-Lin Chang & Jamie Taxer, "Teacher Emotion Regulation Strategies in Response to Classroom Misbehavior", *Teachers and Teaching*, March 2020, pp. 1 – 17.

⑤ Kwok, Kuen, & Tsang, "The Interactional-institutional Construction of Teachers' Emotions in Hong Kong: the Inhabited Institutionalism Perspective", *Frontiers in psychology*, Vol. 10, November 2019, p. 2.

⑥ Gkonou, C., & Miller, E. R., "An Exploration of Language Teacher Reflection, Emotion Labor, and Emotional Capital", *TESOL Quarterly*, Vol. 55, No. 1, March 2020, p. 3.

及教师性别、年龄、教龄及工作经验，同时也涉及教师自身的人格因素等，例如教师信念、教师自我效能感等。教师性别、教龄对情绪深层主动调节策略有显著正向影响，其中，女教师比男教师更倾向于采取深层调节策略。① 教龄及工作经验也是影响教师情绪关键因素之一。② 此外，教师身份与自我认知是教师情绪的基础。③ 自我效能感的评价也是教师情绪的重要影响因素，更高水平的教师信念预示着更高水平的快乐和骄傲的积极情绪，而更高水平的教师愤怒、疲惫和绝望的消极情绪预示着更低水平的教师自我效能信念。④ 可见，教学效能感和职业认同显著预测积极教学情绪。⑤ 总的来说，教师总是被期望以一种温暖、反应灵敏和富有成效的方式去成功应对其在教学生涯中及日常生活中面临的相关情况，在特定时期的特定情境中经历不同的情绪，教师的情绪是复杂的，是语境化的，所以教师情绪的形成也不免受到多方面因素的影响。

（三）教师情绪的教育学价值

教师情绪会影响教师的幸福感、自我形象以及日常生活等方面，同时也影响着教师对学习工作的意义解读与行为表现。⑥ 努力提高教师的情绪调节技能不仅有利于教师，也有利于学生的福祉。教师经常从事情绪劳动，以此来促进学生学习和课堂行为的管理，学生的学习和整体教学质量受此影响。教师情绪影响课堂教学，对课堂氛围产生举足轻重的影响。教师良好的情绪调节会影响学生的积极性与创造

---

① 周俊：《高中教师情绪劳动策略及影响因素的实证研究》，《中国教师》2020 年第7 期。

② 傅海伦、张丽：《中小学乡村教师消极情绪体验的社会学分析——以山东省域数据调查为例》，《山东师范大学学报》（社会科学版）2020 年第 1 期。

③ 张昕、罗增让：《影响教育改革中教师情绪反应的因素分析——脆弱性承诺、自我认知和微观政治素养的作用》，《全球教育展望》2016 年第 6 期。

④ Buric，I.，Slikovic，A.，& Soric，I.，"Teachers' Emotions and Self-efficacy：A Test of Reciprocal Relations"，*Frontiers in Psychology*，Vol. 11，August 2020，p. 11.

⑤ 邱懿：《教师教学情绪的现状分析与优化策略》，《上海教育科研》2018 年第 9 期。

⑥ Mevarech，Z. R. and Maskit D.，"The Teaching Experience and the Emotions It Evokes"，*Social Psychology of Education*，Vol. 18，No. 2，January 2015，pp. 241 – 253.

性，对师生双方的能力发展和身心健康都具有重要的作用。① 教师的情绪对学生的影响是巨大的，这就要求作为专业人员的教师需要将自己的情绪结合当今社会规范和文化背景的制约，努力形成符合其自身专业地位的专业化情绪。教师情绪作为教师专业发展的核心要素，同时也关系着学校的组织文化与动力前景，探究影响教师情绪形成的诸多因素，可以为有效处理教师情绪问题，促进教师的专业发展等方面提供新的视角与思路。②

（四）教师情绪的调节策略

教师情绪调节通常是教师为了达到某种目标而有意识地去调节与控制自己的情绪。教育学界很多学者采用格罗斯的观点，他认为情绪调节是"个人涌现他们拥有哪些情绪、何时拥有这些情绪以及他们如何体验和表达这些情绪的过程"③。格罗斯提出情绪调节的过程模型，其中包含五类情绪调节策略，即情境选择、情境修正、注意力部署、认知改变和反应调节。④ 由于这些策略会在情绪生成过程的不同点进行干预，因此会导致不同的即时和长期情绪后果。此外，具体的情绪调节策略还包括认知再评价、先行聚焦策略、表达抑制三类。⑤

通过在教师教育课程中加入反思性实践也是教师情绪调节的重要策略之一，反思在控制自己的情绪、在情绪上变得更具自我意识以及加强课堂实践等方面具有重要性。情绪调节策略同时也应该在教师教育者的专业发展课程中进行讨论，从大学师范生涯的早期阶段开始。⑥

---

① 郭伟：《高职教师课堂教学情绪的调节策略》，《成人教育》2011 年第 4 期。
② 孙彩霞、李子建：《教师情绪的形成：生态学的视角》，《全球教育展望》2014 年第 7 期。
③ Gross, J. J., "The Emerging Field of Emotion Regulation: An Integrative Review. Review of General Psychology", *Review of General Psychology*, Vol. 2, No. 3, 1998, p. 275.
④ Gross, J. J., "Emotion Regulation: Current Status and Future Prospects", *Psychological Inquiry*, Vol. 26, No. 1, April 2015, pp. 1 – 26.
⑤ Braun, S. S., Schonert-Reichl, K. A., & Roeser, R. W., "Effects of Teachers' Emotion Regulation, Burnout, and Life Satisfaction on Student Well – being", *Journal of Applied Developmental Psychology*, Vol. 69, May 2020, pp. 1 – 13.
⑥ Hagenauer, G., & Volet S. E., "I don't Hide My Feelings, Even Though I try to: Insight into Teacher Educator Emotion Display", *AustEduc Res*, Vol. 41, No. 3, October 2013, pp. 261 – 281.

教师教育课程可以包括反思性实践，鼓励教师分析情绪的作用、如何表现和处理情绪，如何在工作场所展示"适当"的情绪，如何潜在地加强未来的实践，以及如何通过单独反思、与他人一起反思情绪的内在和人际特征来实现情绪资本。① 干预和教师教育计划可以通过促进和提高教师的情绪意识，特别是通过在课堂活动中识别行为不良的积极情绪或在与行为更有问题的学生的互动中识别积极情绪来使教师受益。通过关注学生参与的积极的日常事件，以积极的眼光看待"问题"学生，可以被视为积极情绪的强大来源，这可能会提高教师的韧性。②

政策制定者和学校管理者可以尝试采用互动或制度的方法来试图改善教师情绪。③ 政策制定者和学校管理者应该创造机会与教师互动，以便就教育、教学和学习的相关情况进行沟通与交流。这种协商可能有助于教师更好地理解他们的现状，使他们为自己的工作赋予更多积极的意义，从而产生积极的情绪。同时，教育政策和改革决策也需要对教师的情绪积极进行关注，对教师情绪在教育教学以及变革中处于核心关键位置的见解产生认同，并力求让教师之间建立良好的情绪理解；此外，在改革的内容方面，政府和管理者在制定课程标准、专业发展准则等时，需要将情绪维度纳入其中。④

第三节　国内外教师情绪影响因素分析框架

教师情绪不是凭空而生，它是个体身体基于行为成功的可能性和

① Gkonou, C., & Miller, E. R., "An Exploration of Language Teacher Reflection, Emotion Labor, and Emotional Capital", *TESOL Quarterly*, Vol. 55, No. 1, March 2020, p. 21.

② De Ruiter, J. A., Poorthuis, A. M. G., & Koomen, H. M. Y., "Relevant Classroom Events for Teachers: A study of Student Characteristics, Student Behaviors, and Associated Teacher Emotions", *Teaching and Teacher Education*, Vol. 86, August 2019, p. 11.

③ Kwok, Kuen, & Tsang., "The Interactional-Institutional Construction of Teachers' Emotions in Hong Kong: the Inhabited Institutionalism Perspective", *Frontiers in psychology*, Vol. 10, November 2019, pp. 1 – 15.

④ 刘红霞、王彦飞、曾先锋：《高职课程变革中的教师关注：情绪视角的微观审视》，《中国职业技术教育》2017 年第 17 期。

必然性的生理体验①，也是一种社会文化建构。"情绪体验形成于个人与环境之间的交互，这种交互不仅受个体内在性格的影响，同时也离不开外在环境与个体的相互作用。环境不仅指物理空间方面的意义，也包含着人际交往、文化、组织、制度等方面的内容。情绪链接着教师个体的微观系统，也链接着社会、文化、政治等方面的宏观层次"②。因此，一些研究关系的情绪动力学能有效的成为反映和分析的对象。③ 教师情绪受到多方面因素的影响，本部分主要对教师情绪部分相关理论框架进行梳理。

一　情绪地理学框架

从情绪地理学来分析，情绪影响着人们感知过去、现在和未来的方式；在情绪观念下，一切都可能显得明亮、黯淡或黑暗。无论我们是渴望情绪的平衡，还是肾上腺素的刺激，情绪地理学都是动态的，它随着我们的成长过程即童年、青春期、中年和老年，以及出生、丧亲、关系的开始或结束等更直接的不稳定事件的发生而变化。④ 情绪地理学是指"人际互动和人际关系中的接近和/或疏远的空间和体验模式，其帮助创造、形成和左右了我们对自己、世界和彼此的感觉和情绪"。情绪地理学由哈格里夫斯提出，包含社会文化地理、道德地理、专业地理、政治地理和物理地理五个维度。社会文化地理指的是不同的文化、阶级容易导致教师和其他人（学生、父母等）互相无法理解；道德地理指的是当教师的目标和其他人产生争执，且没有机制应对（讨论、解决）差异时，教师会产生消极情绪；专业地理指的是教师的专业标准是根据经典的男性模式定义的，它使得教师与学生保持距离，对女性的"关怀"伦理存在偏见；政治地理指的是等

---

① 徐晋华：《论戾气弥散下的教师情绪管理》，《教育评论》2014 年第 4 期。

② 孙彩霞、李子建：《教师情绪的形成：生态学的视角》，《全球教育展望》2014 年第 7 期。

③ Davidson, J., Bondi L. and Smith M., *Emotional Geographies*, Hampshire：Ashgate Publishing Limited, 2007, p. 237.

④ Davidson, J., Bondi L. and Smith M., *Emotional Geographies*, Hampshire：Ashgate Publishing Limited, 2007, p. 1.

级制的权力关系扭曲了教师和他人交往中的情绪和认知层面；物理地理指的是人们时空的接近状态会影响关系发展。①

情绪产生于人—情境互相作用的背景下，对个体有特别的意义，并导致对正在发生的人—情境相互作用的一系列协调的但是灵活的体验的、行为的和生理的反应。②范维恩和斯利格思等学者则采取社会—认知框架来研究改革和教师情绪的关系。他们认为，教师对自己的专业身份认同或专业倾向和情境需要之间的关系的评价过程唤醒了情绪。专业身份认同或专业倾向即指教师如何看待自己作为一个教师的观念或教师的自我意识，其内容包括：自我形象、工作动机、核心责任、自尊以及有关教学、学科与学科教学法和教学作为工作的观念。③在哈格里夫斯看来，专业地理的主要内容由专业信念、自我形象、专业系统、工作动机、自尊或归属所构成。情绪地理的概念有助于识别基本情绪纽带的支持与威胁，以及对学校教育的理解，这些都源于人们互动或关系中的距离和亲密形式。各种形式的情感距离和亲密感会威胁到教师、学生、同事和父母之间的情绪理解④，从而影响他们的学校生活、工作状况及其意义理解。具体框架如图2-1。

由此可见，情绪地理学以动态的观点审视教师情绪，把情绪当作一种系统论的因子去看待，观照其内外交织的发生机制。情绪地理学不能静态地看待教师情绪，把教师情绪看作一种结果，而需将之置身于政治地理、社会文化地理、道德地理、物理地理和专业地理的要素中去考察，审视教师情绪的意蕴、影响因素和动力关系，勾勒教师情

---

① 金琦钦、张文军：《课程变革中教师情绪的叙事研究——基于杭州市C高中的案例》，《教师教育研究》2016年第4期。

② ［美］迈克尔·刘易斯、珍妮特·M.哈维兰-琼斯、莉莎·费尔德曼·巴雷特：《情绪心理学》（第3版），南莎译，电子工业出版社2015年版。

③ Van Veen, K. and Sleegers, P., "Teachers' Emotions in a Context of Reforms: to a Deeper Understanding of Teachers and Reforms", in P. A. Schutz and M. Zembylas, eds. *Advances in teacher emotion research: The impact on teachers' lives*, Dordrecht, The Netherlands: Springer, 2009, pp. 233–251.

④ Hargreaves, A., "The Emotional Geographies of Teachers' Relations with Colleagues", *International Journal of Educational Research*, Vol. 35, No. 5, 2001, p. 508.

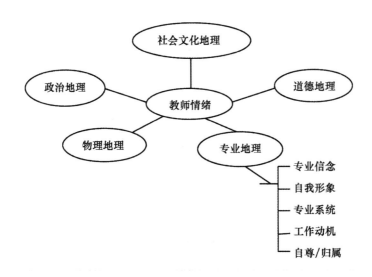

图 2－1　哈格里夫斯的情绪地理学框架

绪与人际关系互动交流的远近网络及理论框架。

二　教师情绪的因果循环模型

因果循环模型旨在揭示教师情绪的因果循环关系，由因及果，执果导因。在这个模型中，关于学生行为的看法和关于学生行为的目标会影响到教师评价的具体状态，进而激发相应的教师情绪，并影响到进一步的教学行为。这一循环不是单向度的，而是相互影响、循环往复、螺旋上升的过程。这个模型有四个广泛的主题，这些主题引导教师课堂目标的形成及他们关于学生认知、动机、社会化的情绪和关系的行为。认知的主题指的是学生关于科目能力的习得；动机的主题属于在课堂活动和学习内容的参与程度；社会化的情绪的主题关涉学生的能力发展（就尊重他们自己和别人而言），也涉及关于一个社会群体的运作能力；而关系的主题牵涉在师生之间构建一种良性的关系。[1]

---

① Pekrun R. & Linnenbrink-Garcia L., *International Handbook of Emotions in Education*, New York And London：Routledge，2013，p. 507.

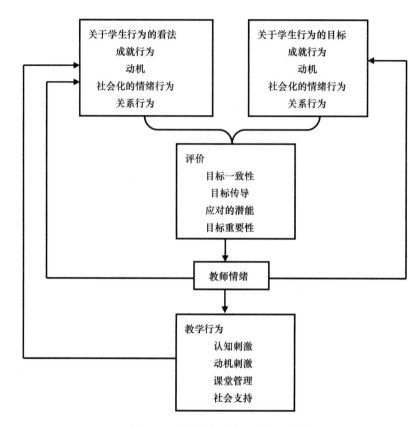

图 2 - 2　教师情绪的因果循环模型

三　教师情绪互动的生态系统图

美国著名的生态心理学家尤·布朗芬布伦纳提出了人类发展的生态理论，认为个体成长与环境有关，并据环境系统由近及远地与个体成长过程交织、依存。布朗芬布伦纳将教师情绪的互动关系镶嵌在同心圆里，由内至外地分列了这些系统：微观系统（Microsystem）、中介系统（Meso-systems）、外在系统（Exosystems）、宏观系统（Macrosystems）和时间系统（Chrono-system）。[①] 在微观系统里，教师个体

---

① Cross，D. I. & Hong，J. Y.，"An Ecological Examination of Teachers'Emotions in the School Context"，*Teaching and Teacher Education*，Vol. 28，No. 7，October 2011，pp. 957 – 967.

可以直接参与相关活动，可以亲身感受角色和人际关系的意义；到了中介系统，教师个体受到两个或两个以上微观系统要素里的互动关系的影响；在外在系统里，教师个体不直接参与，也不直接涉及，但它是影响微观要素或中介要素的变量；宏观系统则需要以社会文化为宏观背景，影响着人们的思维方式、情感体验和行为方式，对个体身心发展产生弥散性作用，并影响着其他子系统。① 在前面的四大层次系统内，时间系统贯穿于其中，以及个体成长的过程，促进个体与环境彼此塑造与再塑造。② 国内学者孙彩霞、李子健从生态系统学的角度探讨教师情绪形成的因素，有助于把握教师情绪与环境交互的复杂性。教师的信念、认同、目标、期待等内在要素的实现与否，它们都是互动源，都会引发教师起起伏伏的情绪体验。反过来说，教师情绪的状况如何，也同样会对这些专业要素产生影响，带来启发，导引结果；从影响人物上看，他们没有单向度地考虑某个人的具体影响，而综合考虑了相关因素。他们不只是考虑学生和行政人员等人物对于教师情绪的作用，也把家长和同事考虑进来了。教师情绪不只是个体身体基于行为的生理体验，也是一种社会文化建构，教师情绪与众多环境因素的交互有关。"通过从环境外围反观教师情绪的形成以及影响因素，为深入了解教师情绪形成及处理教师情绪问题提供了思考维度与框架。再者，布朗芬布伦纳的生态系统论还强调了个体与环境交互需要时间系统过渡，教师情绪形成过程也受时间系统影响，时间如同珍珠线将各系统与个体交互的事件与经验以及相互交互产生的变化连接在了一起，作为释放教师情绪强度的因子，镶嵌在各个系统与个体交互的过程之中。"③

---

① 孙彩霞、李子建：《教师情绪的形成：生态学的视角》，《全球教育展望》2014 年第 7 期。

② Bronfenbrenner, U., *The Ecology of Human Development*, Cambridge, MA: Harvard University Press, 1979.

③ 孙彩霞、李子建：《教师情绪的形成：生态学的视角》，《全球教育展望》2014 年第 7 期。

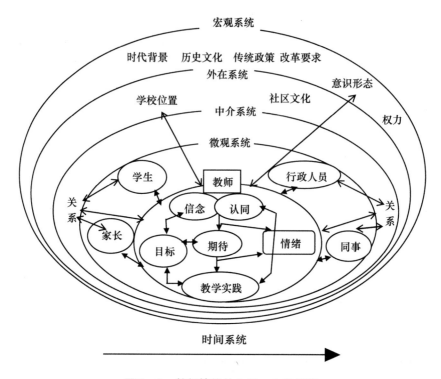

图 2 - 3　教师情绪的文化—生态模型

转引自孙彩霞、李子建《教师情绪的形成：生态学的视角》，《全球教育展望》2014 年第 7 期。

四　课程变革中的教师情绪分析框架

情绪总是在社会文化环境中生成的，它们不仅仅对个体产生影响，也对由人类生活组织而成的结构和文化产生影响。[①] 基于情绪地理学和范维恩和斯利格思的社会—认知框架或评价理论，国内相关研究者提出了以下的教师情绪分析的理论框架，如图 2 - 4 和图2 - 5：

---

① Jan E. Stets and Jonathan H. Turner, *Handbook of the Sociology of Emotions*, Volume Ⅱ, New York：Springer, 2005, p. 2.

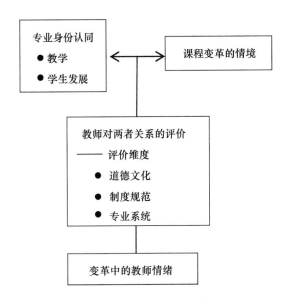

图 2 - 4　金琦钦、张文军的教师情绪分析框架

　　转引自金琦钦、张文军《课程变革中教师情绪的叙事研究——基于杭州市 C 高中的案例》,《教师教育研究》2016 年第 4 期。

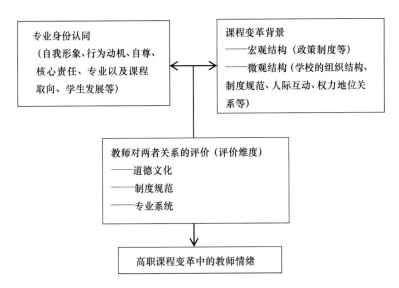

图 2 - 5　高职课程变革中教师情绪分析框架

　　转引自刘红霞、王彦飞、曾先锋《高职课程变革中的教师关注:情绪视角的微观审视》,《中国职业技术教育》2017 年第 17 期。

在这个教师情绪分析框架中，教师情绪既受到内部因素（专业系统）的影响，又受到外部因素（道德文化、制度规范）的阻扰。道德文化指的是不同利益相关者对变革的不同价值判断带来的效应；制度规范指的是教师在制度惯例、政策等交织之下所造成的影响；而专业系统指的是教师在和教学、学科直接相关的压力与支持系统间的平衡程度带来的影响。

五　教师情绪劳动的"自我—互动—社会"三层框架

尹弘飚在其研究中，将象征互动论作为理论基础，尝试建构一个整体性的概念架构，从"自我—人际互动—社会"三个层面出发，对教师的情绪劳动与教师专业实践之间的关系进行分析和理解，其建构出来的结构又有所不同。

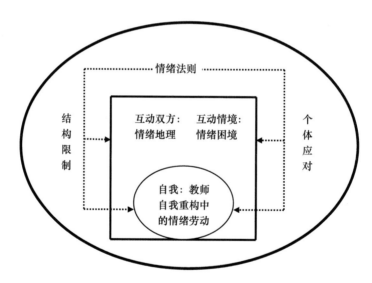

图 2 - 6　教师情绪劳动的"自我—互动—社会"三层框架

转引自尹弘飚《教师情绪劳动：一个象征互动论的解读》，《全球教育展望》2011 年第 8 期。

在日常教学中，为确保教学活动的顺利进行，教师需要管理个体的内心感受，情绪劳动的开展轨迹就寓于情绪调节的过程中。在教师情绪的影响因素探究中，这个三层架构是尹弘飚借鉴象征互动论对教师情绪劳动尝试进行的一个跨学科、跨领域整合。根据其研究结果显示，在这个三层框架中，自我是教师情绪劳动的起点，它诠释着他人传递的社会期望，建构教师的情绪劳动及身份认同；人际互动的嵌入沟通了个体教师与社会结构之间的联系，其中互动双方和互动情境都会影响着教师情绪劳动的性质和强度；在以情绪法则为代表的社会结构限制和个体教师采取的情绪应对策略中，社会结构施加的控制与规训以及迈向自我解放与社会变革的契机，并由此理解了个体能动与社会结构之间的互动关系。[1]

由此可见，教师情绪的本质交织着很多因素，这些因素既有显性的、隐性的，也有内在的、外在的，又有宏观的、微观的，它们或明或暗地影响着学校教育的状态、进度、走向与质量。教师情绪不仅仅是一种生理体验，更是一种社会文化建构，是个人对于实现目标的成功感和交织于历史—社会情境下的信念的有意识或无意识的判断。[2]教师情绪既有内在自我的特性，也包含了外在环境的特征。当我们以一种全面的观点考察时，教师情绪并非传统认为的那样可以随意被拒斥、被忽略或被漠视，而如那些结构图所展示的那样，教师情绪极大地影响师生的校园生活、人际关系、心理健康和道德发展，也对教学质量、成就动机、教育变革与职业生涯产生了重要的影响。

综上所述，我们试图通过回顾已有的相关研究，简要地概括了教师情绪研究的发展脉络，同时向人们展示教师情绪如何逐步走入教育的研究视野。国内外教师情绪研究视角转换最为明显的特征就是把教师情绪分别置于课程改革、教学、课程实施、学校变革等活动之中来

---

① 尹弘飚：《教师情绪劳动：一个象征互动论的解读》，《全球教育展望》2011 年第 8 期。

② Cross, D. I. & Hong, J. Y., "An Ecological Examination of Teachers'Emotions in the School Context", *Teaching and Teacher Education*, Vol. 28, No. 7, October 2011, pp. 957 - 967.

观照，产生了为数不多的宏观与微观的研究成果。然而，总体而言，学术界的这场"情绪革命"目前对我国的学校教育研究还未造成较大影响，特别是国内的相关研究相对单一、片面，对于教师情绪是学校教育研究中值得关注的重要问题的意识还较为薄弱。教师情绪是一种复杂的现象，教学实践必然是情感性的，并且包括一定量的不可分离的情绪劳动。① 由于教育活动既有理性的一面，还有人性的、情感的一面。教育若想取得理想的结果，就必须关注教师情绪及其与教育活动之间的互动影响。加拿大教育现象学领袖人物马克斯·范梅南先生强调：以"现象学"审视教育学，以教师、父母和学生的体验案例为原材料，对教育学的很多方面进行十分有益的思考。因此本书尝试从教育现象学的视角出发，力求探究学校日常生活中的教师有哪些情绪表征？其本质是什么？为什么会产生这些情绪？哪些因素在塑造、规约和限制着教师情绪？如何建立有助于提升教师日常生活质量的新的情绪规则？这些问题对于提升教育活动的质量十分重要。

---

① 孙俊才、卢家楣：《国外教师情绪研究的视角转换与启示》，《外国教育研究》2007年第7期。

第三章 研究设计

研究设计犹如"出发前的旅行地图"。在研究开始之前，须对研究项目有一个初步的总体设想，包括研究问题的提出、具体的方法和手段、研究的步骤和进程、所期待的研究结果以及检验研究结果的方式等。[①] 本章从教师情绪研究的本体论、认识论、方法论等角度，探析与找寻教师情绪研究的理论基础和方法策略。

第一节 研究的理论基础

研究的理论基础既是一种观照视角，也是研究框架的内在机理。从本体论、认识论和方法论的角度出发，是为了探索教育研究的本质，将研究问题与已知的知识以及逻辑串联起来进行全面化分析，以呈现研究者看待世界、研究问题的不同方式，从而构建系统化且逻辑性强的研究。[②] 不同的理论视角会看到不一样的情绪景观。情绪根植于具体情境，"不同人群面临不同的情绪脉络，既会产生情绪理解，也会产生情绪误解。重视他人情绪脉络的意义和解读，有助于形成同理心与共情力，也能及时把握他人的情绪需求，从而更好地实现合作

---

① 石建伟、谢翌：《质的研究设计：教师课题研究的质量保证》，《课程教学研究》2013 年第 3 期。

② Waring, M., "Finding your theoretical position", in Arthur, J., Waring, M., Coe, R. & Hedges, L., eds. *Research Methods and Methodologies in Education*, London: SAGE, 2012.

与沟通。"①

一 多元互动的符号表征：教师情绪的本体论信念

本体论是帮助研究者思考其研究的本质和形式。② 教师情绪作为一种文化现象，是个体—社会—文化互动作用的结果。这一互动结果大体包含了三个主要成分：身体变化、有意识的体验、对外界事物的评价。③ 教师情绪是一种"生命间性""情境性""文化性"的表征，需要基于多元性去把捉。

首先，教师情绪关涉身份信念。教师身份是一个持续流动的动态建构过程，教师情绪在身份建构过程中占据重要地位。④ 这种身份的信念是情绪变化的重要影响因素之一。在这一信念的支配下，会影响其角色信念及情绪韧性。没有足够的信念支持，教师很难在这样一种复杂的事业中过得自在、幸福。行走在生命之间，必定需要有良好的情绪滋养。

其次，教师情绪是教育活动的重要组成部分，具有复杂的生成机制。教育是一种情绪劳动，兼具认知活动和情绪实践，是一个情知互促的过程。教师情绪作为教师个体与环境互动产生的一种心理感受或心理状态，充满了复杂性和不确定性，是人类发展与成长的一部分。⑤ 教师情绪有着不一样的影响机制，内嵌于文化期望、社会标准、专业准则和道德约束的共同约束之中。理解教师情绪，需要基于这样的意义之网去揭示。

---

① 邱德峰：《师生互动中不可忽视的力量：教师的情绪——评"课程变革下教师的情绪地图与支持路径"》，《湖州师范学院学报》2021 年第 3 期。

② Waring, M, "Finding your theoretical position", in Arthur, J., Waring, M., Coe, R. & Hedges, L., eds. *Research Methods and Methodologies in Education*, London：SAGE, 2012.

③ 罗增让、余巧：《课程改革中教师身份认同及教师情绪的研究》，《教学与管理》2016 年第 2 期。

④ 汪甜甜、邓猛：《融合教育背景下新任资源教师的身份建构研究——基于教师情绪的视角》，《中国特殊教育》2021 年第 4 期。

⑤ 黄亚婷、刘浩：《新高考改革中的教师情绪：基于情绪地理学的叙事研究》，《全球教育展望》2020 年第 4 期。

再次，教师情绪是中性的，具有重要的教育学价值。教师情绪不需要克制，而应该秉持中立的态度去理解。体验他人的情绪，共情地去思考，才能让自己变得更加有实践智慧。真正理解了情绪，才能真正理解教师个体及其相应的行为，才能实现共情、共生、共成长。

二　回到那一刻：基于教师情绪轶事的意义分析

认识论是指研究者如何才能了解研究的问题，它直接关系到如何设计、看待和分析研究问题。[1] 结合已有研究对于教师情绪本质的了解，提出以下研究假设：

> 学校教育活动是一种情绪实践，教师情绪植根于其学校日常生活，对教师情绪的理解需要从日常教育体验入手；
>
> 教师情绪是一种"个体—学校—社会文化"互动的结果，须在个体内、个体间和群体间三个水平上思考和描述教师情绪；
>
> 学校文化、专业活动、道德期望、物理空间、权力关系等影响着教师情绪的表征。

上述理论假设表明，教师情绪是可以理解、把捉的；同样情绪素养也是可以塑造和培育的。回到教师生活的具体情境之中，回到"那一刻"的情绪体验，面对教师生活中的情绪现象，运用轶事的形式表达和构建这一现象，从"个体—学校—社会文化"互动中去揭示其本质，解释其生成机制。

三　现象学视角：教师情绪研究的方法论取向

方法论是反映本体论、认识论所产生的假设，有助于研究者确定研究方法和研究策略。[2] 教师情绪是一种重要的教育现象，因为其与

---

① Waring, M, "Finding your theoretical position", in Arthur, J., Waring, M., Coe, R. & Hedges, L., eds. *Research Methods and Methodologies in Education*, London：SAGE, 2012.

② Waring, M, "Finding your theoretical position", in Arthur, J., Waring, M., Coe, R. & Hedges, L., eds. *Research Methods and Methodologies in Education*, London：SAGE, 2012.

认知活动共同构成了教育活动。本研究将采用现象学的质性研究探索教师情绪在不同场域下的本质及形式。教育现象学主要关心师生的意识和体验，关怀教育作为人在世界中的本真存在方式与意义。现象学通过哲学和解释学方式的反思、研究、写作与实践，为我们开启了"一门新型教育学的可能性"，以亲身经历的体验向我们打开了一幅全新的教育研究图景。教育理论应当始终保持它应有的实践品格，让教育实践完整地自我显现。教育理论不应当是对教育实践的抽象反映；教育实践也不是教育理论的机械应用。教育理论与教育实践是相互涵摄的关系，教育理论总是表现在具体的教育实践中，在参与人与人之间的教育活动中成就并实现着自身。[1]

以现象学研究为路径研究教师情绪，我们内在地采纳了"悬置"和"还原"的研究态度，通过生活体验、轶事写作和民族志等具体的研究方式，深入教师的教育生活、专业体验，聚焦教师学校日常生活的种种体验，挖掘其结构样态与本质，探寻其影响因素与教育学意义。这一种以前科学、前理论、前概念探究教师情绪体验的方式，能较好地把握教育现象的本质内涵，提高教师情绪素养，从而做出科学合理的教育决策和行动。

第二节　研究理路与方法

本研究总体上采用质性的研究取向，通过观察、访谈、轶事写作等方式，收集教师日常的情绪素材进行分析。鉴于教师情绪的内隐性，教师日常的生活体验可以通过轶事的方式加以呈现，然后本着现象学的研究态度和方法论取向，对各种情绪轶事进行深入剖析，以达到还原教师情绪本质、探寻其背后教育学意义的目的。

---

[1]　宁虹、胡萨：《教育理论与实践的本然统一》，《教育研究》2006 年第 5 期。

一　研究范式与策略

（一）质化取向

质化研究"是以研究者本人作为研究工具，在自然情境下采用多种资料收集方法对社会现象进行整体性探究，使用归纳法分析资料和形成理论，通过与研究对象互动对其行为和意义建构获得解释性理解的一种活动"[①]。教师情绪研究在总体上体现出鲜明的质化取向。选择质化取向的根本原因在于情绪自身的性质。对情绪这种复杂、抽象、依附于文化并且为人们提供着丰富社会信息的现象来说，研究的重点在于把握人们对情绪的感受、诠释、赋予的意义以及人们所处社会情境的习俗和内隐法则。这些都是量化研究难以企及的，而质化研究对铺陈细致复杂的现象、揭露并解释一些表面之下鲜为人知的现象却颇为得心应手（Strauss & Corbin，1998）。对本研究来说，Denzin（1984）对情绪研究的一些忠告也强化了我们对质化取向的选择：

情绪必须作为一种情节性的（episodic）、事件性的社会经验进行研究，教师情绪主要发生于社会情境，决定教师情绪的因素不是教师个体的特征，而是教师所处的人际关系和文化情境决定的，因而必须基于互动的生活体验进行把握；

有关情绪的自然科学态度必须被悬置；

情绪研究必须尽可能地把握它的整体性；

作为一种具有自己轨迹和经验之流的过程，情绪必须从内部去理解；

对于情绪的现象学理解不是因果性的，而是描述的、诠释的和过程性的。

Denzin（1984）的这些判断为我们的情绪研究框架的构建提供了方法论的支持，推动了我们运用现象学的态度和方法去理解教师情绪

[①]　陈向明：《质的研究方法与社会科学研究》，教育科学出版社2000年版，第12页。

的结构、特征与意义。

（二）现象学研究

现象学研究首要的特点是它总是起始于生活世界，是对生活世界的研究。此处生活世界是指一个即时体验而尚未加以反思的世界，通过研究获得对我们日常生活体验的本性或意义更深刻的理解。① 现象学研究的具体策略即是对生活体验进行研究。教育、教学参与者的体验是探索前概念的原始资料，由此出发进行探究才能将体验的意义进化成为理论意义，从而形成新的概念。②

现象学的文本提倡用感性语言或诗化语言进行文本描述，这不仅体现在最终研究结果的文本描述上，而且体现在作为数据资料的趣闻轶事的描述上。正是这样的文本描述，才让阅读这些文本的人产生现象学式的点头，引起他们的反思；也正是这样的描述，让现象学研究者对自己的研究进行深刻而持久的反思，最终把握到教育生活的意义。究其实质，自我体验是现象学研究用以研究同类体验的最佳起始点。③ "因为人的生活和幸福归根到底要靠他社会化的'五官感受'和心灵感受来体验。在德语中，'体验'是'Erlebenis'，源于'Erleben'，本义为'经验'、'经历'或'经受'等。英语译为'Experience'，兼有动、名词特性。在狄尔泰的意义上，'体验'既与一般认识论意义上的'经验'不同，也与普通心理学可以证明的'意识'迥异，而是具有本体论意义的、源于人的个体生命深层对人生重大事件的深切领悟。"④这种深切领悟也可以基于日常生活里的一些事件而产生的各种各样的感受。

现象学研究就是对生活过的体验（lived experience）意义的"重新—寻找"（re-search）通过悬置自然态度，排除对世界的存在设定，

---

① 黎琼峰：《试论回归生活的教育学——马克斯·范梅南现象学教育学及其启示》，《现代教育科学》2006 年第 2 期。

② 蒋开君：《走近范梅南》，北京师范大学出版社 2014 年版，第 60 页。

③ Max van Manen ed. , *Writing in the Dark: Phenomenological Studies in Interpretive Inquiry*, On-tario: The Althouse Press, 2012, p. 49.

④ 李政涛：《教育学的智慧》，安徽教育出版社 2008 年版，第 88—89 页。

而转向一种哲学反思，即在直接的直观中把握事物的本质或本质结构。① 现象学是对生活世界的研究，关注的是纯粹的"那一刻"的体验，而不是被概念化、分类或反思后的世界，旨在还原出共情的、非修饰过的事件的本质或意义。现象学不是一种理论，而是一种实践。以实践现象学为路径，开展"小零钱"的研究，在"林中路"中探寻充满可能性的世界。通过对生活体验的收集与分析，悬置已有的先入为主的假设，保持一种"无知者"的好奇，以看到更多的可能性，从而对体验、他人的生活和自己的生活多一些敏感和反思。现象学是先于概念、先于理论、先于反思，在探寻生活意义的过程中，它是一连串的反思生活意义结构的重新寻找与反复核对的过程。

为了观照不同情境下的教师情绪，关于现象学研究的理解程度可能不一样，运用程序也有所不同，但这并不违背做现象学的精神：做现象学并非要执行或遵循一套连贯一致、组织严密的程序系统，它本身具有开放性和认同感的内在规定性，能够认识到现象学是一个由不同的方法组成的方法：即便是互相矛盾的、哲学争议鲜明的观点都可以为我们理解现象学提供助益。②

二　研究方法

轶事是现象学研究最常使用的工具，它是把特别的生活旨趣带入意识的自然方式，能够直接地让研究者了解被研究者在特定场域、情景中的体验。轶事的收集一般来自访谈、观察、个人经验、相关文献或想象叙述，有时通过生活体验写作的邀请来进行，多途径寻找和搜集丰富生动的情绪体验（experiences）。中小学的教师情绪体验是本项目的最终分析单位。在挑选分析对象时，我们坚持"由大到小"的原则，即坚持"大范围撒网""小样本补充"的原则。一方面利用各种教师培训班进行资料的征集，或者选择一所中小学的教师邀请他

---

① ［美］洛伦·S. 巴里特：《教育的现象学研究手册》，刘洁译，教育科学出版社2010年版，第2页。

② Max van Manen, "Phenomenology of Practice" (unpublished), Electronic version, 2013, p. 74.

们写作；另一方面，找一些特殊的群体，如实习老师、班主任等，邀约他们进行轶事写作或访谈。在研究的具体展开过程中，对话式访谈、生活体验写作、轶事的改写或重写、编码、主题提炼、资料分析也是现象学研究的主要数据收集和分析方法，具体内容如下所示。

（一）对话式访谈

深度访谈的目的是通过与他人的对话，了解其生活体验，对其生活体验产生兴趣，探索其体验背后的意义。[①] 对话式访谈是一种深度访谈的形式。"现象学的体验问题的详细设计，对话式访谈的实施是为了让参与者以一种前反思、前理论的形式复述他们的体验。"[②] 基于研究问题和研究目的，我们预先设计好翔实的访谈提纲，进行现象学式的访谈，有针对性地关注他们相应的情绪体验，然后由研究者进行"转化""重写"，尽量还原体验原初的样子。

（二）生活体验写作

聚焦某一主题，要求研究对象真实、简短、深度描述关于某一主题的体验。现象学的访谈问题是在关于教师情绪访谈提纲的基础上邀请被研究者参与现象学写作，提出一些基于教师情绪现象学研究的问题：

> 在那一刻发生了什么，您是如何表达您的情绪的？当时您做了什么？说了什么？您的心理活动是怎样的？（意向性）
>
> 当时有哪些人在场？他们做出了什么样的反应？您是依据什么判断他们的这种反应的？他们做了什么？说了什么？这种反应对您当时的情绪有何影响？（关系性）
>
> 在那种情绪的状态下您觉得时间过得快还是慢？这种快（或慢）是一种什么感受？还是和平时一样？这种情绪持续了多长时

---

① Seidman, I. ed., *Interviewing as Qualitative Research*: *A Guide for Researchers in Education and the Social Sciences* (*Third Edition*), New York: Teachers College Press, 2006, p. 9.

② Shuying Li, *Pedagogy of Examinations*: *A Phenomenological Inquiry into the Pedagogical Significance of Chinese Students' lived Experiences of Examinations*, Doctoral dissertation, University of Alberta, Edmonton, 2005, p. 60.

间？（时间性）

当您表达这种情绪时，您是在哪个地方？当时您对周边的环境有什么样的感受？您注意到了什么？与平时有什么不一样吗？这种环境与您的情绪有什么关系？（空间性）

当时您的姿势是怎样的？站着，坐着还是其他？您的身体有什么样的感觉？（身体性）

基于上述维度，引导受访者进行轶事的完整写作。

（三）轶事的改写或重写

从访谈、报告或对话中获得的经验描述，较少具有能使得文本富于感染力、生动性和引起经验共鸣的叙述质量。因此，有时有必要对一手搜集到的轶事进行改写或重写。这时，我们需要选取有潜力的叙述，把它编辑（重写）成小轶事。通过删除繁冗或多余的材料，保留和主题相关的材料，但不要过度创作、调整或扭曲文本。"如果可能的话，向材料来源（比如受访者或作者）核对、咨询叙述标志性的效度（但是不要把标志性效度和实证的、事实的效度相混淆）。"①对事实性质的内容进行编辑，并不意味着改变现象学性质的内容，而是以更恰如其分的词语忠实地还原。通过更准确的描述来还原现象及其本质，使得意义更强烈地嵌入文本，更有感染力，旨在获得对可能的人类经验更加可信的描述。因此，一则现象学式的轶事具备简约风格，它往往短小或精悍，注重描述一个核心事件，并且内容能够用于去反思、去评价。

（四）资料分析

一是发问。资料分析可以就轶事一句一句地展开现象学发问，更多的轶事则呈现分析结果：不要盲目地分析或过度解读，不要脱离教育思维的文学式阐释或平平淡淡的生活化总结，不要重复沿用轶事里的内容（重复表达），而是要聚焦生活体验，更多地揭示其内在所要

---

① ［加］马克斯·范梅南：《实践现象学：现象学研究与写作中意义给予的方法》，尹垠、蒋开君译，教育科学出版社 2018 年版，第 323 页。

表达的生活体验的样子，并适当地进行教育学理论的拔高，描述体验与教育教学、专业成长、专业发展等线性与非线性的实质意义（见表3－1）。

表3－1　　　　　　　现象学研究中轶事分析示例

轶事原文	现象学式提问
作为一名有着30年教龄即将退休的老教师，我对网络教学这种新型的教学方式充满了莫大的恐惧感。	·我国信息化教学推行了这么多年，为什么有着30年教龄的老教师还会把网络教学看成新型的教学方式呢？ ·"即将退休"意味着什么？跟学习新型教学方式有什么关系？ ·网络教学与一般教学之间有何不同？老教师网络教学体验和一般教学体验有何不同？
一把年纪了，实在跟不上网络形势，对新生事物接受能力比较慢，也比较害怕。	·什么称得上"一把年纪"？"一把年纪"意味着什么？跟网络教学学习有什么关系？ ·网络教学是新生事物吗？对谁而言是新生事物？为什么教师面对新生事物会害怕呢？
虽然在线上教学开展前，区教育局专门组织一次线上教学的专项培训，但对于50多岁的我来说，学习完后依然是一窍不通，一头雾水。	·对于50多岁的人来说，学习网络教学很难吗？难在哪？ ·区教育局组织了什么样的网络教学培训？为什么参加培训后教师还是一窍不通？
那一刻，我就想：疫情期间，当别的老师都在进行线上教学，唯独自己不懂操作，那该怎么办才好呢？	·为什么要思考别的老师的网络教学能力呢？别的老师网络教学能力与"我"的教学情绪之间是什么关系呢？

二是编码。所谓的编码就是寻找意义单元，将文本故事按照意义类型进行分类，比如，教师的、学生的、家长的，或课堂内的、课堂外的，这好比量化的研究会用数值标记一样。

三是主题提炼。主题提炼是恢复意义结构的过程，这些结构是生活体验的具身化与戏剧化。分析一个主题的意义是一个创造、发现和揭示洞见的复杂和创造性的过程。意义主题的提炼需要焦点小组的介入，焦点小组人员的组成可包括研究者本人、教师同行、教育学者和受访者。讨论，寻找有意义的主题，是"科学验证"的过程，这有利于意义主题的呈现，并促使教育主题的反思和个人的成长共同进行。

三　教师情绪研究的伦理原则

由于教师情绪在很多情况下是受访教师的个人隐私，尤其需要关注研究伦理——"对从业者—研究者来说，一个关键性的问题就是，如何在实践中'设法履行'所有这些责任，让所有各方都认为是'合乎伦理的'。"① 因此，研究者遵循以下原则。

自愿原则。我们尊重所有教师的意愿，由他们决定是否加入访谈或参与现象学写作活动。如果参加者身体不舒服或不愿接受过多的访谈，以及不愿参与生活体验（lived experience）时，我们就会结束访谈。

保密原则。在调研开展前，事先同被研究者说明相关情况：本研究会对他们的名字作匿名处理，研究资料仅用于本次研究。研究的未来使用情况也会对参与研究的被研究人员予以说明。

聆听原则。现象学遵循"回到事情本身"的现象学精神，不对研究对象带入一种先入为主的假设和偏见，而是站在研究对象的立场上，从他们真实存在的体验中洞察这个教育生活世界。

匿名原则。在资料处理过程中应该注意以下问题：首先，不能公布其具体的人名，对其中涉及的个人隐私进行保密。此外，还会对参加本次研究活动的学校作匿名处理，有必要公开的地方会和有关教师进行协商。本研究不会侵犯研究对象的名誉权、姓名权。

四　研究的基本框架

综合 van den Berg 等（1999，2002）的观点，一方面需探询教师

---

① ［英］梅拉尼·莫特纳：《质性研究的伦理》，丁三东等译，重庆大学出版社 2008 年版，第 68 页。

对个人情绪的现状表征、交叉影响和具体诠释，另一方面则理解社会文化、变革脉络、学校组织等宏观因素对教师情绪产生的影响，并分析教师情绪的结构样态、本质内涵与实质意义。在开展现象学研究的过程中，尽管我们对现象学的理解不完全一致，采纳的现象学研究方法也不一定一样，但我们都是基于现象学的态度去从事这一研究活动的。基于研究问题和研究目的，我们建构了教师情绪分析的基本框架（见图3－1）：

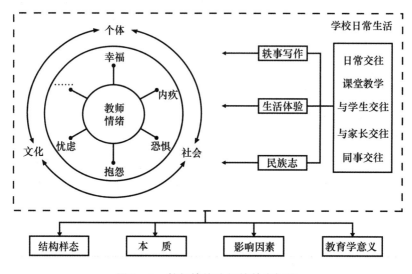

图3－1　教师情绪分析的基本框架

由上图可知，本研究主要关注以下四个主题：

一是学校日常生活中教师情绪体验的现实样态与主要特征。中小学教师的主要情绪到底有哪些？这些情绪的现实表征是怎样的？哪些是积极的？哪些是消极的？总体而言，教师情绪的实质与特征是怎样的？

二是教师情绪的主要影响因素和生成机制。教师情绪主要发生在学校生活的具体情境之中，教师情绪的主要影响因素有哪些？其内在的运作逻辑是怎样的？

三是教师情绪的教育学价值。教师情绪是教育活动的重要组成部分，教师情绪与教师成长的关系是什么？教师情绪与教育实践之间有什么关联？

四是教师情绪的管理策略。教师情绪的管理取决于教师的情绪素养，如何管理和培育教师的情绪素养？

本研究聚焦教师情绪这一主题，从上述四大问题进行展开。在个体、社会和文化的情境下，通过轶事写作、生活体验、民族志等研究方式，切入幸福、内疚、恐惧、抱怨、忧虑等情绪体验，关注学校日常生活（如：日常交往、课堂教学、与学生交往、与家长交往和同事交往等）与教师情绪之间的互动关系与交互影响，试图挖掘其结构样态、本质、特征、影响因素和教育学意义。

第四章 教师幸福的现象学研究[*]

幸福情绪作为教师精神风貌的一种追求，从某种程度上说表征着教师高质量的生命状态。教育本应该是一项幸福的事业，只有幸福的学校文化、幸福的教师，才有可能培养幸福的学生。教师幸福是教育学研究的重要内容。教师幸福是什么样子？基于现象学的方法论立场，借助"轶事"的描述和反思性分析，本章将探索教师幸福的现实样态、教育学意义，进而揭示教师幸福的影响因素和提升路径。

第一节 研究设计：S 学校教师
幸福的个案探寻

"教师幸福"是教师职业生活满意程度的情绪表征。教师的幸福感作为教师职业的强大力量支持以及内在动力源，能够很好地帮助预测教师心理发展水平、工作效能等[②]，能够强化教师的职业胜任力并推动教育更加和谐有序地进行。

"教师幸福"一直是教育研究的热点问题，我国相关研究始于20世纪末，例如檀传宝（2002）教育伦理学立场上的"教师幸福论"[③]、

本文的轶事和部分内容改写自宋娟《S 学校教师职业幸福的现象学研究》，硕士学位论文，2015 年。

② Benevene, P. , Stasio, S. D. , Fiorilli, C. , Buonomo, I. , Ragni, B. , Briegas, J. J. M. & Barni, D. , "Effect of Teachers' Happiness on Teachers' Health. The Mediating Role of Happiness at Work", *Frontiers in Psychology*, Vol. 10 , No. 2449, October 2019, pp. 1 – 10.

③ 檀传宝：《论教师的幸福》，《教育科学》2002 年第 1 期。

刘次林（2003）"幸福教育论"① 等。从形成原因上看，关姗（2007）
从学生因素和教师自身、家长和领导因素三个方面进行分析：学生的
发展和爱是满足教师幸福的重要途径；教师自身需要的满足；家长的
信任和肯定、领导的支持与肯定②；卫少迪等（2021）认为幼儿教师
职业认同以及情绪劳动会直接影响教师的职业幸福感。③ 从类别上看，
刘桂春（2009）认为教师的幸福主要包括教师的职业满意度、教师
的自我效能感、教师的人格因素、学生带给教师的幸福④；韩竹青
（2012）认为教师的幸福分为生理幸福、情绪幸福、心理和智力幸
福、精神幸福四个维度。⑤ 从路径上看，提高教师的社会地位、维护
教师职业尊严、实现教师生命意义可以提升教师职业幸福感。⑥ 国外
"教师幸福"的相关研究揭示了教师幸福与教师的心理健康、自尊和
创造力方面的相关性。例如，Dzuka（2007）的研究将教师幸福感分
为三个维度：总体生活满意度、积极情绪和消极情绪。⑦ Tan（2011）
的研究发现，创造能力较高的教师会拥有较高的教师幸福感⑧，而
Jennings（2014）的研究则表明，教师幸福感同时也会影响教师的创造

---

① 刘次林：《幸福教育论》，人民教育出版社 2003 年版，第 200—210 页。

② 关姗：《影响教师幸福感的因素》，《基础教育参考》2007 年第 8 期。

③ 卫少迪、关金凤、王淑敏、梁九清：《幼儿教师职业认同、情绪劳动与职业幸福感
的关系》，《中国健康心理学杂志》2021 年第 9 期。

④ 刘桂春：《教师幸福感的构成要素及其现实遭遇》，《赤峰学院学报》2009 年第 5
期。

⑤ 韩竹青：《青岛市中小学教师幸福感现状调查研究》，硕士学位论文，青岛大学，
2012 年。

⑥ 柳海民、郑星媛，《教师职业幸福感：基本构成、现实困境和提升策略》，《现代教
育管理》2021 年第 9 期。

⑦ Dzuka J, et al., "Student Violence Against Teachers: Teachers' Well – Being and the
Belief in a Just World", *European Psychologist*, Vol. 12. No. 4, Jan 2007, pp. 253 – 260.

⑧ Ai-Girl T. & Dianaros M., "Teachers' Perceptions of Creativity and Happiness: A Per-
spective from Singapore", *Procedia-Social and Behavioral Sciences*, Vol. 15, 2011, pp. 173 – 180.

性。[1] Benevene 等（2019）[2] 和 Toulabi 等（2013）[3] 都在研究中指出教师幸福感作为一种媒介直接影响着教师的自尊、心理健康、生活态度。

教师幸福的现象学研究是基于现象学的方法论立场，对教师幸福情绪体验进行轶事写作和反思性的深入剖析，揭示情绪体验内在的深刻价值与教育意蕴。语言是现象学研究的有效工具，"现象学通过使用日常世界的语言设法理解体验的日常世界"[4]。语言是体验者的表达，它本身也表达着体验者的存在，语言连接体验、体验者和现象世界。

幸福似乎总是与痛苦并行着。与中小学教师们交谈时，总能感受到他们那种"痛并快乐着"的复杂情绪。那些由新课改、聘任制、评聘分离、频繁的上级检查、机械烦琐的工作、学生成绩排名和升学率的压力、部分家长的不支持等，给教师们带来了许多必要与不必要的痛。尽管如此，他们仍能坚守岗位，甚至几十年如一日，这种韧性主要源自这份职业的另类"魅力"，即教师的幸福体验。幸福体验是一个抽象的概念。当下，教师幸福体验是一种怎样的现状？教师幸福体验的实质是什么？教师幸福体验对教师职业发展和教育教学有怎样的影响？如何合理地提升教师幸福体验？这些是教师幸福体验现象学研究应该关注的问题。

笔者选取了S学校作为调查对象。S学校是一所九年一贯制学校，教育、教学方面质量较高，在Y市享有较高的声誉。以家庭背景、所

① Jennings, Patricia A. , "Early Childhood Teachers' Well-Being, Mindfulness, and Self-Compassion in Relation to Classroom Quality and Attitudes Towards Challenging Students", *Mindfulness*, Vol. 6, No. 4, May 2015, pp. 732 – 743.

② Benevene, P. , Stasio, S. D. , Fiorilli, C. , Buonomo, I. , Ragni, B. , Briegas, J. J. M. & Barni, D. , "Effect of Teachers' Happiness on Teachers' Health. The Mediating Role of Happiness at work. ", *Original Research*, Vol. 10, October 2019, pp. 1 – 10.

③ Toulabi, Z. , Raoufi, M. & Allahpourashraf, Y. , "The Relationship Between Teachers' Happiness and Quality of Working Life", *Procedia-Social and Behavioral Sciences*, Vol. 84, 2013, pp. 691 – 695.

④ ［美］巴利特：《教育的现象学研究手册》，刘洁译，教育科学出版社2010年版，第43—44页。

教学科、性别、年龄等为标准选择了 10 名较熟悉的教师作为重点研究对象，同时选取了 12 位教师进行随机访谈。笔者在 S 学校选定的 10 位研究对象中，有 4 名男教师、6 名女教师，年龄分布为 28 岁到 48 岁。根据任教学科随机抽选有数学、英语、物理、语文、政治、化学，他们均有 5 年及以上教学工作经验。以现象学的方式切入教师的幸福体验，呈现 S 学校教师的内心世界，探析教师幸福体验背后的教育学意义，以为同类学校的教育生态改进和教育质量提升提供参考。

第二节　教师幸福体验的现实样态

教师幸福体验的现实样态可以通过分析真实发生于教育生活情境中的"事件"得到。教师于日常生活中感受着身为教师的幸福，师生互动、班级活动、同事相处和家校沟通等是教师幸福体验的来源。教师长久的幸福体验根源于教育使命和生命的内在激情，是一种从内心深处涌动出来的意义报偿感。

一　教师幸福：一种源于学生的认同感

教师幸福体验最直接的表现是师生互动中学生对教师的认同感，认同感的强弱决定着教师与学生、与班级生活关系的质量。"如果教师得不到应有的尊重，还期望教师去善待学生，则是一种苛求。关注、理解、尊重教师，是对他们最大的意义回报。如果缺失这种关注，会促使更多的教师产生消极的职业情感，从而影响教育价值的最大化。"[1]

（一）"集体创造的喜悦"：共享成功的体验

"喜悦"是教师幸福体验的直观表达形式。班级活动中产生的集体"喜悦"情绪尤其能够感染教师和学生们，师生能够在共同的情

---

① 谢翌、张释元：《学校变革阻力分析——一所县级重点中学的个案研究》，《教育发展研究》2008 年第 8 期。

绪经历中相互反馈积极的力量，学生也能自信满怀，把紧张、焦虑、不安、恐惧的情绪逐渐转变成一种团结、协作、自信、自强的班级氛围。教师不应吝啬表达自己对学生进步、佳绩、班级成果等方面的满意和"喜悦"的情绪，从而激励学生们获得更大的进步。

> 短短的几分钟很快就过去了，他们表现得很出色！退场后，我们在一旁等着广播员报出分数，一边看着后面出场班级的表演。很快就到了播报我们班得分的时候了，大家都屏住气息。"七（5）班最后得分是9.70分……"听到这，同学们情不自禁地欢呼雀跃起来。这个分数基本上锁定冠军了，当所有班级都出赛完毕，分数全部公布后，广播员正式宣布我们班荣获第一名。孩子们脸上均洋溢着无比的兴奋与喜悦，一边与周边的同学分享着这份喜悦，一边议论着今天的表演。今天，他们的表现很出色，我们共同付出的心血得到了回报。那时我真的想和他们每个人拥抱，我觉得他们很可爱，也希望他们一直都这么可爱！

教师的喜悦是基于师生共同参与，在"同甘共苦"后实现目标的成就感。教师喜悦的不仅是比赛结果，也是对学生在活动中的能力与表现的认可，是对学生辛勤付出的肯定。它拉近了师生的情感距离，增进了师生之间的相互了解、认可和激励。师生之间心灵上的同频共振，能够提升教师职业的幸福感。

（二）心生"欣慰"：感受到学生的成长

"欣慰"是教师幸福的内在情绪体验，它源于学生成长的意义报偿。教师对学生的成长永远抱有期待，也坚信学生能够通过积极引导获得成就。经过教师积极努力之后，期待着的结果有了正向反馈，教师如愿以偿看到了学生的成长。那种从心底涌现出来的感动、欣慰甚至激动是难以名状的，这种温暖的体验是教师幸福的深刻体验。

> 他腼腆地转过身对我说："5×1/5等于多少？"在同学的哗然中，我大声称赞道："我很喜欢他的诚实和勇敢，不虚伪，从

今天他的解题可以看出他是一个聪明的孩子，至少这节课的内容，他听懂了。如果大家有时间，可以帮帮他把旧知识补回来，他一定会很棒的。"教室里那一刻很安静，大家向他投来赞许的目光。从此，数学课上又多了一双专注的眼睛。有时微笑，有时无奈，但总是充满了对知识的渴望。这些难道不是作为老师的我们所期待的吗？

教师幸福的表达是对学生最好的赞赏。教师没有在课堂上给予学生直接的否定，这对保护学生自尊心、提升学生在课堂上的自信有着积极的作用。教师的大声称赞给了学生充分的信任与鼓励，大家都钦佩他的真实和勇敢，赞许的目光激发了这位学生由内而外的自信。从此，这名学生的眼神有了变化，可以感受到他的求知欲和自信心。教师幸福不仅仅源于学生认真工整的作业本、一张张满意的答卷以及家长充满谢意的笑脸，更源于学生会意的微笑以及学生的日常表现。当一个对课程不感兴趣的学生，因为教师的一句鼓励，或是一个关切的举动，开始喜欢上教师所教的学科，甚至喜欢上教师这个人，所激发的强烈学习兴趣对老师来说都是莫大的欣慰。

（三）共情的"感动"：源自学生的爱与理解

"感动"是教师体验着职业幸福的一种心理情绪。感动是心灵之间的共鸣，学生的关心和理解是教师感动情绪的直接来源。教师的感动情绪不需要多大的事件影响，常常可能是一件平凡的小事就能带来巨大触动。它会成为内心一种持续更新的力量，改变着教师的信念，丰富教师的实践智慧，常常燃起教师的职业热情。

"你就不会让我省点心！"我终于还是没有忍住，粗暴地一挥手，"除了习惯性迟到，你还能干什么有意义的事？"她一头汗水，低着头站在教室门口，不敢看我，手里似乎攥了一盒东西。"又买啥吃的？给我看一下！"我走下讲台，来到她跟前。她慢慢打开右手，把手里的纸盒递给我。我很吃惊，她手里攥的不是零食，而是一盒金嗓子喉宝。"你要这个干啥？"我不解地问道。

"是给……给您的，您的嗓子不好。"她的声音低得像蚊子。顿时，我仿佛是自己做错了事似的，先是一种巨大的内疚感从心底油然而生，然后一股久违的感动和幸福将我包围，我的眼眶湿润了。

"理解"即一方对另一方所思所想的感同身受。在情感层面上，真正的理解是共情性的理解。一方的只言片语能完全被另一方读懂，那一瞬间能够感受到彼此之间的真诚、用心、关爱和生命的联结，双方也能感受到他们彼此是一个分不开的感情整体。"一般来说，有同理心的人能从微小的信息上感觉他人的需求，了解他人的情绪、性情、动机和欲望等，并做出适度的反应。"[①]学生的理解和关心能够产生积极向上的力量，使得教师的职业幸福感油然而生，同时也能感受到这份职业带来的意义和归属感。教师往往会基于经验，带着偏见去审视学生生命。悬置前见，倾听学生，这是教师应有的素养。学生的爱对教师最有教育、治愈和激励作用。学生的爱唤醒了教师的内在反思，是教师成长的重要力量。教师理解学生、学生理解教师、师生间相互关心、共同理解的态度使得教师幸福体验成为可能。

圣诞节前的一次考试，学生考得不是很理想。这个时候，学生们提出举办圣诞联欢活动的想法，我没同意，加之临近期末考试，不想他们分心。可他们兴致很高，后来一想，初中三年的生活很短，开展活动能给他们短暂的初中生活多一些美好的回忆，就答应了由他们自行编排节目，布置教室，举办联欢。

在活动头天晚上，我写好了一封信，准备在联欢会结束时给他们看。圣诞活动结束后，我走进教室用投影仪把信给学生看。原本热闹不已的教室，一下子变得静悄悄。看完信后，很多女生哭了，男生则很沉默（包括特别调皮的男学生），也有少数几个男生在哭。我一直低头看屏幕，没敢看他们，一是怕他们看到我

---

① 张萌：《管理好情绪：做一个内心强大的自己》，吉林文史出版社 2019 年版，第 16 页。

的眼泪流出来，二是怕自己看到他们的眼泪更抑制不住。这一刻，他们好像领悟了什么。回家前，学生过来和我拥抱，拥抱时，用哽咽的声音叫着："老师!"虽然什么也没说，但感觉他们的内心有变化了，我为他们内心的变化而欣慰。

教育需要时机，更需要情调。触及心灵、引发情绪的教育才是真正有力量的教育。在文艺晚会这样的场景中，书信成了一种特殊的课程载体，成了联结师生心灵的桥梁。书信承载的内容也许不是最重要的，更重要的是它表明了老师对学生的用心。在什么情境下做什么，做到什么样的程度，这种尺寸感的把握需要教师有综合判断素养。与学生的冲突也好，班级管理中的问题也好，需要有恰到好处的方式。教师的管理有时得顺应学生的心理，当然也需要有良好教育性活动的设计。教师以"给学生一封信"的形式，既表达了作为老师对于学生的学习和生活上的关心，也内在表明了教育的期待。显然，通过阅读信件的方式，师生实现了互相理解的愿景，建立了信任关系，达成了心灵上的默契。在整个圣诞活动的筹备、进行、收尾的过程中，老师与学生从一开始对双方诉求不理解，到老师接纳学生建议，再通过读信件的环节使双方完成沟通，最终互相理解。很显然，这次在集体面前的情感教育是成功的，面对学生一系列的"理解"行为，老师感受到了情感的共鸣，感动之余，内心增添了对这份职业的情感。心灵上的碰撞与对话，相互的认可与信任，这也许是最幸福的教育场景。

（四）教育成就感："成就人"的体验

享受育人成就的快乐是教师幸福的重要内容。"人是一种不断有需求的动物，除短暂的时间外，极少达到完全满足的状态。一个欲望满足后，另一个迅速出现并取代它的位置；当这个被满足了，又会有一个站到突出位置上来。人总是在希望着什么，这是贯穿他整个一生的特点。"[1] 对育人成就的追求，是教师职业的要义。教师关于学生

---

① ［美］马斯洛：《动机与人格》，许金声等译，华夏出版社 1987 年版，第 29 页。

的期待就是教师的一种成就动机，是一种重要的教育力量，激励着教师奋勇前行，突破现实中的教育难题。

　　接下这个没人愿意接手的出了名的"三差"班：班风差、成绩差、卫生差，既然接下了，我下定决心一定要把它带好。首先抓班级卫生，我和孩子们一起被安排值日，用自己的一言一行影响带动他们。其次，我尊重每一个孩子，绝不伤害、轻视任何一个，我把孩子们的生日记在了班主任手册里，每当孩子的生日到了，我都会送上一份小小的礼物。孩子收到礼物时都非常感动和幸福，有的孩子还激动地流下了眼泪。我这样做的目的只有一个：让孩子体会感动。"三差"班级的牌子逐渐被摘掉了，取而代之的是"三好"班级。

　　小潘是班上的"打架大王"，课堂纪律意识差，常惹任课老师生气，都认为他无药可救了。有一次，他生病住院了，我每天都抽时间去探望他，跟他真心交流，真心交朋友。他住院的两周时间每天都如此。从那以后，他不好意思再惹我生气了，也不再打架了，非常听我的话，渐渐地也听其他老师的话了，学习和生活方面都表现得很好，简直判若两人！后来他上了一所军校，成了一名优秀的军官。

教育的核心是"成人"，给予每一个个体发展的希望，用智慧的方式改变他们，这是教师最大的意义报偿。所谓"差班"或者"差生"的向好转变，教师最能体验到职业成就感。为此，首先需要重新审视"差"的内涵，用爱去理解和面对现状，永远保持对话的姿态，引导大家去超越"标签"的羁绊，个体的成长与变化自然就会发生。教育是一种与学生相处的学问，拉近与学生的关系，让学生体验到关心是第一要务。教师需要摒弃关于班级和学生的偏见，拥抱期待，用心等待，而不是强化成见或标签，这就是教师的职业准则。用积极的信念感召学生，教育就会在某一刻发生。"每一个人都和其他生物的能量场互动，并通过本身的能量场以及来自环境的刺激互动。环境的刺激也许源自其他人的能量……通过我们的感觉、思想以及直觉，我们觉察到这些信息。然而各种能量场在我们身上造成的影响，绝大部分都隐藏在我们认知范围之外，其中只有少许的信息能真正进入我们的能量场。"①这些少量的信息与学生的心理联结起来的时候，是学生心理与意识转变的时刻，而这一系列的变化是需要教师的关心和等待换来的。所谓的"差班""差生"，其实是一种不当教育的反映，而不是学生的天生，关注这类班级或学生的转变是教师挑战自我，体验教育成就的重要时机。

教书育人最大的力量是爱心、耐心和真心的合力。教师对待自己的学生要像对待自己的孩子一样，对学生一视同仁，用心关爱每一个学生——不仅要关注学生的学习，还要关心孩子的生活，更重要的是关注孩子的心灵。那些所谓不听话的"坏学生"，更应该是迫切需要关爱的群体，他们渴望得到老师的关爱与鼓励，而老师的一次关爱或许就能改变他们的人生。

　　上八年级上册第三章第1节"光的传播"课时，我没有按照课本中给出实验现象的图片来设计光的直线传播和反射。由于内容本身比较简单，如果按照课本上的讲解，就是将教学过程演变成老师来讲的实验过程，学生通过看图来分析实验现象，同时再举生活中的实例，得出实验结论。如此的教学对学生的感官没有刺激，也没有具象，没法激发学生的探究兴趣。我找来废荧光灯管（30W或36W）1支、铁架台（含铁夹）3个、激光笔、一小段蚊香（或敬神、祭祖用的香）、打火机、透明胶带，自制了这个实验。通过废品利用，自制教具，创造性地改进实验。由于取材简单，材料又是学生非常熟悉的，学生很喜欢那堂课，他们上课时特别认真，特别兴奋，专心致志地看着，回答问题主动积极，气氛很活跃。有些学生还说："老师真神！"这堂课的教学效

---

① ［荷］罗伊·马丁纳：《学会情绪平衡的方法》，胡因梦译，云南人民出版社2013年版，第16—17页。

果明显，学生基本上都懂了，学得轻松，没有压力。学生在实验中体验到了学习的乐趣，享受到探究科学知识带来的成功，如果能多几次这样的教学，我想，肯定能激发更多学生的学习兴趣，让他们从内心深处喜欢上物理，变"压学"为"乐学"。

基于学生的立场进行教学，引发学生的学习兴趣，这是教学成功的重要视角。用生命做教学的人一定会把学生关在心里，关注每一节课的学习状态，享受每一节课的快乐；一旦课堂教学没能达到预期成效，就会连饭都吃不香。为了创造好的学习效果，教师需要用心设计教学资源，对教材进行增、删、调、补，自创教学资源，基于学生兴趣研制课程，引导学生积极参与。教师运用自身的教学智慧，精心设计课堂，而学生则享受课堂活动，积极参与，回应了教师的付出，教师寓教于乐，学生乐中有得。面对学生的进步，教师收获了成就感，感受到作为具有创新精神教育者的快乐和幸福。

二　教师幸福：学校文化滋养的意义感

教师幸福一定意义上源自学校文化的滋养。有什么样的学校文化就会有什么样的教师体验，积极的学校文化以教师的幸福体验为特征。学校文化即学校成员所共享的假设、信念、价值观和做事方式等。[①] 学校文化决定着教师的幸福内涵和意义的认知。

（一）"助力感"：同事互助的体验

同事关系直接影响个人的安全感和归属感，同事互助是教师成长的重要路径，在充满竞争、"内卷"严重的职场，学校同事之间的人际关系很容易陷入紧张状态，相互提防甚至恶性竞争。这种"毒性"的教育文化，伤害的不仅是教师的身心健康，也伤害了教育本身。如何营造一种良性竞争、互帮互助、团结共进的人际关系，是当代学校文化建设必须思考的问题。

---

① 谢翌、马云鹏：《重建学校文化：优质学校建设的主要任务》，华东师范大学学报（教育科学版）2005年第1期。

学校准备开展一次"语文教研教学活动"，学校各学科选派代表参加比赛。同事们一致推选我参加比赛。我为自己有这个锻炼的机会而高兴，同时也为第一次参加比赛怎样做到不负众望而紧张。在我忐忑不安的时候，同事们像和蔼的家人一样鼓励我："不要紧张，我看你能力强，一定能行！"他们的话就像"定心丸"。在三次试讲过程中，同事们齐心协力给予帮助和指导。比赛那天，我的讲课非常顺利，且不时赢得掌声。前来听课的领导和评委对我此次讲课予以高度评价，开心的同时，非常感激给予我帮助的同事们，真想拥抱他们。

当前，教育的"内卷"让中小学教师变成了孤独的"文化英雄"，既要面对强大的社会期待和指责，又得努力去改变带着问题来到学校的每一个个体，所以普遍感到忙碌和心累。在这种大背景下，他人的支持和帮助是对自己最好的奖赏。合作的教师文化可以给大家带来心灵按摩和勇气更新，增强职业幸福感。教师们通过合作备课，在重要的活动中伸出援手，互相温暖，共渡难关，进而建构与教师集体的联结，从集体的关怀中获得力量。同事间互帮互助及日常的交流，或许并不那么遥远和高大——一句不经意的赞美，一声轻轻的问候，一个举手之劳，都能为置身其中的教师带来暖心的感激，使教师获得幸福体验。

（二）"成功感"：领导认可的激励

他人的赞赏是最动听的声音。爱听好话既是人性的优点，也是人性的弱点。他人的认可，特别是重要人物的认可，这是个体韧性形成的主要动力源。在一个单位里，领导属于权威者，权威者的认可对个体而言更为重要。被肯定的心情是轻松自然的，感到自己更有创造力，办事也会较有信心，工作就会更有成效。[①]教师得到领导的认可能给教师带来很大的工作动力。

[①] 张萌：《管理好情绪：做一个内心强大的自己》，吉林文史出版社 2019 年版，第84 页。

校长在《教师教育研究》上看到一篇我撰写的文章，在周五的例会上，校长手里拿着那份报纸："这份报纸上有 YP 老师撰写的一篇论文，他一来打破了我们学校有史以来没有人往核心刊物发表文章的局面，还是在《教师教育研究》这种核心期刊上的长篇文章，你这篇文章的发表在我们这罕见啊！"校长还对我说："你喜欢做研究，希望你继续积极探索教书育人的理论，还要善于将自己的研究成果转化为文章，争取创作更高水平的文章。"在其他场合，他都会寻机表扬我。我的自强、自信感增强了，教育和科研的积极性也最大化了。

成就感是保持职业热情的关键因素。激励是员工工作动力的调节器，可以转化为个体的幸福体验，进而诱发其工作热情。领导的表扬，尤其是在公共场合的表扬，既是一种正式的认可和价值传播，更是一种榜样式的激励。这种激励会成为一种持续的动力源，为个体制造持续的幸福体验。同样，对学生而言，教师的信任和鼓励又何尝不是学生成长的动力？"好学生"也是教师"夸出来的"。

（三）"报偿感"：将外出学习当奖赏

激励是根据人的心理和行为的规律性，通过一定的形式和手段去诱发、激活个体的精神需要和动机，使个体产生行为的内驱力，从而促使个体采取行动，实现教育目标的过程。① 教师在研习活动中受到激励，内在驱动力得到激发，并寻求职业发展的新进展、新突破，由此带来的"回报感"是教师幸福的一种体验。

那次去杜郎口中学学习，让我充分领略到了什么是教育的"盛宴"，感受了自主教育的魅力。同行的校长说除了"震撼"，再也没有别的词可形容了。在那里，学生真正成为学习的主人，即如魏书生所说的"教室"应该是"学室"，"教材"应该是"学材"，老师只是指引他们前行的一面旗帜。学生在那里学会了

---

① 薛桂琴：《多元价值时代道德激励的构建》，《教育探索》2009 年第 10 期。

学习，学会了创造，学会了表达自己的个性和才华。这样的教育不就是我们追寻的绿色教育、生命教育吗？我也因此明白了，作为老师应具备的能力是尽可能多储备知识，让自己有能力及时为学生们解惑，让他们体会到学习的乐趣。其次，应尽可能激发学生的钻研精神、挑战能力、反思能力和展示能力。我敬仰这群教育者，他们无愧于老师的"光环"，他们的洒脱真正诠释了唯有知识才使人自由和伟大。此行给了我一次极大的精神享受，让我逐步理解和形成一种新的教育教学理念，我感到无比的幸福，一种学习的幸福、收获的喜悦。

自我的完善其实是所有个体的内在需求。学校为教师提供相应的学习机会，正是对教师这一诉求的满足。外出学习引发了自我反思，感受了自我更新的必要，更让教师感受到了教育变革的方向、价值和意义，这正是一种重要的学习回报。

今天拿到了这个学期的课时津贴，还有对班主任的奖励，累计下来还不少呢。看到一个学期下来，还算不错的辛苦费，很开心。拿着报酬是一种幸福，而收到学生的祝福、教学方面取得成绩是另一种幸福，一个物质上的，一个是精神上的。若能兼而有之，当然最好，不过还是精神上的幸福影响更深一些，更久一些。

工作报偿包括意义和物质奖励。事实上物质报偿也是一种意义报偿，以薪酬奖励、绩效评价表达对教师工作认可。报酬机制必定内在地包含着一定的价值取向，对应着职业的具体期待，既可能引导教师的职业追求，也是教师职业动力的主要组成部分。合理的报酬机制与教师的幸福感有着十分密切的关系。薪水报酬是教师幸福的物质基础，是个体生存和安全感的保障。彰显合理价值追求的薪酬机制才能让教师在真实的生活中收获更多的幸福体验。

三 教师幸福：家长的信任和尊重给予的价值感

教师幸福也表现为一种源自于家长信任和尊重所给予的价值感。美国心理学家马斯洛于1954年在《动机与人格》一书中提出了著名的需要层次理论。人的基本需要从低级到高级的层次上看，依次是生理需要、安全需要、归属与爱的需要、尊重的需要和自我实现的需要。尊重需要是人类的第四层次需要，指能满足他人对自己的认可及自己对自己认可的一切需要，如名誉、地位、尊严、自信、自尊、自豪等。[1] 家长的信任和尊重能够给予教师强烈的价值感和意义感，帮助形成良好的家校沟通关系。

> 有一天早上，我正步履匆匆赶去上班，在路过的一个菜场门口听到一个熟悉的声音，"老师，很久没看到你了。"旁边的很多人都听到了她那热情并略带欣喜的声音，可以感觉到周边人群投来的目光中带着羡慕、尊敬。我们在路边聊了十几分钟，N同学的外婆还是和以往一样，想多倾诉一会儿，迫于上班时间的催促，我不得不心怀愧疚地强行终止交谈。

家长的热情和欣赏是对教师表达深切感激的彰显，更是尊师重教风气的表征。非正式的短暂交流更多的是情感的交融，家常式家长的真情问候可以温暖教师，让教师真真切切地感受到被尊重。受人尊敬是做老师的最大心愿，也是成为一名好教师的重要标准。良好的家校关系能促进老师与家长、学生之间信任感的提升。家长的信任是对教师工作的肯定和认可，是对教师这份职业的尊重，这让教师感到由衷的幸福。

> 有一次，乘坐公交车，遇到一位已经毕业的学生家长。闲聊

---

① 谢灵芝：《幸福与超越——从马斯洛需要层次理论谈起》，《成都大学学报》（教育科学版）2008年第5期。

中，那位家长说孩子们很崇拜您，很喜欢您，现在还很想念您，您不仅教会他们知识，还教他们如何为人。听了后，心里美滋滋的，旁人也都投来钦佩的目光。

教师要做人师，用课程、教材、教学育人。学生最在意的一定不是教师传授了什么知识，而是留在他们生命中的人格影响与价值引领有多少。好的教育是植根心灵的，是留在学生生命中的重要记忆。学生的口碑也许比科学化的数据更有说服力，因而带给教师幸福体验的，学生的评价要重要得多。得学生喜爱，为师者足矣。能够在公共场合收获家长的夸赞，这是一种莫大的荣耀和幸福。

第三节 教师幸福的实质

德国哲学家康德认为，"态度"是一种"被给予之物"，源自"在外的世界与在内的本性"。① 教师幸福是关于教师职业的积极"态度"，它源于教育所带来的积极影响，这种影响给教师带来了积极的能量。教育的实质就是一种影响、引导、支持和激励。② 幸福是一种内心体验，但不是一种内心臆造。"幸福虽然在内心世界里'分娩'，却在外在的客观世界里'孕育'。没有外在的客观条件、客观环境、客观情势做对照与支持，便不会有幸福产生。"③ 教师幸福实质上是对外在的意义报偿和内在价值追求的实现的满足感，是一种积极的内在心理。

一 教师幸福：一种外在的意义报偿

教师幸福来源于教育教学情境，学生的成长，教学的成功，学生的转变，被学生关心，被学生理解以及得到领导的认可，受家长尊重

---

① ［德］马克思·舍勒：《哲学与现象学》，倪梁康译，北京师范大学出版社 2014 年版，第 37 页。
② 刘良华：《叙事教育学》，华东师范大学出版社 2011 年版，第 35 页。
③ 邵士庆：《幸福的生成机制与特性》，《学术论坛》2012 年第 4 期。

等。这些都是教师幸福的"刺激源"，可以触发教师幸福的情绪。

（一）作育生命的乐趣：对学生成长关心的表达

学生是教师幸福最主要的源泉。当孩子们综合素养不断提高时，在难题面前茅塞顿开时，遇到困难时时意气昂扬，考上理想的学校，毕业后还记得老师以及他们日常贴心的小举动，都能让老师感动，体会到暖暖的幸福。因为教师的关爱、用心、付出，最终有了成效，看到学生们身心的发展变化，感受到"静待花开"的乐趣，可见教师早已将自己的生命关联到学生的生命。总之，任何幸福的体验莫过于学生的健康成长。

（二）同事友好的表征：同事合作文化的映射

育人是一种集体劳动，专业路上有人同行是一种幸福。教师与同事共同备课，毫无保留进行经验分享等，在这些分享与帮助的过程中，同事成了合作伙伴，这不仅加深了情感和友谊，而且促进了团队的共同成长。人是关系的动物。同事间日常的互帮互助，一句不经意的赞美，一声轻轻的问候，一个举手之劳，都能让个体感受到集体的温暖，增强对集体的认同。同事关系的融洽，会显著提升个体的归属感和安全感，并促使其以一种积极的心态应对日常工作。资源共享，协作交流，也可以在一定程度上激发教育的激情，缓解职业倦怠，提高幸福感。

（三）"他者"的认同：教育管理者智慧的体现

他者的认同，特别是同行或领导的认可会增加教师的职业认同和更多的投入。激发教师内在的自觉而不只是外在的强加，这是教育管理的根本旨归。从人本主义心理学的角度看，每个人都有自我实现的需要。每一名老师都想成为名师，并享受由此带来的荣誉与物质奖励，但名师只是教师群体中的极少数，如果对教师进行评比或激励时，不能做到公平、公正的综合性评价，会适得其反，导致大多数老师消极、失落，影响工作的积极性。因此，如何能够让不同层级、不同个性、不同想法的教师都感受到成就感和幸福感，认同学校并积极投入教育，这是一个难题。

（四）受尊重感：家校合作的成就

赢得家长的认可和尊重，这是教师职业幸福感的重要内容。家长在孩子的教育过程中扮演着多重角色：一是教师的合伙人，共同参与孩子的教育；二是教师的监督者，监督教师的工作态度与工作成效；三是教育的评估者，家长的放心和满意也是教师工作的重要考量。多重角色注定家长和教师之间必须密切配合，建立良好的家校关系。正因为家长的多重角色，注定教师若想获得家长的认可和尊重并非易事。尊重源自相互信任和良好的家校合作。

二　教师幸福：一种内在价值追求的满足

教师个人主观层面的专业自主、个人成长、职业认同、自我接纳、工作目的等构成了教师内在职业幸福感的不同维度，与教师有意义的目标追求和自身成长和发展密切相关。[①] 满足教师内在的价值追求是教师获得幸福体验的方式，并能深刻影响教师的职业发展。

（一）作为一种教育力量：彰显了教学相长的喜悦

教育教学是教师基本的生活方式，是教师生命价值的体现。幸福是一种重要的养分，滋养着教师的身心，促进教师的专业成长。幸福的教师更容易实施幸福的教育，让幸福在师生生命的连接中流淌。因此，幸福是一种教育力量，彰显出教学相长的喜悦。教育教学过程是教师与学生心灵交流和思想碰撞的过程，教师讲授自己的信念，表达自己的真情实感，孩子们敞开自己的心扉，述说自己的体会。这时，教师的讲授成为孩子们内心里的心理需要；而孩子们积极主动的学习，也成为教师的期盼，使得教学相辅相成，实现教学相长。当师生通过共同的努力，获得一份来之不易的集体荣誉时，身为这个集体中的成员都会感受到一种幸福。教师作为这个集体的"引路人"，幸福中也洋溢着骄傲、自豪和成就感。

（二）作为一种情感激励：彰显了专业发展的快乐

当教师通过多种平台让自己的专业知识、业务能力得到发展时，

---

① 王洪明：《幸福的职业特性》，《思想理论教育》2011 年第 9 期。

工作的主动性和创造性也被充分地调动与发挥，他们享受的是一种自我成长带来的幸福。学生认同老师，在体验着学习乐趣的同时，也让老师感受到作为具有创新精神的教育者的快乐和幸福。教师专业发展不仅需要长久的教学经验积累，更需要与时俱进的眼光。教师通过研习活动拓展自己的视野，在经过历练后能够更懂得教师职业的独特意义，对教师职业会有更加全面且深刻的理解，对职业的幸福体验也会有自己独特的理解。教师的需求和普通人一样，也是多层次和多方面的，培训、学习、晋升、加薪等，都能让教师收获不同程度的幸福体验。

教师的专业成长是在教育实践中完成的，需要自觉对以往和当前的状态进行反思，对今后的发展方向做出谋划，且主动付诸行动，变成自身专业成长的主人。教师只有把提高自己的专业化水平作为教育生命成长的一种方式，把教育的乐趣与教育者的职责结合起来，工作就成了一种享受，教师在追求自我成长和享受自我成长的过程中才能体验幸福。

（三）作为一种职业素养：彰显了无私奉献的职业热忱

教育肩负"立德树人"的时代使命。让学生成人成己、为国家培养德才兼备的人才，是教师的使命所在，也是作为一名教师最大的幸福来源。选择了教师这份职业，意味着选择了一种相对平淡的生活方式，从此需要"潜心育人"。"选择了职业就选择了生活方式"，这句话也道出了教师简单而又富足的人生体验。教师的幸福来源于自己日常琐碎的、平凡的教育生活，源于学生的学业进步、道德成长、个性萌发，在学生身上看到自己的劳动成果，在他们的成长中品味幸福。

教师幸福包括师生一起分享胜利果实的那份喜悦，看到学生取得进步时油然而生的欣慰，学生前来看望时满怀的感动。学生的一束鲜花，一条暖心短信，这种种贴心的举动，都让教师感受到不同意义的报偿感、被尊重感和职业所带来的归属感。不仅如此，课堂教学的创新，家长的尊重，同事间的愉快交流与合作，领导的重用与肯定等也都是教师幸福的源泉，滋润着教师的心灵。一个个幸福的瞬间串联起来，构成了教师幸福的整体。教师幸福作为教师专业成长的积极情绪，彰显着一种职业认同感与和谐的内在秩序感。在这种状态中，主要是引导教师从学生的成长中，从家长、同事、社会的认可中，不断获得自我实现的深层体验和由衷的快乐，发现生命的价值。① 总体来说，教师的幸福与教育教学工作密切相关，其源于教学相长的喜悦，源于教育学生的成功，源于教师自身的专业成长，源于和谐的同事关系，源于校领导给予的肯定，源于家长及社会的尊重和信任，源于经过努力而取得成功的一种满足。

第四节　教师幸福的提升路径

教师幸福的提升需要教师个人和社会各界的共同努力。马斯洛的需要层次理论道出了人的内在需求的普遍规律。低层次需求的满足，是追求更高一层次需求的基础，如果一味地要求教师追求自我实现、追求尊重的需要，而忽略教师作为"普通人"基本的生存需要或者安全和归属感的需要，显然是不道德的。教师在职业生涯中，获得幸福不仅需要外在的刺激，还需有基本的保障，例如必要的薪酬、奖励、良好的工作环境、人性化的管理等，这样才能更好地追求社会的尊重、专业的成长以及满足自我实现的内在需要。

一　教育管理部门多为教师的职业幸福铺路架桥

社会各界可以制定相应的政策法规来关注教师幸福感的提升，比如优化教师情绪疏导工作、提升教师社会地位、优化相关教师福利补助等，让教师意识到社会对教师职业的尊重，提升教师自身职业认同。各级各类教育管理部门要注重教师的主体性，把以教师为本作为其管理思想的核心。教师不仅仅是"教书匠"，也是对教育事业有理想有追求的职业人。教师不但渴望自己的教育工作能得到领导的肯定，更希望自己能够为教育事业的发展出谋划策，贡献力量。因此在

① 李勤：《关怀生命 追寻意义 成就教师幸福人生——在职场与非职场生活双向建构中成就教师》，《江苏教育研究》2012 年第 5 期。

政策制定过程中应多听取一线教师的心声，让政策更加务实、人性化。

二 学校应为教师"幸福地教"创造条件

在学校层面，首先，应营造积极的工作氛围，建立密切、和谐、民主的师生、同事、领导的人际关系。引导教师之间以正确的心态对待竞争与合作，做到相互理解和尊重，以诚相待，互相帮助，互相学习，通力合作，共同进步。其次，让教师参与学校日常的教学管理工作能有效地培养教师的主人翁心态，提高教师的工作热情。再次，为教师的专业成长搭建平台，创造条件。教育教学工作的实践性极强，教师教育教学能力的提高离不开在教学实践中的摸索，学校可以通过组织集体备课、公开评课等活动帮助教师提高自己的教学水平，也可以组织教师出外学习、参加培训等方式拓展教师的视野。

此外，学校领导应该深入教师当中，真正了解教师的所思所想和生活状态。一方面，校领导既要注意加强自身与教师的人际沟通，积极创造有效沟通的机会，主动积极地与教师多联系、多谈心、多沟通，坦诚地征求意见，说明情况，以达到相互理解、相互信任、相互支持的目的，同时也要注意促进教师与教师之间的人际沟通。另一方面，要尊重教师，让教师感受到自己的重要，真诚地欣赏每一位教师，不吝啬对任何一位教师的鼓励与赞美，乐于为教师的成功喝彩，让每位教师都感受到自己是重要的，在校园生活中是有尊严的，学校因他的成长而骄傲，最终让教师在校园里感受到心灵的自由、灵魂的安宁、理想的放飞和奋斗的快乐。

三 引导家长信任、尊重和支持教师的工作

家长对教师工作和学校教育的理解与支持，是教师做好工作的重要保障，同时，家长对教师的信任和尊重也是教师努力工作的重要动力。家长要尊重教师，要理解、支持、配合学校与教师的工作，加强联系，多沟通，及时了解孩子在校的各方面表现，有针对性地配合学校教育子女。教师要正确处理好与学生家长之间的关系，将家长看作

是教育的合作者，充分利用家长资源为孩子的教育服务。家长与教师如果能密切配合，那教师在工作中就会更加得心应手，工作的幸福感也将显著提升。

四 提升教师的职业信念

教师必须加深对自身职业的认识，增强职业认同感，加强自身感知幸福的能力。教师要认识到：教书育人不仅仅是一种职业，更是一项崇高的事业。教师需要有自己的教育理想和信念，在追求教育理想的过程中，感悟和体验教师这份职业的幸福。教育不是机械重复，而是创造性的工作；教育不仅是谋生的手段，也是一项关乎国家发展的伟大事业。教师在完善、发展自我的过程中，寻求的是职业的乐趣和生命的意义。当然，教师也要调整好自己的心态，认识到幸福不是绝对的，而是相对的，相对于教学的辛苦、相对于社会发展的苛求、微薄的收入和教育改革的催促，教师的劳动是清贫的、辛苦的，更是严谨的，细腻的。因此，唯有勇于付出的老师才可以抓住幸福的尾巴；唯有勤于思索的老师才可以跟上幸福的脚步；唯有善于进取并不断学习，拥有良好心态的老师才可以体验到更多的幸福。同时，教师可以把自身的职业幸福感作为刺激自我效能的一种中介，通过提升教师幸福感，提高职业的自我效能感，增进教育智慧。

教师职业被誉为太阳底下最光辉的职业，"社会在这种文化观念的支配下，已不把教师当'人'来认识。即便把教师当'人'对待，那么教师也必须是如孔子一样的'圣人'，是'完人'，是工作不知疲倦的'超人'"[1]。与此相对应，人们也习惯于对教师提出种种要求，特别是在新课改背景下，管理者、家长及社会大众对教师的角色期望更是越来越理想化。[2] 但教师首先是一个普通人，他有物质的欲望和追求。人的幸福的实现不能离开人的基本需要和欲望的满足，因

---

[1] 明庆华、程斯辉：《论作为"人"的教师》，《课程·教材·教法》2004年第11期。
[2] 王小红：《关涉教师幸福：教师教育政策的伦理诉求》，《现代教育论丛》2008年第1期。

为这些"需要"是人存在的基本物质前提，如果没有了生存的基本保障，人就无法生活，人的"幸福"也无从谈起。因此，教师幸福的获得必须先满足教师的基本物质需要。因此，社会必须给"圣化"的教师形象"祛魅"①，把教师当作一个有着各种需求的普通人来对待，对教师持以合理的角色期望，对教师的物质追求给予认可，对教师的职业价值给予更高的肯定，为教师提供良好的社会环境。

"小确幸"是指那些确切但又微小的幸福。中小学教师们的幸福大多来自工作和生活中一些在外人看来微不足道的事情，可对于教师自身，这些"微小"却能触动心底柔软的情愫，带来他人不能感知的最真切和细微的幸福，这些"小确幸"也是教师秉持教育热忱的动力源。

---

① 王小红：《关涉教师幸福：教师教育政策的伦理诉求》，《现代教育论丛》2008 年第 1 期。

第五章 教师内疚的现象学研究[*]

早在弗洛伊德时代，内疚就是心理学家研究的对象。他们通过研究内疚的负性影响和不良行为反应，从而揭示内疚的内涵与意义。[②]随着研究的不断深入，学者们发现内疚并不仅仅只有负面影响，事实上它所承载的意义比人们想象的复杂得多。"不同于喜悦、恐惧等基本情绪，内疚是一种极具社会意义的道德情绪。"[③] 在职业场域中，我们理解的教师内疚并不是基于日常工作之外的内疚，而是职业情境里的内疚。教师职业内疚是揭示教师情绪的重要维度，是人们了解教师情绪动向的敏感标志。研究教师职业内疚，也是深入分析职业内疚结构和进行教师教育改进的关键。本章以教师职业内疚为主题，试着还原其本真与内涵，以期深入地研究教师内疚情绪。

第一节 教师职业内疚：一种专业道德的力量

教师职业内疚主要指教师在教育场域中，教师个体认为自己对实际的或者想象的错误或过失负有责任，事后反思时教师自身伴有的愧

---

　* 本章的轶事和少部分内容改自本章主要作者黄臻伟《小学教师职业内疚的理解：教育现象学的视角》，《现代基础教育研究》2019 年第 3 期；《小学教师职业内疚的现象学研究》，硕士学位论文，江西师范大学，2015 年。

　② ［美］马斯洛：《自我实现的人》，许金声、刘锋等译，生活·读书·新知三联书店1987 年版，第 47—48 页。

　③ 解惠东、孟维杰：《内疚情绪：道德情绪的新进展及其未来》，《阴山学刊》2019年第 3 期。

疚、不安等情绪体验。无内疚则无反思，无他者的立场也就很难形成与学生相处的智慧，进而在错误与职业挫折中实现成长。适度的职业内疚感可以触发教师自我的反思与确认，引导教师体验学生的体验，从而可以智慧行事，建构完整的自我。

"内疚、羞愧等情绪之所以具有道德性，同样依赖于特定社会背景的价值观。作为一种道德情绪，内疚受到行为准则和文化规范的影响。"[①] "从本质上说，青年教师的内疚感是一种自我失望，一种对做得不好，或违背了个人的道德观念、标准或评判标准行为的反思，或者是当他们违反了自己的道德原则时而产生的一种自我憎恶的体验。"[②] 以教学为例——由于教学的边界不严格，使得教学这项工作看上去"没有界限"。教师经常由于教学的划分不明，会为工作没做完而内疚不已。事实上，教学在其预备、开始和结束时，都可以视为教学的一部分，现实的教学场景可能未必是如此。另外，教学评价模棱两可。究竟什么样的教学是好的教学，什么样的教学是差的教学，至今仍未有一致的共识。这些不明朗的要素，稍有不慎会使教师容易产生自我愧疚，催生教师的内疚情绪。这股由内而外的自发力量调节着教师的所思所想、所作所为，使之不容易做出某些出格的事情。

可是，职业内疚的话题并未引起多少学理上的关注。国内外仅有的一些关于教师内疚的研究也是侧重心理学的现象分析，而缺少教育学视角的解读。这是与职业内疚本身的重要性不相匹配的，而置身"后课改"时代，全面解读教师职业内疚体验的独特性和丰富性，无论是对推进新课程理念，还是唤醒教师的自主发展意识都将是有益的。[③] 基于此，以往的教师职业内疚研究也很少从现象学研究的视角为切入点，这也是本项目试图拓展的研究领域。

现象学研究围绕着体验状态而追问的一些问题，它旨在捕捉体验

---

① ［意］乔瓦尼·弗契多：《情绪是什么》，黄珏苹译，浙江人民出版社 2018 年版，第 59 页。

② 胡东芳：《当代青年教师内疚感探索 》，《江苏教育学院学报》（社会科学版）1999年第 3 期。

③ 刘万海《论教师的职业内疚感》，《教育发展研究》2011 年第 10 期。

的具体细节。现象学研究最经常问的一些问题为：小学教师的职业内疚的体验有哪些？小学教师的职业内疚具有什么样的外在表征？小学教师的职业内疚的实质是什么样的？小学教师的职业内疚具有什么样的教育学意义？

第二节　小学教师职业内疚的现实表征

现象学式的体验研究对教育研究的提醒是：无论研究过去的教育改革历史还是研究当下的教育改革现状，首要问题乃是对当事人或承受者的真实体验的关注和尊重。① 因为"现象学的目的是研究人类生活经验的本质或基本结构"②。教师内疚是教师职业生活的重要组成部分。基于教师的轶事，我们试图揭示小学教师职业内疚的具体内涵及其结构表征。

一　基于专业失误的自责

自责是在行为主体造成不愉快的局面或产生不良影响后对自己的行为加以反思，意识到自己本不应该做出这种伤害他人的行为而产生的自我责备的心理。教师在日常工作中经常面临来自各个方面的压力，当压力值超出压力阈时，和学生相处过程中的任意一点摩擦或不顺都有可能导致教师产生怒气，甚至情绪失控。事后，教师如能由于自责对自身行为反躬自省，思考自己情绪失控的原因，就能及时地转变课堂管理方式，弥补对学生造成的伤害。那么，此时的自责便不是完全负面的情绪，而是为教师提升课堂管理能力，优化处理方式，积累专业智慧所提供的难得的契机。

（一）课堂违纪处理不当的愧疚

教师凭借"闻道在先"的认知优势，将学生禁锢于课堂授受和教师威严的劣势中去。在这种不平等、不民主的师生关系中，面对学生

---

① 刘良华：《何谓"现象学的方法"》，《全球教育展望》2013 年第 10 期。
② 穆佩芬：《现象学研究法》，《护理研究》1985 年第 2 期。

个性的本真和"创造性"，教师视若无睹，而满脑子全是"教学目标"和"教学效率"。基于这种立场，教师即刻的主要任务就是要"控制场面"，好让教师的面子过得去。所谓"都是为学生好"的严厉做法反而背离了教育的初衷，并没有使得学生向期待的方向发展。反观注重细节的教师，更为耐心地去发掘关注学生的"内在"，加以鼓励和促进。这也正是教师需要学习的智慧，教师要在细节中见真章——敏感地觉察到教学时机，随机应变，恰到好处地运用好教学机智。否则，很容易做出过激的举动，既无助于课堂管理，也容易导致师生关系紧张。

> 那天上午，我在激情澎湃地上语文课时，突然发现一位名叫"LC"的学生窝在桌子里津津有味地吃着五毛钱的辣片，满手满口的油渍，甚至桌上的课本都冒着一股辣片的油腻味。看到这个现状，想着自己辛辛苦苦地讲课，而学生却心无旁骛地吃东西，不尊重自己的劳动成果不说，上课吃东西这种行为多次强调不能有，顿时愤怒而起，挥起自己手上的教鞭就往他嘴巴上打了两下，并严厉呵斥："你上课爱吃东西是吧，看你还吃不。"当时只是想严厉教训这种屡教不改的问题学生，并要其他学生引起注意，这种行为是绝不允许的。完全没有预料到事情的严重性，待我向全班讲述这种行为的错误时，那位名叫"LC"的学生趴在桌上呜呜地哭起来，由于当时被愤怒蒙蔽了双眼及不能在全班学生面前表现出紧张，因此我并没有再次去看看LC的状况。课后，我心情平静下来，顿时一阵紧张和愧疚，意识到自己这次太冲动了。心里不停地回荡着"冲动是魔鬼啊"。整个中午一直心神不安。我当时也害怕极了，害怕自己错得太离谱。我从来没想过我会自责，当时却惭愧不已，责备自己那么"心狠手辣"。（T26）

面对课堂上学生堂而皇之的违纪现象，缺乏专业机智的教师根本不会顾及那么多，任凭冲动的心理尽情发挥，但是这下却苦了学生，引得学生在突然的严厉惩罚下情不自禁地痛哭。但是，施加了冲动的惩罚后，老师事后才幡然醒悟，觉得心神不宁，好像总是做错了什么。这时是一种矛盾的自责体验，一方面趾高气扬地准备教训学生，使之引以为戒，另一方面却放低那种高姿态，转而对伤害学生身体的行为自我责备。类似的情况在现实的课堂教学中也屡见不鲜。

（二）盲目使用震慑手段的挫败感

有些新教师，最初接触课堂教学时由于对课堂效果的期待过高，而自身教学经验不足，面对现实的课堂状况与理想课堂效果之间的鸿沟，特别容易产生烦躁的情绪，这实际上是出于对自身专业水平不足而产生的怀疑，也是对学生不服从管理的不信任感的表现。为了在学生面前树立教师的威信，在多种复杂心理的影响下，越是想将课堂进程带回正轨，越是容易发生专业失误。这种背道而驰的教育状况，让课堂气氛沉闷，让正常教学停顿，教师的无力感也即刻生发。

> 于是，不知道怎么地，我真的恼怒了，不自觉地把手重重打在讲桌上。"砰"的一声，因为桌子面很薄，发出的声音大得把我也吓了一跳，教室立即安静下来了。可只有我自己知道，我的手却隐隐的有些微痛。与此同时，我也注意到他们惊讶的眼神，学生们立即"正襟危坐"，说话的同学也立刻转过了身子，呆呆地看着我。我却突然后悔了，这个样子是我所期待的吗？我能不能用更好的办法控制课堂？的确，我不该这么生气，导致小孩子们被我的严厉所吓倒。接下来，上新课的效果也不尽如人意，气氛较沉闷，我很沮丧。我觉得很尴尬，本来以为恼怒会带来好的效果，没想到这样一来，效果反而更差。在恼怒之前，有几位学生喜欢与我进行眼神的交流。可是，等我发火后，他们的眼神游离了，我感觉他们有意逃避我眼睛的注意。下课后，一位平时比较乖巧的女生小声地跟我说："老师，你知不知道你之前好凶啊！我们都被你吓到了。"我有点不知所措，心里暗暗地想，下次再也不这样了，一定要多借鉴其他老师的教学经验，弥补自己的不足。（T20）

这段故事中教师所采用的震慑的手段就像教育界经常作的一个比喻——"将洗澡水和小孩一起倒掉"。本来是想警醒部分违纪的学生，不料却把整个课堂气氛都破坏了，"伤及"了遵守纪律、认真听讲的学生。盲目使用震慑手段的教师在课堂上更容易出现情绪失控的情况，主要起因于做事鲁莽、不计后果的教育惩罚。情绪失控导致的冲动在心理程度上，是一种特别强烈的心理刺激，但控制它的理性程度却很薄弱。而自责，则是因冲动而延时形成的心理困顿。这种心理困顿是对冲动行为的反思过后的愧疚心理，对已经造成的不良后果感到自责不已。虽然教师的冲动情绪来势汹汹，一时难以控制，很容易造成对学生的伤害，但同时也为教师带来了反思，促使他意识到自己的情绪对学生的影响如此之大，也为他提供了优化课堂管理行为的机会。

（三）错怪学生的懊悔

懊悔是因过错而自恨的一种情绪，是对自己本该做某事却没做或者做错了的事情感到难以释怀，在内心进行自我谴责、自我控诉，悔恨自己做得不对。在教学工作情境中，教师懊悔情绪的产生往往与学生相关。一记过于严厉的眼神、一句相对残酷的评判，一次降落到无辜学生头上的无名火都很可能在教师心中掀起懊悔的波涛。

> 当 LY 战战兢兢地来到我面前时，我劈头就问："LY，CMJ没扫地你就让她回家，这是谁给你的权力啊？"看到我大发雷霆，LY 畏畏缩缩地抬起头，用可怜、乞求的眼神瞟了我一眼抽泣地说："老师，CMJ 生病了，我看她难受，就让她先回家休息了。她的地我已经帮她扫完了。老师，是我做错了，我下次再也不敢了……"听完后，当时我就愣住了，心中五味杂陈，充满了深深的愧疚和歉意。这么善良的孩子做了好事，结果不但没有得到老师的表扬，反而遭受到批评。这对他今后的人生道路将产生怎样的影响，以后他还会去做好事吗？我不敢多想，唯有深深的自责和内疚。（T37）

　　教师的追悔是教师生命与学生生命产生联结的方式之一。明明是该表扬的好人好事，却被教师错误地当作坏事，必然会影响积极行为的发生，阻碍当事学生继续做好事的激情。当教师明白了事情的真相，未经调查而"误批"了学生，这时只有用追悔和自责来调节心中的内疚，同时也会提醒自己以后在类似的情境该如何处理，至少"批评学生"时会变得谨慎多了。

（四）教学失误的惭愧

　　人非圣贤，孰能无过。教师身负传道、授业、解惑之责，但教师亦需要成长的机会与时间。新手教师要想蜕变成驾轻就熟的名师，离不开大量的教学实践积累经验，更离不开对教学失误的反思学习。

　　　　犹记得 3 年前实习时上的第一节课，那天上午我满怀激情地路上三尺讲台，但在书写课题"矛"时，突然有个响亮的声音打破了我沉浸在教学中的美好："老师'矛'字写错了。"我趁学生不注意时悄悄地瞄了一眼课本上这个字的书写，心想：我没写错啊，可能是写得不够工整，三年级的小朋友看不出来吧。后面就不以为然地把自己的想法说了出来并重写了一遍，但这个学生还是说写错了并且越来越多的学生跟着他一起喊，这洪亮的声音引起了我的重视，我趁机在学生的书写空隙中认认真真地检查了几遍，终于发现了我的错误：没写好横钩。我这时想：我找到了错误的地方，再板书一遍肯定没问题了。但事实却不是如此，因为平时不注意书写，把横钩习惯写成了横竖钩，在这紧张的时刻也还是没写好。当这声音再次响起时，我开始不安起来，脸"刷"地一下红了起来，偷偷地扫视了下教室，感觉每个学生都向我投来轻视的目光，这目光就像利箭直刺心中，让我不敢直视他们。更糟糕的是，只要他们一讨论我就感觉好像在说我似的。这时心里蹿出的一个声音"这老师真笨，连个字都写不好"，这句话就如毒虫噬咬我那般难受，此时此刻真希望时间快点过去，但它恰恰和我作对似的，拖着沉重的脚步每一分每一秒都走得那么沉重缓慢。我心里一直在想："自己连一个字都写不好，以后怎么去教学生。特别是一年级的学生，如果再这样不注意书写，养成书写的错误习惯，那他们的识字教学不就毁在我手上了吗？"我不禁为这次的书写错误深感内疚。（T58）

屡次犯下的低级知识错误让教师难以面对学生，当教师内心的不安开始骚动，内心愈加害怕学生投来异样的眼光。想象出的学生鄙视的话语，更让教师倍感压力与煎熬。同时，教学场面一时变得尴尬，让教师害怕这样会给学生带来更大的消极影响。在这则故事中，教师对个体的板书错误感到自责、尴尬，害怕"误人子弟"的心理虽然在当时给教师带来了深重的折磨，与此同时也重塑了教师对自己专业能力的认识，对于教师弥补专业不足、提升专业水平有重大意义。

二 基于专业威信假设的羞愧

职业内疚的一种表现状态是因做错了某事而表现出的一种羞愧，这种羞愧的情绪体验是由于反思或无能而引起的。在道德感形成的过程中，教师往往更能敏感地觉知自我的现状："当感到羞耻时，参与者更可能感觉被他人观察着，他们也更关注他人关于自我的观点，这种关注胜过对自我的感知。"[1]

（一）学识权威失落的羞耻

教师一般都有这样一种信念：要给学生一杯水，自己要有一桶水。由此，教师认为个人的威信源自"个人的专业能力"，只有具备较高的专业水平，方能在学生心目中有地位。否则，就会觉得自己不称职，也因此而羞愧。正是因为有了这样一种假设，才会给教师专业发展以压力，这也是教师成长的主要动力之一。

我心里当时就想我一定要找到问题的答案，可是我越着急就越想不出办法。时间一分一秒地流逝，我绞尽脑汁却又无计可

---

[1] June Price Tangney & Ronda L. Dearing, *Shameand Guilty*, New York：Thegulford press，2002，p. 21.

施，恨不得多长个脑袋！怎么办？怎么办？学生会怎么看我这个老师？此时，我对自己责备不已，之前想建立起来的信心像退潮的水一样，剩下空落。我恨自己上学时没好好学，现在连一个初中一年级的题目都解决不了！我恨不能找个地洞钻进去！最后我是被下课铃声给解救了！谢天谢地，下课铃在我最无助时响起，那是我有生以来听到的最悦耳的下课铃！（T46）

当教师把自己认定为学生面前的"知识权威"时，就会把学生的问题当作一种检验或挑战。这样一种角色信念无疑成了一种压力，要求教师成为学生的"问题英雄"。一旦遇到不能为学生排忧解难时，就会滋生一种无能感和羞愧感。这种羞愧一方面会推动教师的专业发展，另一方面也会影响教师的自我认识。适度的羞愧感可以强化教师的专业道德意识；当然，持久的羞愧感会伤害教师的专业自信，误导教师的角色定位，久而久之，则会产生无助感。

（二）职业形象受损的羞愧

教师因坏情绪带入了课堂，影响了学生的学习效率，此时的羞愧让老师觉得不好意思，感觉像是做错了什么事似的。作为一种"知耻而后勇"的心理反应，愧疚使得教师为自己不良的榜样效应感到失望，把原本底气十足的师者瞬间化为一个紧张兮兮的犯过错误的人。刘次林指出："人唯有感到羞愧，才在羞愧的行为中把自己同所羞愧的对象分离开来。人的羞愧对象标明了人的自我层次。"[1] 羞愧让老师承认了自己某些观念的片面，树立起了全面发展的教育理念。这种情绪不会促使老师被动接受他人的心理反馈，而是主动地实施自己想要达到的教育。

上课时，我把关于家庭琐事的坏情绪带到了课堂，并在讲课的过程中如实地说给学生听。这时的学生的眼睛很矛盾，仿佛有很多困惑，关于知识的，或关于个体情绪的。后来，有学生对我

---

① 刘次林：《羞耻感及其教育意义》，《教育研究》2001 年第 9 期。

说，讲课的时候讲个人的私事很容易让他们分心，也有想与同学闲聊的冲动。反思之前，我还以为小孩不懂事，不会有多少意见的。然而，当时的我听完学生的这些话，我一时竟然不知道说什么好，心里很不是滋味。那一刻，我知道老师绝对没有理由把自己因身边发生的任何不好的事情而带来的坏情绪带进课堂，因为孩子是无辜的。在孩子的眼睛里，孩子看到的世界是单纯的、稚嫩的。那一刻，我似乎意识到了某些成熟的道理——假如上课前看到老师一双肿肿或是忧郁的眼睛，抑或是一种萎靡的沮丧的神情，那么孩子们就会展开丰富与课堂无关的想象，也就不再思考老师们提出的问题。这时，他们想象的是老师家中发生的事情，以至于课下还要继续讨论，讨论具体的状况。那么，这样一节课就不是学校教育的课了，它失却了教育性和规范性，更失去最起码的知识性。心里一点点地想着，越发地羞愧，困窘到没有勇气睁眼看学生。这样的领悟让我的心灵很难堪，原本以为的稀松平常的事情像敲打心灵的"棍棒"一样，越想越不是滋味，越思考越觉得没有底气。在失去底气的那一片刻，我好想逃离，每一分钟都是带着惭愧的忏悔，害怕与周围的学生对视或是交流。（T41）

从羞愧的历史脉络上看，"羞愧不是一个现代的现象。它出现在上帝创世的故事中，实质上，它是比其他情感更多地被议论的一种。亚当和夏娃的故事说明，羞愧是一种极为强烈和特殊的人类情感"①。轶事中，羞愧的主要原因是教师公私不分，把家里的坏情绪带到了班级。羞愧是被动承认错误之后的主动选择，它是基于错误的事件而事后形成的心理刺激。当老师反思个人的言行举止时，个体表现出内疚和惭愧的心理状态。羞愧也让教师懂得责备自己，"困窘到没有勇气睁眼看学生"，时刻带着惭愧的忏悔。这时的羞愧体验让教师重新审视对课堂中师生关系的理解，正确、客观、理性地反思了课堂教学的

---

① M. 刘易斯、许斗斗：《羞愧剖析》，《现代外国哲学社会科学文摘》1993 年第 7 期。

核心追求与关键价值。在这样的反思下，教师会重塑对专业课堂的认识，也建设性地明白了构建和谐人际关系的策略。

三　基于专业伦理的负罪感

古代社会里，占据古代读书人内心重要位置的是"天、地、君、亲、师"。我国自古以来就有强调师道尊严的传统，信奉"一日为师，终身为父"。同样的，教师对于自己的学生亦有如同父母一般的责任感。然而，结合西方学者的观点，如果没有内疚的影响，教师或许就不会对个体的责任感有所觉察。阿尔夫·罗斯指出，"内疚决定了责任感以及关于责任感的惩罚"①。责任感消失了，教师就不会对自己的专业失误或失责感到惭愧与后悔。教师职业过程内在地包含着责任感：一种对学生未来负责，一种对学生生命的责任与意识。

（一）差别对待学生的愧疚

教师承担了"替代父母"的角色，由于学生的向师性，教师的一言一行、一举一动都会给孩子带来或好或坏的影响。由于教师没有平等、公平地对待学生，施加给学生的互动影响自然无法做到客观公正、一视同仁。在这种氛围下，学生感觉教师戴着"有色眼镜"看待学生，歧视学生。在某种"导火线"的助推下，教师很容易受到学生质疑和反驳，事后的愧疚也会让教师顷刻持守公正的学生立场。

> 这一节课，班上出现三次类似这样的情况，我都是骂这个"特殊儿童"。最后，"特殊儿童"回敬我一句："老师，你怎么总是骂我一个人呀？"当时，我心里很不是滋味。我确实不应该一直用命令的语气对待这位"特殊儿童"，赶着他回座位。毕竟，一个教师面对诸多学生，首先要做到的就是给予他们一视同仁的尊重。（T57）

---

① Alf Ross, *On Guilt*, *Responsibility and Punishment*, Berkeley and Los Angeles：University of California Press，1975，p. V.

由于生活轨迹和圈层的原因，小学生日常接触到的重要关系相比成人来说更加简单，心智尚不成熟的小学生更容易将重要人物，例如教师，对待他们的方式内化为对自己的评价。倘若他在学校总不受重视或者感到自己被敌对，久而久之，很可能会认定自己就是不受欢迎的。因这种体验向内攻击自己的学生从此很可能会变得自卑、内向而易碎；向外攻击别人的学生则更容易变得易怒暴躁，富有攻击性。案例中"特殊儿童"对教师的差别对待表示不满时，这位教师非常敏锐地捕捉到了自己尚未发现的区别对待给学生带来的伤害，进而领悟到，面对所有学生都要给予他们同等的尊重。

（二）专业怠惰的心虚

教师身份是一种专业身份，教学是其最重要的工作之一。课堂的知识传授，这是教师最起码的"基本功"。如果教学准备工作不充分，教师就会随便应付课堂，课堂知识的传授也达不到预期的目标。越是对专业课不认真的教师，越是无法泰然自若地进行授课、解决好学生的疑虑。这种对待专业课堂懒惰和敷衍的态度，在具体的情境中无法起到专业引领的作用，甚至课堂教学都无法正常进行。作为有责任感的教师，教学前的怠惰让教师为自己事前的错误行为"埋单"，羞愧地、无能地面对自己的专业表现。

在遇到较难懂的内容时，因为我的准备不充分，没能很好地帮助学生理解，他们听不明白，而只能呆呆地看着我。此刻，我"心虚"的汗水冒出来了。而我也因为在没有认真地备好课、钻研课文的情况下，不知该怎么根据学生的情况去引导他们，只能把答案讲给他们听。就在我不知该怎么讲下去的时候铃声响起了，让我顿时松口气，可谁也不知这堂课对于我来说每一分、每一秒都那么煎熬、难受。下课回到办公室后我对自己不备课的行为依旧感到愧疚。这也让我体会到一个老师只有在备课充分的情况下，他的课堂才会丰富多彩，而备课不充分的课堂必定会枯燥无味，这对老师来说是有负罪感的。（T5）

备好课是上好课的前提，如果没有做好充分准备，面对学生就会"心虚""汗颜"，这是教师应该有的情绪。课堂情境是一个特殊的学习场景，若课堂互动呆板机械，教师面对困境不知所措，这同样是教师不负责任的表现。倘若教师能够带着这种心虚和责任去面对学生个体，自然就会少一份负罪感，多一份踏实。心虚可以唤醒责任，让教师对个人的失责产生负罪感，进而使得教师会更认真地备好每一堂课，认真地了解学生，从而做到为学生的学习和成长负责。

适当的负罪感是一种教育伦理情怀，可以引领教师站在伦理的高度，回归理智的专业生活，基于学生的立场，倾听学生的心声，这样才能做到真正了解学生，读懂学生。"从广泛意义上讲，教育是与孩子相处的活动，这就要求在具体的情境中不断进行实践活动。"①

（三）体罚犯错学生的歉疚

教师的教育观存在代际差异和代际延续。一方面，由于大环境的转变，不同年代的教师信奉的教育理念和与学生相处的方式不同；另一方面，由于教师会受学生时代教过自己的教师的影响，多多少少会沿袭上一代教师的做法。在 20 世纪七八十年代的中国，教师体罚犯错的学生是很常见的事情，当那时的学生成长为今天的教师，也可能会沿袭这种方式。但现下的教育环境严厉抵制体罚，倡导爱的教育。当往日的学习经历与今日教师的规范一起在教师身上发挥影响，矛盾的内疚便会悄然浮现。

　　我该如何去掩饰我的心情呢？我这样想着。看着他害怕的眼神与无助的表情，我那个时候觉得自己如果没有那样做就好了，但是不这样做——打了他十下手心，当着全班同学的面，那么我该怎样做呢？我在悔恨自己，悔恨自己的无能与愚蠢。如果什么事情都只想着打，打就能改变他这个人，那么我就太狭隘了，虽然他没有将我布置的家庭作业完成，但是当着全班同学的面去打

---

① ［加］马克斯·范梅南：《生活体验研究——人文科学视野下的教育学》，宋广文等译，教育科学出版社 2003 年版，第 33 页。

他，的确是我的错。我非常后悔，特别是看到他那令人心碎的眼神之后，我只能说我是个不称职的老师。自此之后，我再也不体罚学生，而是用心去体会学生的感受，去爱他们，他们就是我的孩子，犯错的孩子，要好好去教育。(T56)

歉意是一种"认错"的态度和意识，是对他者的关注和反思。案例中的教师对不交作业的学生进行体罚的本意是想通过外在惩罚教导学生改正错误，然而惩罚过后他很快认识到这样严酷的爱带给学生的伤害超出他的想象，并因此产生了深深的歉意，决议从此用正向的爱与学生相处，彻底放弃了体罚手段。可以说，案例中的教师表达师爱的方式之所以发生逆转，最大的推助力正是对学生的歉疚，而这种歉疚起源于教师的专业良知，诞生于教师对学生的爱。

（四）当众羞辱学生的愧意

教师的工作具有复杂性，和一群性格迥异的学生和谐相处是不容易的。作为一名教育工作者，在漫长的教育生涯中遇到一些头脑聪明却无心学习的学生不是罕见的事情。为了引导这些学生好好学习，有些教师甚至会用上"激将法"，倘若没有把握好尺度，"激将"演变成羞辱，将会带给学生一生难以愈合的伤痛。

> 我赶紧追了出去，只见他头也不回地翻墙爬了出去。这时我才意识到自己犯了个多大的错误，虽然我只是简单地想要我的学生不要像他那样，同时要他"知耻而后勇"。但是我却严重地伤了他的自尊心。想到网络上报道的有学生因为老师的一句话、一个行为就自杀，越想越害怕。我赶紧打电话给他的家长，在确定他没有回家之后，我开始四处找他，一路上我不断地谴责自己，他还只是个孩子，我怎么可以当着班上这么多同学的面羞辱他？之后，我沿着河堤找到了他，真是一阵后怕。(T9)

案例中教师的本意并不是要伤害学生，但他公开的批评，言语的讥讽都在学生内心留下了道道伤痕，折辱了学生的自尊心，差点铸成大错。此时，是事后反省的愧意促使教师迅速采取补救行动，避免了一场令人扼腕的祸事。

（五）意外中伤学生的不安

课堂教学本来是教师课程实施、反思预期目标实现与否的教育过程。由于课堂活动的不确定性，教师不经意的冲动举动，不小心伤害了学生，使得课堂教学无法沿着既有的轨道前进。这时，这种意外的影响，特别容易催生教师的不安心理。

> 我拉扯了 WP 几下。没想到，不久就听到了学生的声音。"老师，老师，WP 流血了！"学生一叫，我才恍过神来。好多学生都站起来了，教室显得有点嘈杂。我的心好痛，就像被一个铁爪子狠狠地抓了一下，血一滴一滴往下流。喉咙好像被什么东西卡住了，想说些什么，可一下子发不出声音。我明显感到自己的手心是冰凉的，可后背在冒着汗丝。我看着 WP 的样子，感觉自己的脸热乎乎的，似乎从太阳穴处有鲜血滚烫地往下流。为什么我的两腿发软，只好将身子靠着桌子。当听到学生说找纸擦血时，我才下意识地掏出衣袋里的纸巾。当我用颤颤抖抖的手擦去了 WP 脸上的血时，发现他的额角撞出了一个口子。"走，跟我去医院。"我终于能说话了。在抓的过程中，我从来没有想到孩子会被我无意地伤成这样。这时我感觉自己呼吸的声音沉重、缓慢。缓过神来，我对自己责备不已，我简直是"屠夫"啊，害得他流了不少血。（T16）

基于专业情感的不安情绪在爱的参与下，产生了对学生的共情反应，表现为一种基于学生情感缺失的怜悯。这种怜悯是一种接近自然的心理倾向，是设身处地地感受他者需求、痛苦或快乐的心理品质。一向"权威导向"的老师，面对学生的身体出现意外时，是怜悯让老师有了"学生立场"，同情心使得老师对受伤的学生感到怜悯。怜悯，使得教师感到心痛。看到学生身上流下的血鲜红灼目，教师感同身受着学生身体上面临着的不良遭遇，继而对于自己伤害到学生身体的行为产生深刻的懊悔、羞愧、错愕和自责，种种情绪在教师心中翻江倒海，久久不得平静。

"不难理解，正是怜悯使得一个人能够从内心里接近另一个人，哪怕是自己第一次碰到的陌生人；正是怜悯使得我们能够理解他者的处境并帮助我们做出适宜的态度反应和行为选择；也正是怜悯使得我们能够想象自己某一个行为的可能后果，并在行为发生之前就对它进行必要的调试和限制，使得它能够符合道德的要求。从这个方面来说，同情心的应用是对'我'与'他'、'我们'与'他们'之间一体性和同体性的直观把握，是对'他'或'他们'处境与命运的关切，是所有形式责任感的共同基础，是所有道德意愿和道德行为的源泉。"① 怜悯是一种感性的身体反应，它来自认识的影响，也作用于个体化的身体。在这交互作用的过程中，个体变得沉默寡言，手心冰凉，后背冒着冷汗。怜悯也是对个体的错误采取弥补措施的认识机制。在这种认识的影响下，教师体验到心痛、手足无措和推心置腹的责备。虽然教师伤害学生的身体在先，怜悯学生的行动及心理在后，但这种不一致的状态却是导致教师内疚体验的主要原因。这种分离着的两种不同活动带来的内疚体验确确实实是真实的，这种真实带来的心理冲击是不安，随之伴有适切的行动——把对学生身体上的伤害变成一种弥补过失的正确举动。

范梅南指出："教师的含义就是他们必须不断地提醒自己留意自己与孩子之间的'替代父母'的关系。专业教育者必须尽可能协助儿童的父母完成其主要的育人责任。换言之，在父母的这一主要责任之外就是教师被赋予的'替代父母'的职责。因此，父母和孩子之间的恰当关系对教师与学生之间的教育关系提供了丰富的信息。"②这种"替代父母"的关系在教育中的呼吁，便是对适度的教育观念、教育行为的召唤。

---

① 石中英：《"狼来了"道德故事原型的价值逻辑及其重构》，《教育研究》2009年第9期。

② ［加］马克斯·范梅南：《教学机智——教育智慧的意蕴》，李树英译，教育科学出版社2001年版，第8页。

实际上，正确的教育便是一种适度的影响——在合适的时间、地点，面向合适的人做出的适切的举动，这才是教育的智慧所在。适度认同中庸的哲学思维，张弛有度，在具体的情境中从容不迫。然而，尽管事后的处理较为适切，但也不能抹去因错而生的愧疚感，无法把身上表现出来的那种紧张消除，也无法清理这件事对学生身体所造成的影响。

教师由于怜悯产生的内疚体验并非全部都是消极影响，它也有积极作用。它的有益影响体现在：当教师实施某种惩罚的行为时，考虑自己身体的反应与自己的心理感受能否在事后保持一致。当不能保持一致时，教师就需慎重考虑个体所要施加的行为，以免带来情绪冲突；此外，教师也应考虑清楚这么一个事实，如果教师实施了某种具体的行为，对学生身体所造成的影响会不会激起内疚体验。倘若会引起相关的不良反应，那么教师应该沉静下来，理性面对。

第三节　教师内疚的结构框架与职业特质

现象学主题不是对象或一般化的概括，它更像是生活体验网络中的结点，周围的生活体验犹如网上旋转的纺线，这两者共同构成一个经历过的意义整体。[①] 主题分析的方法一般可以分为三种，现象学文本经常通过这三种途径来揭示主题的方方面面。"在一些文本中，我们一般通过三种方法揭示或分离现象的主题——整体概括法、选择强调法和细节详述法。"[②] 职业内疚作为一种情绪现象，是教师围绕着"职业"这一场域所表现出来的种种现象。教师的情绪体验是非常丰富的，通过以上对职业内疚体验的真实描述，职业内疚的前概念是非常生动的、具体的。我们试图建构职业内疚的结构框架（见表 5 - 1），揭示职业内疚的内在特质与意义，并对情绪文化的重建、

---

① Max van Manen, *Researching Lived Experience: Human Science for an Action Sensitive Pedagogy*, New York: Suny Press, 1990, p. 90.

② ［加］马克斯·范梅南：《生活体验研究——人文科学视野下的教育学》，宋广文等译，教育科学出版社 2003 年版，第 122 页。

建设本土化的教师情绪理论提供可能的路径。

表 5 - 1　　　　　　　小学教师职业内疚的意义结构与职业特质

职业内疚的意义结构		职业内疚的特质
类型	具体表现	
基于专业失误的自责	课堂违纪处理不当的愧疚 盲目使用震慑手段的挫败感 错怪学生的懊悔 教学失误的惭愧	• 是一种内向式的反思 • 是一种面对自我的道德审判 • 是一种内在智慧的提炼 • 是一种具有弥散性的成长力量
基于专业 威信假设的羞愧	学识权威失落的羞耻 职业形象受损的羞愧	
基于专业 伦理的负罪感	体罚犯错学生的歉疚 当众羞辱学生的愧意 差别对待学生的羞愧 面对专业怠惰的心虚 意外中伤学生的不安	

"特质"引起了现象学家林肖顿的关注，其关于 H_2O 特质的质疑被现象学研究界格外赞同。"林肖顿以这样的言论结束了讨论：'把水描述为 H_2O 没有减少或否认游泳或钓鱼的乐趣'"[①]。 "特质"（traits），即以某种持久的人格品质行动、思考和感受，这些品质在人类所有的语言中都能找到相应的描述词。[②] 职业内疚具有以下特质。

一　教师内疚是一种内向式的反思

职业内疚是"内发式"的自我反思。在其反思的过程中，它是个体对所做的错事感到悔悟的心理状态。"在内疚中，自我是主体，客体是外在于自我的。自我聚焦在违背标准的行为、关于遭遇失败的客体上。许多研究者已经使用像操心或遗憾的术语作为内疚的同义词，

---

① ［美］洛伦·S. 巴里特等：《教育的现象学研究手册》，刘洁译，教育科学出版社2010 年版，第 11 页。

② ［美］塞缪尔·巴伦德斯：《人格解码》，陶红梅译，商务印书馆 2013 年版，第 24 页。

建议聚焦外在于自我的某事，而非关注自我本身。"① 教师对某些事情无法隐藏个体的感受，悔恨之心渐渐登场，但此刻却无力改变现状。虽时过境迁，但迟来的感同身受让教师回到教育情境，产生懊悔，引发反思，进而影响其今后的教育决策。

二　教师内疚是一种面对自我的道德审判

"教育的本质更多的是一种规范性活动，而不是一种技术或生产活动。"② 职业内疚是一种隐性道德力量，其本质在于道德品质与公序良俗的觉悟。职业内疚内隐的自责、羞愧感或负罪感既可以被看作是道德认识，也可以被视为投身其中的道德情感。在这些感受的影响下，教师生活逐渐回归道德，回归心性，回归生命。职业愧疚会让教师自觉审判个体的道德实践和专业能力，引导个体过反思的生活。正如苏格拉底所言，没有反思的生活是不值得过的，而我们认为，没有反思的生活是没有进步与成长的生活。

三　教师内疚是一种内在智慧的提炼

"体验可以开启我们的理解力，恢复一种具体化的认知感（a sense of embodied knowing）。"③ 没有与学生的专业交流，教师可能很难看到自己的"短板"和问题。内疚重构了教师的自我，引导教师有勇气去面对自己的不足，打开心量，重构自我。内疚可以催生教师的自我理解和建构，可以更清醒地面对自己，面对具体的情境，对于做什么、做到什么样的程度有深度的体知，能够很好地把握处理学生问题的"度"。教育情境如此复杂，需要教师时刻反思，并做出快速反应，必然要求教师有非常强的综合判断和决策的智慧。这些智慧植

---

① Hannes Wiher, *Shame and Guilt*: *A Key to Cross – Cultural Ministry*, Hamburg: Verlag für Kultur und Wissenschaft, 2003, p. 78.

② Max van Manen, *The Tact of teaching*: *The Meaning of Pedagogical Thoughtfulness*, New York: Suny Press, 1991, p. 9.

③ ［加］马克斯·范梅南：《教学机智——教育智慧的意蕴》，李树英译，教育科学出版社 2001 年版，第 13 页。

根于自我实践的反思，是一种强大的实践性知识。它们无法凭理论获知，只能经由具体情境的直觉与反思而形成，这种感同身受的情感体验是临场机智的重要母体。

四 教师内疚是一种具有弥散性的成长力量

由于一些偶发事件影响的积聚与汇合，使得内疚表现出一种弥散性的特征。课堂情景的相似性，学生特点的恒定性，让教师可以用自己的实践经验去面对相似的教育场景，类似的情绪就会被调动参与到问题的解决过程中。情绪具有传染性，既会感染、影响他人，同时也会影响教师自己。积极的情绪会给自己持久的动力，消极的情绪会成为个体发展的阴影。"如果能控制好自己的情绪，如果能及时地调整自己的心情，不但自己的心情会好，而且会在无形中感染学生。"①内疚作为一种情绪具有同样的特质，一方面它可能引发教师内在的反思，从错误中回来；另一方面可能会成为一种心理阴影，过度的自责，压抑个体的创造性，"一朝被蛇咬，十年怕井绳"，就是这个道理。

第四节 教师职业内疚的教育学意义

"基于专业失误的自责、基于专业威信假设的羞愧、基于专业伦理的负罪感"，是教师内疚的真实内涵，是教师职业生命的重要内容。内疚这些显露的结构是基于小学教师职业内疚情绪的前概念的整体概括，它折射出教师情绪的原初样态。从教师教育的角度来看，这些教育情绪资源确实是基于生活实践取向的、丰富的自我教育资源。马克斯·范梅南（Max van Manen）指出："'我们如何引导儿童的行为，我们该如何与儿童生活，帮助他们创造他们人类的能力，意识到我们

---

① 丁声扬：《教育从叙事开始》，团结出版社 2017 年版，第 60 页。

是恰当的而不是想要伤害他们的？'它现象学式地反映了教育学的意义。"① 揭示教师内疚的教育学意义，引导教师教育回归教师内心景观的观照，促进教育质量的提升，在当下"技术至上"的时代具有十分重要的意义。

一 作为一种情绪动力：是推进教师专业发展的动力源

"教师教育不能只是培训，也要在生活体验中培养。"② 基于此，现象学家范梅南教授指出："因为'培训'（training）隐含了一种技术的意味。当然，这也是教师很重要的一部分。我更喜欢用'教师教育'，因为'教学的机智'更多是要靠对生活体验的不断反思而形成的。"③

"个体必须能够思考他的动机，而且知道他的行为究竟是偶然的还是必然的，是可选择的还是无奈的，是有意的还是无意的，是外部压力或刺激的结果还是自己主观意愿的结果。当个体做出指向自己的内部归因时，成熟的内疚才有可能发生。"④ "内疚体验视为未来行动的一种力量"⑤，职业内疚可以视作教师专业发展的"驱动器"，也是教师个体情绪管理的重要内容。内疚引发自我专业与德性的拷问，让教师在内心感到自责和悔悟，形成触动生命的心理能量，撼动着他们已有的精神世界，进而重塑对某种事物的认知、判断和信念，实现自我的提升和发展。职业内疚也可以作为提升职业动机的切入口，通过对当时情境个体言语、行为和价值取向的深度追问，引发教师自我的反思和成长，这比培训的影响要有意义、更持久。

---

① D. C. Phillips, *Encyclopedia of educational theory and philosophy*, California: Sage Publications, 2014, p. 606.

② 李树英：《教育现象学研究方法：重新寻找生活的体验》，江西师范大学教育学院演讲，2014 年。

③ 李树英：《教育现象学：一门新型的教育学——访教育现象学国际大师马克斯·范梅南》，《开放教育研究》2005 年第 3 期。

④ 孟昭兰：《情绪心理学》，北京大学出版社 2005 年版，第 228 页。

⑤ P. S. Greenspan, *Practical Guilt: Moral Dilemmas, Emotions, and Social Norms*, New York: Oxford University Press, 1995, p. 74.

二　作为一种职业良知：有助于唤醒教师的职业自觉

职业良知让教师变得充满温情，可以唤醒教师的生命意识和内在的道德自觉。师爱是一种良知的表达，也是向善、求善的教育资源。"爱是一种美好的情感，为人们所向往；恨是一种不好的情感，为人们所厌恶。"① 良知是一种自我教化的力量，能抵抗各种诱惑，唤醒面对挫折的勇气，并用生命中的正能量照彻人们的内心深处。即使面对各种失意的或得意的境遇，也能秉持"不以物喜，不以己悲"的心态去对待自己的职业和学生生命。

内疚根源于良知，因良知而自知。"你可以害怕或厌恶无生命的物体和非人类的动物，但是爱和内疚感的产生则需要他人的存在。"② 这个"他人的存在"便是爱护学生生命的良知，这是教师职业应有的良知。在这种良知的推动下，教师在面对师生关系时有一种爱的愧疚。一种无声的爱表达在某种情境下会转化为爱学生的具体行动。当学生出现意外时，这种愧疚瞬间转化为一种勇气，一种无所畏惧的勇气，一种面对个人错误的勇气。

三　作为一种反思意识：可以提高教师的道德自律感

内疚产生于道德内化和提升的过程中，是一种基于反思的道德成长。个体既往有过受伤害的痛苦体验，或者是有观察别人因受伤害而痛苦的经历，使得他对别人的痛苦也能感同身受。所以，一旦他的行为造成了对别人的伤害时，就会产生移情性的悲伤，这种移情使得个体强化了对自己行为的认知，并做出指向于自身的归因，产生自责、痛苦等内疚情绪。③

教师的外在自我片面强调行为的结果，内在自我则更多关注生命情怀、学生立场和专业意识。教师在反思意识的参与下，教育观有了

---

① ［美］亚当·斯密：《道德情操论轻松读——用道德约束做事，干干净净做人》，刘烨编译，新世界出版社 2009 年版，第 8 页。

② 迪伦·埃文斯：《解读情感》，石林译，外语教学与研究出版社 2007 年版，第 160 页。

③ 孟昭兰：《情绪心理学》，北京大学出版社 2005 年版，第 228 页。

转机，教师的内在自我开始发声；学生在自己心目中的地位开始动摇，内在的人性得以唤醒。教师在自责的过程中能够变得更加有智慧，能够形成反思的意识和习惯，对指涉的事物进行合理的归因。

"现象学首先要追问的恰恰不是世界是怎样的事实性存在，而是追问世界如何在人的意识中被给予的，以及在此基础上世界又是如何被人设定为一种事实性的自在存在的。因此，现象学作为一种寻求直观明心见性的哲学反思，关注的是世界如何向人的意识显现的过程。现象学视域中的反思正是对这一意识显现过程的觉察，并且反思本身仍是作为一种意识而存在。"[1] 反思与意识就在哲学的层面被勾连起来。多数时候，反思意识是对意向对象的觉察，总是有预期的，是在先具有的意识指向。反思意识的意向指向不是事后再偶然地添加到体验本身中去的，而是意识有预期的、主动的、积极的刺激和建构意识对象。人在实践过程中总是与自身遮蔽的意识相伴随，自身意识能够对自己的行为和意识有所觉察。但是，自身意识并非是在行动之后，将自身的行为作为一种对象来观察，而是在每一个行为进行的同时，对其自身行为的意识，是以一种非对象、非课题的方式知晓。然而，反思意识更多的特点体现在，基于行动，在事后的回忆中对个体的所思所想、所作所为进行思考，获得一种更为理性的认识。恰恰，这种反思意识与在先的自我意识是有所不同的，它可能是在先的自我意识，也可能是重新理解了的自我意识。

没有反思意识的教师被个体的片面思维所束缚，活在自己的"个体世界"中，无法真实地体验他人的感受，体悟他人的心灵世界。这种没有学生意识的教师在与学生的互动过程中，心中全是个体的想法，对某些学生的感受置若罔闻。然而，当教师有这种反思意识时，伤害行为已经发生了，"为时已晚"。范梅南曾指出，一方面，当教师全身心投入到与学生的互动和交往中，教师是不可能一边审视自己的言行，一边自信从容地继续教学活动，在行动的同时进行反思是不

---

[1]　胡萨：《反思：作为一种意识——关于教师反思的现象学理解》，《教育研究》2010 年第 1 期。

可能的；另一方面，师生之间的互动关系、师生之间的交往是以"非反思""非认知性"的方式存在的，在我们与孩子们的教育生活中我们以一种下意识的方式主动地立刻参与，只是到后来才进行真正的反思。① 反思意识在互动的活动中形成了感性反思的萌芽，但更多是事后形成的理性判断。然而，有些教师并不能如此，他们将实践中的行为与意识脱节，行为没有被体验或感知。也就是说，不管他们做出了什么样的行为，他们很少反思行为背后的意义或意识。于是，很多问题"故伎重演"。重复犯错的问题也在于有的教师缺乏专业意识，他们不明白情绪与意识是有关联的。

缺乏反思意识也就无法形成良好的积极情绪。情绪与自我意识是相互影响的。一方面，正确的自我意识可以培养积极的情绪；另一方面，积极的情绪感有利于形成正确的、良好和乐观的自我意识，而消极的情绪则往往伴随着不正确的、歪曲的自我意识。② 职业内疚情绪有利于提升教师反思意识的深度和精度，因为"人往往最大的敌人是自己"。只有当老师承认错误之后，即老师意识到某一件事情是做错的，他才会想尽办法去反思这件事情是什么，这件事情的进展怎么样了，这件事情会有什么样的后果。比如，道德自律意识是反思意识的表现之一。道德自律是教师为自己的道德理解设置的"警戒线"，它提醒着教师什么是可以做的，什么是不可以做的；这条"警戒线"的预警作用也在于，它警示着教师什么是合适的，什么是不合适的，以及什么是好的，什么是不好的。实际上，在内疚产生的过程中，个体已经将外在的道德要求（在此情境中，什么是应该的，什么是不应该的？）自觉地转化为对自己的内在要求。个体对道德要求的接受和内化，并非来自外界的压力，而是源于他内心的内疚感。这种内疚体验以某种方式在个体的记忆中进行了编码。③ 反思意识在自律、移情、痛苦、自责的转化过程中形成了记忆中的编码，懂得对事物进行较为

① ［加］马克斯·范梅南：《教学机智——教育智慧的意蕴》，李树英译，教育科学出版社2001年版，第145页。

② 石中英等：《情感教育》，教育科学出版社1999年版，第59页。

③ 乔建中：《情绪研究：理论与方法》，南京师范大学出版社2003年版，第257—258页。

合理的归因，有目的地取长补短。

四　作为一种调节力量：有利于推动师生关系的改善

师生关系是教育成败的关键因素，这就意味着教师既要懂得如何开展教学，更要懂得与学生建立良好的情感关系。师生关系是教学活动所建构的教师与学生之间的互动关系。如果师生关系亲密融洽，师生之间充满爱、温暖，教学活动充满鼓励和支持，必然会大大激发学生的学习动机与兴趣。反之，师生关系冷淡疏远，师生之间缺乏爱，教学活动充满焦虑和责难，必然会损伤学生的学习积极性。[①]

内疚可以激发反思去平衡师生之间的关系，在平等的人格基础上实现良好的生命联结。有了愧疚，才可能引导教师回到师生交往与对话的过程中去反思和判断自己的角色和行为。愧疚可以作为生命深度联结的通道，是实现知识交流和生命对话的钥匙。"教师的工作并非只是传授信息，甚至也不是传授知识，而是以陈述问题方式介绍这些知识，把它们置于某种条件中，并把各种问题置于其未来情景中，从而使学生能在其答案和更广泛的问题之间建立一种联系。师生关系旨在本着尊重学生自主性的精神，使他们的人格得到充分发展。"[②] 当教师对"当前的自我"和"过去的自我"能够进行推心置腹的"心灵对话"，能够反思生命进程的不当，才可能引导教师打开师生关系的"情感枷锁"，构建健康、积极的师生关系观。

五　作为一种换位体验的生活智慧：可以提升教师体知的能力

人的肉体生命属于一种客观存在，这种肉身的存在与动物生存的样态没有多少不同。但是，人有大脑，有思维，人就会思考。思考怎样活着，体验怎样活得更好。认清楚生活的本质，要对个体的感受、需求有所认知。这是解决"我是谁"的问题。每个人的生命只有一

---

① 贺枢:《构建良性的师生关系》,《中南民族大学学报》(人文社会科学版) 2003 年第 23 期。

② ［美］雅克·德洛尔:《教育——财富蕴藏其中》,联合国教科文组织总部中文科译,教育科学出版社 1996 年版,第 138 页。

次，但这一次的生命是伟大的。既然是生命存在了，来到世间走过一遭，人类应该活得明白。"我是谁"？"我的体验是怎么回事"？因为后者能让个体以追求智慧的方式去探索认识、体悟生命的起起落落。

换位体验在促进个体内部道德感形成的同时，也催生了个体的生存智慧。威廉姆·达蒙认为，广泛共享的移情体验激励了个体美德的习得，这种习得解除了关于不安处境的紧张感，从而有助于催生个体的生活智慧。①

六　作为一种善的发现：可以催生个体的人本情怀

人本情怀对人性有积极和乐观的预期，它主张"性善论"，把学生当作一个整体的人来看待。人本情怀也是素质教育的基本价值观，它的旨归是关注学生的发展，以学生的成长和提升为发展的主要内容。职业内疚情绪关乎学生的心理需要和个体教育中的具体问题，它有利于教师形成人本情怀的意识，把人本情怀的信念视作评价教育质量的标准。

以人为本的价值观首先要把学生当作一个生命体来看待，然后才不至于将学生"物化"。从理性主义的教育观到非理性主义的教育观，这不仅仅是一种优质的教育信念，也是一种"替代父母关系"的呼唤。"教师的定义就是他们必须不断地提醒自己留意自己与孩子的'替代父母'关系。专业的教育者必须协助孩子的父母完成其主要的育人责任。"② "替代父母"的关系是一种"性善论"的教育立场，它是人本主义心理学的题中之义。坚持"性善论"、主张研究作为整体的人、关注人的情感体验与内心世界是人本主义心理学区别于行为主义心理学与精神分析心理学的核心理念。在人本主义心理学理论的视域中，人性的本质是善的，人生而具有善根，只要后天环境适当，就会自然地成长。此外，人是不可分割的整体，心理学研究必须

①　William Damon, *The Moral Child: Nurturing Children's Natural Moral Growth*, New York: The Free Press, 1988, p. 14.

②　Max van Manen, *The Tact of Teaching: The Meaning of Pedagogical Thoughtfulness*, New York: SUNY Press, 1991, p. 5.

以整体的人为对象，不能采用分解组合的方法去了解人。另外，人所表现的任何行为，既不是外在刺激引起或决定的，也不是孤立或片段的，而是发自内在、出于当事人自己感情与意愿所做的自主性与综合性的选择；生活经验只能凭当事人主观的感受，而不能由别人的客观测量而推知，因而对人的研究，不应是由外而内的，而应从了解他对他自己和对周围世界的看法着手。这种对合理人性的考量、学生本位的需要与当前的素质教育思想不谋而合。

从学理上审视，人本情怀是素质教育的内在追求"素质教育思想的基本内核是人本主义，是充满人情、人性、人道的教育，是以人的发展为终极目的的教育。虽然，感情代替不了教育，但素质教育一定是充满人情、人性、人道的教育。由于新课程以学生发展为理念，实现了从学科本位到学生本位的转变。"[①] 这种转变是新课程改革倡导"以人为本"教育理念的具体体现。新课程改革要求改变课程实施过于强调接受学习、死记硬背、机械训练的现状，提倡"以人为本"的价值观。新课程改革的目标强调学生主动参与、乐于探究、勤于动手，培养学生搜集和处理信息的能力、获取新知识的能力、分析和解决问题的能力以及交流与合作的能力，这是人本情怀的具体体现，它主张站在学生的角度考虑问题。这意味着教师教学行为和学生学习方式的转变必须确立学生的主体地位，促进学生积极主动的学习，使得教学的"教"真正介入学生的"学"；教师必须把学习过程转变为学生提出问题、解决问题的探究过程；教师关注学生学习过程与方法，关注采用什么样的手段和什么类型的知识，这都是以学生的理解能力为视角的。

从实践上看，以人为本的教育意蕴是改变教育实践的关键条件。以人为本，意味着教师要以学生为中心，体验学生的体验。由于老师敏锐的判断和及时的追赶，使得消极的因素转变为积极的因素，改变教育实践的具体样态。以人为本的学生观会把学生看作一个活生生的

---

① 梁学伟：《立足学生发展 体现人本情怀——谈课改所体现的人本主义精神》，《职大学报》2005 年第 1 期。

生命体，而不会把其视为一个等待填充的没有生命活力的物体。这种教育观念是人本情怀的具体表征，彰显着"以生为本"的学生观。关于教育观念的教育价值，在教育现代化的议题上，关于什么内涵对教育现代化最重要的倡议，教育家顾明远指出，教育观念的现代化是教育现代化最为关键的因素。由此可见，教育观念往往与教育实践是有很紧密的关联的，至少可被视为影响着教育者的教育实践活动的一种条件。

没有深切的职业内疚情绪的教师，很难凝聚教育的人本情怀。人本情怀关注的是人的本质、人的完善与发展。人本情怀的形成需要教师关注学生的需要，职业内疚情绪便是关注学生需要的具体体现。而需要与情绪、心理是相互影响的。人是需要性的存在，是匮乏性的存在，正是人的现实生活引起了人的思想品德发展的需要和动机。职业内疚体验是小学教师自发的心理需要，它是一种匮乏性需要，而对某种匮乏性需要的反思才能从真实的情境中想出解决问题的具体措施。因为学生是一个独特的生命体，这个机体是有喜怒哀乐的生命体，复杂性和多元性便是这个群体的特征之一。作为一种独特的存在，一句话、一个举动就可能会影响到学生具体的心理状态，但有时未必能被教师自身发现和领悟。然而，这种匮乏性需要，有利于教师前往具体的问题情境，关注学生真实的发展诉求，使教师形成人本情怀的意识、践行人本情怀的实践。

七 作为一种积极情绪：可以促进教师求真求善

"求真与求善的结合一直是人类道德实践的一部分。"[1] 道德作为一种社会现象不是从来就有的，而是发生在人类具体的生活实践中。在人类认识世界和改造世界的过程中，人们建立起了较为经常而固定的各种社会关系，这些建构的社会关系都是基于一定的道德准则而形成的。教育作为一种实践的活动，合乎一定的德性标准，但又有其自

---

① 孙利：《儒家伦理的三条求善之路》，《陕西师范大学学报》（哲学社会科学版）2011 年第 4 期。

身的规定性。这种规定性带着职业本身所具有的特点，即在传授知识和引导他人之间有着积极的教育态度。"教育具有层次性，至少可以划分出两个不同的层次来：第一个层次的教育是关于知识、技能、技术、阶级意识等的教育，是浅层次的教育，是训练劳动者（力）和培养人才的教育。第二个层次的教育是深层次的教育，是针对人的心灵深处进行的教育，是关于精神的教育，关于人生的教育，关于灵魂的教育，关于生命的教育，在于培养一种思想、一种精神、一种胸怀、一种人生境界，使人成为一个真正的人，具有健全人格的人，能够透彻领悟人生的真谛与生命的意义，从而能够把个人生命的意义与社会责任感、使命感联系起来，自觉地去奋斗。"① 求真的教育与求善的教育介于这两种形式的教育之间，既不是单纯的浅层次的教育，也不是唯一的深层次的教育。

"求真"即追求正确，它以一种追求真理的精神躬行实践。求真，就是追求真实，尊重事实，探究真相，就是求实、求是。求真是人所具有的一种本性，即人总是倾向于把握外界的真实情况和本来面目，因为这有助于人在趋利避害中恰当选择。说得具体一些，求真的本质在于："研究学术、创造知识都是求真，是认识世界，追求真理，然后创造新的知识、新的思维方式和价值观。"②

内疚的心理成分蕴含着"求真"的潜在因素。"从内疚的认知成分来看，内疚的发生还需要个体认识到自身行为对他人造成了伤害。内疚产生的认知因素包括：对伤害行为的觉知，即具有推断自身行为结果的能力；对行为意向性的觉知，即认识到伤害行为是偶然的还是故意的；对行为控制性的觉知，即认识到伤害行为是否可以控制，是因为外部压力还是由于受害者本人引起的；对行为选择性的觉知，即了解所在情境的道德准则。"③ 教师的职业内疚体验是对"求真"的追求与呼唤，它能直面个体专业领域的具体问题，竭尽全力做出调

---

① 张正江：《做事求真 做人求善 人生求美——真善美教育论纲》，《教育理论与实践》2005 年第 10 期。

② 顾明远：《大学文化的本质是求真育人》，《教育研究》2010 年第 1 期。

③ 乔建中：《情绪研究：理论与方法》，南京师范大学出版社 2003 年版，第 251 页。

整，以不违背事物的本来面貌。在职业内疚情绪的影响下，小学教师推断伤害行为的具体状况，判断催生伤害行为的原因，并想方设法地探寻伤害行为导致的具体后果，以习得经验教训，想尽办法加以弥补，防止学生遭受更多、更大的伤害。那么，求善的体验会是一种什么样的感受呢？

> 那是一个像往常一样的礼拜一，外面太阳让人看得发晕，简直一个刺眼了得，那天正好是我的课，我记得那是上午的第四节，我感觉很疲劳，这时在我的课堂中，一名女学生在不停地和另一名学生说话，我有意无意地提醒她，可她却不以为然。我开始受不了这样如此无视老师的学生，我发了狂一般地把她拽到讲台，批评她，并且情绪不受控制地扇了她一个耳光，那一个耳光打得全班同学都震惊了，我感觉下手太重了，重得使我马上后悔，她眼睛闪着泪光，没有哭出声音来，只是眼泪在不断地往外流，我却猛然地把她拉在怀里，摸了摸她的头。（T59）

有内疚感的教师能够客观地看待个体的暴力行为，并对个体的过度行为感到后悔，萌生出一种良性的道德行为。职业内疚体验是教师的一种道德选择，而道德选择应从人性假设的立场上来进行思考。"不管是倡导'人皆求善'的柏拉图，还是'可欲之谓善'的孟子，都意识到了一种生存事实，即我们的生存离不开选择，选择总是指向善。"[1] 教师在教育教学的过程中，由于基础教育的复杂性，能挖掘出很多的求真求善的实例。这些实例是针对教育领域很微观的具体问题，对这些问题的反思是教师秉持求真的理想追求。而在课堂之外，会有很多意外的情境诱发一些职业内疚的事件，而有着内疚体验的教师能秉持一种求善的教育态度待人接物，处理具体的问题，把危机的问题转变成积极的问题。

内疚所产生的独特情绪体验，是促使个体进行道德上的自我调节

---

① 韩燕丽：《求善与体善》，《南昌大学学报》（人文社会科学版）2014 年第 6 期。

和自我教育的重要主体变量和动机力量。内疚不仅可以促使学生在没有外在强化或外在控制的情况下，自觉地从道德自我的角度审视自己的行为，而且可以促进学生在道德认识与道德情感之间形成一种稳定的相互关系结构，以致彼此间可以相互调节和相互强化，进而达到增强学生对道德知识的掌握、道德准则的内化和道德行为的自律的目的。内疚被有的研究者视为个体良心的发现，它是"一种认识到自己违反了道德标准而产生的情绪状态。大部分权威人士认为像内疚感这种情绪状态只有当个体具有内化了的社会道德标准时才会有；因此它不同于简单地害怕来自外部的惩罚，从某种意义上说，内疚感是一种自我执行的惩罚。"① 内疚在这样的道德机制的影响下，蕴含着求善的教育因素，推动教师树立与人为善的理念。职业内疚向善的作用机理体现在：对于道德内化过程而言，内疚情绪既是必要的，又是应当竭力避免的。从机能上看，它可以诱发道德行为：内疚情绪一旦发生，即能成为采取补偿行为的动机力量，它会驱使人尽力弥补自己的过失，以便减弱或消除内疚感。"自我"这个概念，就是一个对自己各方面的看法或评估，一般包括"现实我"与"理想我"两个层面。"理想我"则是对自己的一种期望。实际上，一个人的"现实我"往往是不一致的。认识自我的目的，就是要调节它们两者之间的矛盾，将其统一起来。② 从情绪体验与自我实现的角度上看，"内疚又是个体努力回避的：一方面是因为内疚中常伴有指向自身的痛苦体验，另一方面，内疚的产生也就意味着个体与'理想我'之间的不平衡，这恰恰是追求自我实现的个体所不愿接受的。因此个体会自觉地遵守道德准则，做出道德行为，以避免内疚。所以说，内疚是一种有益的情绪，它是良心的发现，是改正错误的转机；内疚发生的同时也促使个体防止类似事件再次发生，不必再体验到内疚。内疚，既是在道德内化的过程中发生发展的，又进一步促进了道德内化的实现。"③ 内

---

① ［美］阿瑟·S. 雷伯：《心理学词典》，李伯黍译，上海译文出版社 1996 年版，第356 页。

② 刘平、张文：《规划生涯：人生成功的开端》，《江西教育》（增刊）2016 年。

③ 乔建中：《情绪研究：理论与方法》，南京师范大学出版社 2003 年版，第258—259 页。

疚体验的唤醒，对教师个体而言是自动的，而实际上经历认知、归因和移情的交互作用后，参照道德要求而形成的。道德内化的一个特定标志便是道德情感的唤起，这一唤起是自动地从内心深处导出，个体体验到新的行动的意向。这一道德内化的催生过程，也是求善的一个道德历程。

职业内疚体验的结构中有很多求真、求善的教育要素，这些要素呼唤着教师敢于充当一位求真、求善的人。譬如，教师对课堂纪律的管理、课外活动的安排、意义感的评判及惩罚学生的方式的选择的重新思考，这是教师建构自我评价的重要基点。教师的自我评价是改进教学质量的途径之一，也是教师求真求善的心理需要的体现。

职业内疚源于对弱势个体的同情，这种怜悯的同情心的本质源于爱，也源自对生命的尊重。你可以害怕或厌恶无生命的物体和非人类的动物，但你不能忽略它们的存在。内疚感、爱等交织形成的情感是教师对学生觉得很愧疚，这种愧疚感是教师对学生爱的具体体现，转化为爱的无声表达。这份对学生或教育的爱，使得教师不敢甘于现状，也不愿当下的形势恶化。由于这份精神力量的牵引，教师不会放弃爱的本能，学会用爱的情怀与行动对待身边的学生。爱会让教师有怜悯之心，能在某一时刻将怒气一扫而空，做出无偿的充盈温暖的教育行动。教师的爱是一种人性的温暖，它夹杂着弥补的行动和心理的惭愧，将人性的危机转变为伦理的转机。有爱的教师会让个体直面问题，及时想办法解决问题。

第六章　教师忧虑的现象学研究[*]

功利化和内卷化的竞争造就了这个忧虑的时代。随着教育改革的不断推进和社会对教育期待的持续加强，社会变革和教育变革的不确定性，增加了教师的忧虑，并体现在日常的教育生活中。教师的忧虑情绪直接影响其教育行为，进而对教育效果产生影响。忧虑作为教师生活的重要情绪，影响着教师的职业体验和职业状态。忧虑是理解教师生活现状的进路，以忧虑体验为切入口，运用现象学进行观照；通过收集教师忧虑体验的轶事，勾勒教师忧虑体验的基本结构，挖掘教师忧虑内涵，理性地审视教师忧虑的教育学意义。

第一节　教师忧虑的现实样态

有研究者用基于焦虑内容编制的《中小学教师状态焦虑量表》对我国七大片区的 32 所中小学教师 2278 人进行调查②，结果表明：中小学教师状态焦虑的流行率是 82.75%，其中重度症状流行率为 17.95%，中度症状流行率为 64.80%。被调查的 2278 名教师中，日工作时长不超过 8 小时的教师仅占被调查人数 38.15%，每天工作 9 小时以上的教师竟多达 61.95%。名牌中学的教师压力更大，2014 年有研究者随机对一所名牌中学的 234 位老师进行了调查，结果显示：

---

* 本章的轶事和少数内容改自李玲《中小学教师职业忧虑的现象学研究》，硕士学位论文，2015 年。

② 王力娟、张大均：《中小学教师状态焦虑流行率调查与分析》，《中国教育学刊》2011 年第 3 期。

93.4% 的教师认为压力较大，几乎每年都会有个别教师因无法适应而离开。[①] 长期的超负荷工作，严重影响教师的身心健康。

教师的忧虑来自多个方面：一是来自教育改革所带来的不确定性。"改革的到来虽然对教师可能意味着更多的选择和自由，但也使其失去了原有的稳定、舒适和安全，让不确定成为每一位教师都要面对而且必须面对的日常之物。"[②] 二是来自教师的工作量。有一位初中教师展示了自己的工作量[③]："120 本作业/天，120 份试卷/周，6 个教案/周，2—6 次家访/周，2—6 名学生谈话/周，12 节正课/周，6 节早读/周，8 节自习/周，两次学生活动/月，另外，学校每天进行纪律卫生评比，拿不到红旗就扣工资；每月进行班主任工作常检和任课教师常检，本子上少一项同样扣工资。"三是来自学生家长和社会的压力。快速变革中的社会总是会出现各种各样的问题，而教育通常被认为是解决社会问题的重要手段。社会变革带来的内卷式竞争，让学生家长普遍抱有"不要输在起跑线"的焦虑，进而将这种焦虑传递给教师。英国教育标准办公室（Ofsted）的研究发现，学生家长往往是教师产生焦虑和工作量增加的根源，教师与家长沟通以及建立关系极大地增加了自己的工作压力。[④] 除此以外，教师还要面对普通人所面对的诸如经济、家庭生活、个人发展等各方面的压力。因此，教师面临着多重压力的"熔铸"，如果情绪处理不好，很容易导致教师产生职业倦怠。研究表明，教师焦虑与工作倦怠呈显著正相关，与教学效能感呈显著负相关[⑤]；整体上教师情绪智力与教师职业倦怠呈现

---

① 王丽娟：《名牌中学教师压力现状与应对研究——以河南省郑州外国语中学为例》，《中国教育学刊》2014 年第 5 期。

② 尹弘飚：《教师情绪：课程改革中亟待正视的一个议题》，《教育发展研究》2007 年第 6 期。

③ 陈德云：《我国中小学教师压力来源分析与压力应对策略》，《江西教育科研》2007 年第 4 期。

④ 傅瑜倩：《英国：家长成为教师焦虑和工作压力的主要原因》，《人民教育》2019 年第 19 期。

⑤ 伍美群、冯江平、陈虹：《中小学教师焦虑对工作倦怠的影响：教学效能感的中介效应》，《基础教育》2015 年第 2 期。

中等强度的负相关。①

总而言之，教师在多重压力的挤压下，忧虑情绪十分普遍，对身心健康和职业体验都产生了非常不利的影响。当前教师职业忧虑的现实样态如何？教师忧虑具有怎样的特质？教师忧虑具有什么样的教育学意义？这是本研究要探讨的话题。通过对一线教师的田野调查，从他们的体验中梳理出了教师忧虑的四个维度：关于师生互动冲突的焦虑、关于学生身心健康的担忧、关于教师专业发展的愁苦以及关于学校评价应对的紧张。

一　关于师生互动冲突的焦虑

从心理学的角度看，焦虑是一种有价值的情绪，有焦虑心理的人才会有做事的内在动力，只有焦虑过度时，人才会对外界产生不适当的反应。焦虑对于教师的影响可以说是多方面的，它不仅作用于教师本身，而且还会通过教师的教学行为影响学生。教师产生职业焦虑的原因是多方面的，通过轶事的收集，我们发现师生互动是教师主要的焦虑来源，具体包括对学生行为失范的焦虑、对学生肢体冲突的焦虑、对缺乏独立思考的焦虑、对班级纪律管理的焦虑等。

（一）行为失范之急：权威随时被挑战的紧张感

学生良好行为习惯的养成是学校德育工作和学生管理工作的重要内容。在教育领域，"只重教书，不重育人"的现象较为普遍，学生良好行为习惯的养成常常被忽视。教师的专业成长往往聚焦于教学技能的提升，对教师育人素养关注不够。在当前分教学线和德育线的学校管理模式下，管理学生的行为被归口"班主任"，似乎与任课教师无关。诸如此类信念是导致学校对道德品质教育重视不够的重要原因。学生行为失范现象普遍，成为教师日常焦虑的重要原因。

初到九年一贯制学校的我，巡堂时见到这样一幕：七年级的

---

① 郑楚楚、郭力平：《二十一世纪以来国内外教师情绪智力与教师职业倦怠关系研究的元分析》，《教师教育研究》2018 年第 30 期。

历史课堂，一名瘦弱的男生与中年老师争执不下，几乎要动手。我来不及多想，震惊之余快速做出反应，把该生叫离课堂。我当时的下意识反应是他们千万别打起来，要不然就尴尬了！我问学生："知道为什么要把你从课堂里叫出来吗？""知道。"他低声说道。在进一步的谈话后，我了解到：SX同学上历史课不愿听讲，在又一次被老师误解之后产生怨气，两人争吵起来。经过耐心教育后，SX同学认错态度很好，主动向历史老师道歉，这件事暂告一个段落。事后我心里总有一个困惑：为何学生和老师的关系会如此紧张？（T1①）

中小学师生关系的冷漠化和紧张化是当前教育中的常见现象②③，加之中学生正处于青春叛逆期，因此行为问题较为常见。教师处理学生行为问题的方式，除了受方法技巧的影响，同时也受到更深层次教育信念的影响，进而影响教师的教育决策和教育行为。学生要听老师的话，这已经成为教师普遍认同的信念，在处理学生行为问题的时候，很容易无理由地要求学生"顺从"，并以是否遵从教师的意愿作为衡量学生品德的标准。这一信念自然会使教师忽视"平等对话"与换位思考的重要性，进而产生权威随时被挑战的紧张感。本案例的事实表明，详细了解事件经过，给予学生充分表达的机会，既有利于准确了解事件的起因，也让学生感受到被尊重，使冲突得以化解。师生之间到底应该如何相处？教师应该如何处理学生的行为问题？如何让学生正确对待误解与挫折？这些问题考验着教师的教育智慧。

（二）学生冲突之愁：对学生行为失控的挫败感

冲突，尤其是肢体冲突对人身安全构成严重威胁。学生常见的冲

---

① 对符合要求的教师的访谈内容和文件材料（教师的反思日记）进行编码，即每一个教师个案进行编码——以T代表中小学教师，这些中小学教师来自江西不同的地区，在某种程度上能够反映教师忧虑情绪的现实样态。

② 侯一波：《新形势下中小学师生关系存在的问题及对策——以江苏省淮安市为例》，《中国教育学刊》2013年第3期。

③ 汪昌华：《中小学师生冲突关系的形成机制与消解策略》，《教育研究》2016年第2期。

突形式主要有：口头争执、肢体冲突和群体性事件，容易造成彼此伤害。学生冲突由于起因多样，发生的时间和地点不确定，给学校的管理带来较大的挑战。中小学生之间往往会因为一个玩笑、一个眼神、一声坏笑或一句语气生硬的话而引发冲突。这不仅会对学生造成伤害，也容易引起家长之间的矛盾冲突，因而是教师感到焦虑的主要因素之一。

　　""黑熊'又打架了，老师！"班级的女同学匆忙地跑过来告诉我。"他们两个打得真凶，劝也劝不动，老师您快过去吧！"我匆忙地赶到操场上，"黑熊"和其他班级的一个孩子扭打在一起。"住手，你们都给我住手！"我赶忙冲过去，先把自己的学生 QX 抱住，大声喊道"QX，你住手！""我为什么要住手，要他先放手！"幸好，另外一个同学的班主任也赶了过来，我们两位老师把各自的学生带回了办公室。一路上，QX 很不乐意，被我拽着走，旁边的同学也用异样的眼光看着我们两人，似乎在说这么一个班级会有那么多事？QX 走路很慢，可以说是用力挪动的样子，这更引来同学们的关注。"瞧瞧，他好像受伤了？走路这么慢？""这么一个熊孩子，真不让老师省心啊，前两天睡懒觉，还被年级组长抓过，这次又犯事了，哎……""这班级也不让老师省心啊，打架的打架，逃学的逃学，怎么教育的？"我用眼睛狠狠地瞪了下说这话的学生，似乎他意识到我在看他的，急忙把头扭了过去，逃避了我的视线。估计旁边的还有人看到我铁青的脸，似乎也被我吓到了，纷纷走开了。(T17)

对学校教育而言，安全永远是第一位的，所以肢体冲突往往成了教师最担忧的事件之一。学生打架是让教师最担心的问题行为之一。在这样的学生激烈冲突事件中，教师需要担当警察的角色，有时还会不小心伤到自己；在处理这样的事件时也须十分果敢。在众目睽睽之下，自己的学生打架都会让自己蒙羞。面对学生的肢体冲突，班主任会感到自责，因为学校领导也会以此来评判自己的班级管理。作为班主任的"我"，会对这种学生行为的失控而产生挫败感。"不论教育者是怎样地研究教育理论，如果他没有教育机智，是不可能成为一个优秀的教育实践者。"① 如何面对学生的各种问题行为，特别是班上的"重点人物"，常常要耗费老师大量的心力。

（三）百度作业之郁：对学生不愿独立思考的郁闷

网络给学习带来便利的同时，也让学生们形成了一种依赖，甚至连作业都依靠百度来完成。教师如何引导学生正确利用网络是当前教育面临的一个重要现实问题。

> 七年级语文艾老师给学生布置了一道命题作文《我的老师》，要求写出任课教师的特别之处，字数应不少于400字。在批改作文时，她惊讶地发现，全班竟然有16名学生的作文写得惊人的相似，刚开始她以为是学生之间偷懒相互抄袭作文所致，但当她叫来几位学生了解情况后，结果却更让她惊愕忧愁。一位学生说："网上有呀，只要百度搜索一下，作文就出来了，还用得着我们动脑筋，挖空心思地去想吗？"艾老师随后将《我的老师》在搜索框里"百度一下"，结果第二条里就出现了"我的老师作文400字，百度知道"，打开后查看内容，果真和16名学生的作文几乎一模一样，有的学生甚至一字不漏地"全部拿来"。一些学生认为，在家庭作业中遇到不懂的问题，懒得去问老师，翻书也很麻烦，还不如直接用网络来解决，既方便又正确，何乐而不为？（T25）

作业是一种重要的自主学习活动，而非一项可以对付的外在事务。作文是一项创作性活动，是当前教育所应关注的重要素养。作业作为课程的一部分，需要学生的深度卷入，需要基于大量的阅读和丰富的生活体验。抄作业既是一项不负责任的行为，更是一种欺骗性的行为。如此普遍的网络抄袭以及毫无悔意的学生反应的确令人担忧。

---

① 王立霞：《教育机智，让我们走进孩子的心灵》，《学周刊》2012年第33期。

长此以往，学生的学业会被耽误，而且会滋生一种消极的学习文化和道德风气。儿童是祖国的未来，独立思考的意识和勇于创新的精神是新时代公民的重要素养，决定着一个国家的未来。信息化时代，互联网已经成为教育生活的重要组成部分，它丰富了教育资源、打破了教育的时空限制，让教育变得更加便利高效。但与此同时，对互联网的过度依赖已经成为当代学生的重要特征，"作业百度""网络解题神器"反映了学生不愿动脑、不愿思考的普遍问题。教师担心的不仅仅是眼前的成绩问题，而是学生的未来发展以及民族的下一代素养，这是教师职业责任感的重要体现。

（四）班级管理之惑：经验不足的无助

班级管理是在一定的教育理念指导下，对班级的人、事、物以及时间和空间进行管理，提高教育成效的过程。班主任作为班级管理的领导者、组织者和具体实施者，他们的工作直接决定了班级的整体面貌。班级管理工作千头万绪，常常让管理经验不足的青年教师感到力不从心、焦头烂额。

> 正式走上教师岗位之后，如何带好一个班级，尤其是管好那些来自城乡接合部缺乏良好家庭文化引导的孩子们，让我忧心忡忡，压力巨大。刚带班一年半的时候，这种消极的情绪来了一次集中爆发。记得期中考试前两周，身体的透支，让我不得不谨遵医嘱，住进了医院。整个人充满了挫败感，父母在我的病床前给予了我前进的动力，孩子们也陆陆续续来到医院看望我，但我明白要想从忧虑的情绪中走出来，需要的是班级真正的改变。（T9）

青年教师总是迫切希望能在工作当中彰显潜力，展示才华，由此获得相应的职业认可与尊重。但与此同时，由于他们刚走上工作岗位，社会阅历不多、基本功不够扎实、管理经验欠缺，常常会感到难以实现自我，缺乏成就感。教师因巨大的压力，对班主任工作充满焦虑，这种焦虑在一定程度上体现了教师对工作的责任感，有利于教师

"忧则思变"。另一方面，如果过度忧虑则不仅不利于工作，还有可能影响身体健康。就在该教师整个人都充满挫败感时，来自家人和学生的关心与鼓励给了他积极改变的动力。教师心里装着学生，学生心里也是装着教师的，师生之间的对话至关重要，来自家人和学生的心灵按摩对于教师的勇气更新特别重要。教师和学生结成"生命成长共同体"，可能更有利于改变这种忧虑的状况。就学校而言，关心青年教师的身心健康，给予青年教师生命的滋养和文化的支持，对教师的可持续发展具有重要的意义。

> 参加工作不久，园长安排我带大班全托班。到了晚上，孩子们边洗澡边轮流看动画片，结束后集体吃晚点，有些调皮的孩子就不停地讲话，使整个教室乱糟糟的。我小声地说了句，保持安静，没有人理，后来我又说了一句，孩子们还是照样说话，当时我就像吃了火药一样，气坏了。因为怕年级组长来查班，听到我班上有声音，会觉得我们班的常规很差，于是我拿了一根用来挡门的木棍子，用力在桌上敲了一下，又把整个教室的灯关了，并大声说了句："再说话全部滚出去。"顿时，鸦雀无声，时间似乎静止在那一刻，变得特别慢。站在漆黑的教室，那一刻我快哭了，心跳加速，情绪激动，身体都有些颤抖。我当时就在想，为什么老师好好和你们说不听呢？为什么别的老师那么有方法呢？到底要我怎么做？我很想离开，再也不想看到他们。过了一会儿，再看看孩子们的眼神，充满了恐惧和害怕。我当时就在想："我太失败了，我真的教不了。"因为自己没有方法而感到痛苦和灰心。（T14）

幼儿的课堂管理可能是最复杂的，而且需要情感投入大于认知投入。个体缺乏纪律意识，处于自我中心的阶段，他们对教师和纪律没有多少概念。教师需要全方位关注，压力自然非常大。同时，还需要担心幼儿园层面的评价。多重的压力往往会让教师更加紧张。在这样的情境下，教师通常会情绪失控，采用"恐吓"甚至反教育的方式来压住学生，维持秩序。面对幼小的孩童，由于缺乏自控能力和相应的纪律意识，教师的管控十分艰难。尤其对于初任教师而言，课堂管理是十分复杂的情绪劳动。这种情绪会带给他们自我怀疑。所以，在这一时期的教师忧虑情绪需要探究；同时需要反思当下的幼儿纪律要求，如何基于幼儿的天性设定符合幼儿年龄特征的纪律标准，考验着学校的管理智慧。

那天，广播操音乐响起后，我来到操场自己所带班级的位置，看到队伍的瞬间，我傻眼了，我们班的队伍很短，可能只有旁边班级的一半长度。我感觉全身血液都在往上涌，升到头部，脸也很烫，整个人感到非常气愤。其实别的班也不一定全部都到，但对比起来我们班到的人数，很明显少了一大半。作为一个班主任，一个新任职的班主任，我其实已经找过几个经常不来的同学谈话，也让班干部去记录不来同学的名单，但却没有把这件事处理好。可能我的方法不仅没有奏效，甚至适得其反，才造成了今天的局面。关键今天还是学校检查课间操的日子，一位副校长正站在主席台往下面看，而我班正好是站在正对着主席台的位置。这样看下去特别地不好看，特别地明显，我们班到的人数明显不够。可能真的是我的做法不对，学生们今天特地给我难堪。在校长面前我这个"糗"出大了，整个课间操时间我都觉得相当地漫长，默默地站在队伍的最后面，真希望有个东西可以在我前面替我遮挡一下。我没有去教室或食堂找那些没来的学生，当时真不知道还能和他们说些什么。奇怪的是校长也没找我，虽然我知道她看到了，可能只是在心里记住了我的错吧。我的脑子是蒙的，一种羞愧感萦绕着我，就好像做了一件见不得人的事。随着音乐的结束，队伍慢慢散去，只留下我坐在篮球架下面。我当时不想离开，就默默地坐着。我不知道自己在等什么，是等没来的学生来吗？那是不可能的。是在等领导找我谈话吗？我不敢面对领导，更不可能。但我当时确实没有走，我就默默地坐了一会儿，当上课铃响了才默默地离开。相当的无奈！（T18）

课间操等集体活动是班级风貌的反映，是学校考察班主任组织能力的一项指标。学校通常会对出操情况进行检查甚至公布，给班主任很大的压力。班主任特别担心的是学校领导的看法与评价，担心因此可能受到批评，心里特别羞愧不安。教师为何而担心，这是一个特别值得思考的话题。当他们担心的是领导的惩罚，而非学生，这种取向值得反思。如何给予教师特别是青年教师成长空间和资源支持，需要以教师的忧虑为基点进行反思和重建相关评价机制，引导教师正确的关注。

二　关于学生身心健康的担忧

作为一名教师，更多的担忧来自于对学生安全、身心健康、学业成绩以及未来发展的忧虑，是忠实于自己岗位职责的一种体现。从积极层面看，对学生的担忧说明教师将学生"关在心里"，反映了教师的尽心尽责。当然，忧虑需要控制在一定的限度。过度的担忧不但不利于教师的身心健康，也不利于教育教学的开展。

（一）安全之忧：守住教育红线的紧张感

身心安全是学校和教师最为担心的事件。教师工作的无边界性表现在学生即使在假期、在校外都会与教师关联在一起。教育是一种关系性的存在。

那是 2011 年国庆节凌晨 5 点左右，睡梦中的我突然接到一个女生家长急促的电话，她着急地跟我说她接到了用她女儿手机打来的勒索电话，说女儿在他们手上，让她家准备一笔钱，并且她已经在从安徽赶回来的路上，问我知不知道怎么回事。我是一下子从床上坐起来了，赶紧告诉她："学生已经放假回家了，并且放假 7 天，而且提前都印发了《告家长书》，但是我会联系其他同学，看看究竟是什么情况？"说完，我赶紧起床，也不管当时的时间直接打电话向分管领导汇报，然后准备开车去学校，和领导集合商量事情如何解决。接着，我赶紧打该女同学的手机，发现已经关机，连忙找出和该同学较为熟悉的同学的电话，联系问一下具体情况，结果那位同学说该女同学 30 日晚上没有回家，而是和她的初中同学出去玩了。这个时候我心里闪过很多的念头，她是不是被人绑架了？有没有遭受人身伤害？我该如何处理这样的事情？我是否承担相应的责任？……赶到学校，我和领导商量了一下具体办法：报警，继续想办法联系她的初中同学，派人到他们学生经常玩的地方去寻找，然后就是焦急地等待……一分钟一分钟感觉过得好慢，一直到下午 5 点左右，110 指挥中心联系我们，说在派出所有两个女孩子去报案手机丢了，让我们去看看是不是我们所要找的人。等见到人以后，确认是我的那个学生，心里的石头突然落地了，紧接着一股愤怒从心底涌上来，我到底该如何处理这个学生呢？该不该饶恕她的行为？(T21)

守护学生身心安全，这是学校教育的重要前提。安全问题常常成为家校关系的重要节点。教师在考试成绩评价与学生厌学的双重压力下自然会特别紧张，他们在意的更多的是"责任"。这份责任让老师寝食难安。中学生处于向成年的过渡期，既有自己独立的想法，又缺乏应有的成熟，因此容易出现安全隐患。近年来，学校安全事故时有发生，为此也产生过许多家校矛盾。在当下的危机管理机制下，学校领导和教师都承担了很大的压力。学校往往把这种责任传递到教师身上，尤其是班主任老师。一旦出现类似安全事件，学校和教师都会十分紧张。建立完善的安全管理制度，形成合理处理突发事件的应急机制，一方面更好地保护受害学生，第一时间联动各部门共同应急；另一方面要让教师为不必要的事情忧虑。

（二）课堂问题行为管理之烦：对学生厌学的忧愁

"小学与中学阶段是个体学习的关键期，也是厌学现象表现较为突出的一个时段，因而中小学生厌学现象受到学术界的高度重视。"[①]青少年厌学与拒学现象严重，已经给学校和青少年群体的成长造成了

---

① 申自力等：《我国中小学生研究存在的问题》，《现代中小学教育》2013 年第 3 期。

很不好的影响。^① 自 2007 年 3 月以来，北京市青少年法律与心理咨询热线接到的电话中，90% 以上是关于厌学的。^② 甚至有的小朋友从幼儿园开始就找理由不愿意去学校，在学业生活刚开始的时候就对学校和学习失去了兴趣。这其中的原因值得每个教育者深思。"厌学也许是一种普遍的教育生活现象，只要学校存在，成绩存在，关系存在，就有可能发生厌学现象。但厌学对个体而言又是一种暂时的现象，需要学校的人文关怀，教师及时的帮助和鼓励，还有学生个人主观情绪的调整。"^③

现在一些学生上课随意性极强，自己不学习，还扰乱别的同学学习，作业总要老师跟着屁股后面催。我班上的有些孩子就如同《还珠格格》中的小燕子一样，有些任性还有些嚣张，有些叛逆还有些疯狂，整天嘻嘻哈哈，看到风儿就起浪，迷迷糊糊、大祸小祸一起闯。学习对他们来说根本就不是事，也成为不了事。每天来学校也就是睡睡觉，聊聊天，三五成群地讨论讨论游戏，有时心里不爽就打打小架，打完架后又要老师去处理。(T8)

教师永远期待学生能学好、考好，学生厌学成为教师们的心病，他们特别担心学生缺乏学习动机，缺乏内在的动力。一旦缺乏学习动力，可能还会生出许多其他事端。按着牛头不喝水，教师最担心的是学生不爱学习。老师一般不太喜欢太活跃的学生，希望学生能听话、能够安静好学。学生对学习不感兴趣，他们感到很无奈，但又不能正确归因。所有的学习行为都是为了满足个体的心理需求，课堂未能满足学生的心理需求是其厌学的根本原因。^④ 按照弗洛伊德的理论，每

① 岳群：《关于青少年学生厌学的教育思考》，《统计与管理》2014 年第 7 期。
② 任胜涛：《青少年厌学现象的成因及心理辅导机制构建》，《中国青年研究》2016 年第 4 期。
③ 王萍：《教育现象学：方法及应用》，教育科学出版社 2012 年版，第 184 页。
④ 张夫伟、苏春景：《学生厌学的根源及改善之道——基于威廉·格拉瑟的选择理论》，《中国特殊教育》2014 年第 8 期。

个人都有"快乐的本能"，一件事情如果不能给个体带来快乐，就容易损害学生的内部动机。当前，学校教育往往强调对学生的"要求"，而忽视来自学生的"内在诉求"，学生处于被支配的地位。学习对学生来说是一项任务，是一件需要去应对的任务。教学需要有学生立场，需要从以"教"为中心向以"学"为中心的转变，这是教育改革的应有之意。

　　打下课铃了，外班的同学已经下课，站在走廊等人。我在班上帮物理老师发作业——两套复习卷，我手里还多出好几份（试卷是按人数，正好的），我一直在说："物理试卷是两份，同学们请仔细检查，有没有少拿。"其他同学开始吵哄哄的，"没有没有，都拿到了，放学吧。"我心里认真起来，"不对，肯定有人没拿，你试卷都不领，摆明了不想做作业。现在每个人放在桌上我检查一遍。"果然有几个同学陆续举手说没有，拿走几份，我一看，都是几个后进生。最后还剩一份，就是没人领，我想"你是跟我杠上了吧，我非要把你找出来"。下面同学也不耐烦了，几个人大声抱怨还不下课。我说，又不是我要耽误大家，某个同学不愿做作业，连试卷都不领，这还得了？被我发现了，就别想忽悠下去。大家就这么僵持，等待着。最后，终于找出来，就坐在讲台旁"特殊分子"，我理智被愤怒掩埋，气急败坏地看着他，"啪"地把试卷甩在他的桌上，他一副无所谓的表情，还跟后面同学做鬼脸。其他同学有的也跟着怪笑，好像惹怒了我就达成目的。班上同学看着试卷已经"名花有主"，也没等我宣布，就自行下课。教室瞬间闹哄哄的，就我站在讲台上生气。看他们笑容满面，我觉得无数张嘴在笑我，"某某同学又成功让老师发火了，敢跟老师对着干，他好牛，老师总是拖堂，周五都不早点放学"。我内心百感交集，明明是学生不对，我教育学生，不但没有起到效果，反而给自己带来"臭名"。其实我知道这个同学已经很厌学了，试卷发给他，空白拿回去，也空白拿回来，他根本不会做的。应试教育，资料书本成堆发，可就是教育不到孩子的内心。

总跟这帮不懂事的孩子讲所谓的道理，有什么用，我被深深的无力感包围了。（T19）

课堂上学生的身体受到了管控，下课自然是他们最期待的时刻，因为意味着身体的解放。拖堂成为学生最讨厌的时光，也是学生情绪最不好的时刻。在这样的时刻，处理问题需要谨慎，更需要智慧，否则特别容易导致情绪对立。课堂生活的状况是影响学生学习兴趣的重要因素。孔子有一句名言："知之者不如好之者，好之者不如乐之者。"（《论语·雍也》）限制他们身体的学校犹如"地狱""牢笼""监狱"，在分数至上的教育价值追求下显得特别压抑；"把课桌烧掉""把书撕掉"，甚至把学校炸掉，也许只在学生的一念之间，这是极度压抑、极其愤怒的情绪宣泄。① 厌学不仅损害个体自身的身心发展，而且危及社会控制。② 教师作为学校管理的代理人，需要直面学生情绪，如何使学生"乐之"是教学的难题。

> 我是英语老师，有时上英语程度比较弱的班级，大部分同学在玩手机，这时让我束手无策，而且没几个同学理我，特别是男生，班上总有跟你较真的同学，说："我们几个不听英语课，你拿我们怎么办？"听了这些话，我大声叫他们不用来上课了。这几个同学还真的走了，我脸红了，我不应该把他们这样赶走。反而让学生觉得我很无能。这种心情很无奈，但它却存在着。到期末教师考核时，这些学生一定会把他们不喜欢的任课老师的分数打得很低，影响我们老师的晋升。（T16）

学科教师的课堂管理有时比班主任要难一些。面对课堂上的问题行为，教师需要及时干预，既需要勇气，也需要智慧。有些问题行为是学生故意制造的，他们往往成了教师的噩梦，有时会带领自己的小

① 王萍：《教育现象学：方法及应用》，教育科学出版社2012年版，第184页。
② 申自力等：《我国中小学生研究存在的问题》，《现代中小学教育》2013年第3期。

圈子或全班学生共同卷入与教师的冲突。在这些时刻如果教师没有经验或者缺乏勇气，会感到非常无助，他们一方面担心问题的扩大，另一方面还要担心学校的评价及学生的报复性评价。课堂上教师的情绪最容易受到厌学的学生问题行为的影响。教师必须对学生的问题行为有准备，有预案。当学生与老师对着干，他们会利用教师的担忧情绪，置教师于尴尬境地。教师一方面被要求应该严格管理学生，另一方面又会担心学生给自己较低的评价分数，这种矛盾让教师忧虑加重。

（三）性别角色之虑：对学生同性恋的忧虑

同性依恋是孩子成长过程中的一种常见现象，主要发生在青春期，表现为同性之间特别亲密，它不同于同性恋，更多的是对孤寂的摆脱和对异性的排斥。如果这种依恋过度发展，对学生的性别角色发展是不利的。

　　小图是隔壁班帅气的女孩子，从小缺乏母爱，每每下课就爱往校医室跑，一来二去我跟她也比较熟，她有什么事情都会跟我说，我会倾听她的苦恼为她解忧，在她的眼里我就是个邻家大姐姐。那个时候的校医室需要值晚班，10点下班。有一天，我值晚班，她赖在校医室一直陪着我，有学生来看病，她就静静地坐在一旁看我坐诊，没有学生的时候就跟我聊天。晚上时间过得也很快，她说跟我同路一块走，我同意了，到家门口的时候，她低着头对我说："你老是一个人这么晚回家，一个女孩子路上不安全，以后我会等你下晚班一块回家。"说完人就一溜烟跑了。我呆了："你也是女孩子啊？"接下来的时间里，我采取的是躲避策略，刻意地疏远她、回避她，结果她真的不再与我联系，我松了一口气。但是我发现她把对我的感情转移到其他的女同学了，我已经没有能力制止了。因为我选择一味地逃避，这给她造成很大的心灵创伤。我至今还是比较忧虑，因为她现在有"女朋友"了。如果当初我够成熟，够坦诚，估计她就不会走上今天的道路。（T13）

性别与性教育是青春期的难题，也是教师和父母担心的大事。尽管人们对待同性恋有了更加开放的态度，但是在我们当下的文化中仍然还是让成人操心的。性别角色教育被赋予了学校和教师。同性恋也许需要及时干预，需要有专业的引导。作为校医，同样是一名重要的教育者，需要懂得识别和干预性教育。面对这种新的情况，由于缺乏相应的专业认知，更多的教育者可能会害怕并且选择逃避。

（四）学生早恋之困：对学生情感问题的担忧

当"早恋"成为问题，无疑会增加教师的管理责任。以小学高年级学生的早恋为例，多半是对友谊的需求、对异性的好奇和对陪伴的渴望而产生的，其出发点是纯真的，但其危害却是多方面的。[①] 由于早恋既会影响当事学生的正常学习，也会转移其他学生的注意力，进而影响到班级的学习氛围，因此学生早恋是学校非管不可的事，但同时对学校来说，早恋又是学生管理中的一道经典难题。[②]

> 那是 2012 年的秋天，因为学校领导安排，我中途接手了即将毕业的六（2）班。因为本身我的个子也不高，现在的学生身体又长得快，所以当时班上的很多孩子身高已经超过我了，我想我只能靠我的人格魅力来征服这班学生了。几个月下来，作为班主任的我已经和这班学生打成了一片，所以班上很多属于孩子们之间的秘密就会传到我这，特别是青春期的一些小秘密。一开始我也没太在意这些小秘密，认为这是这个年龄阶段孩子正常会有的小心思，并不会影响什么，直到几个任课老师向我反映，我才知道事情的严重性。特别是叫小健和小慧的两个孩子，两个人的QQ 头像、手上的文身贴纸都是情侣的，两个人经常手机聊 QQ，甚至有学生传男生亲过女生，两个孩子的成绩也是直线下降。当时的我真的有些手足无措，毕竟自己也就是个二十多岁的年轻老

---

① 倪坚：《小学高年级学生早恋现象剖析》，《教育探索》2002 年第 8 期。
② 冯大鸣：《早恋，我们何以应对？——美国中学的〈学生示爱限定规则〉的启示》，《中小学管理》2007 年第 11 期。

师，对于处理这样的事情毫无经验，也无从下手。后来我就向同事请教，去看一些相关的教育心理学的书，找这两个孩子聊天，告诉他们一些大道理，效果好像也不是很理想，可是我又不敢强制胁迫孩子不能干什么。后来只好想到和家长沟通联系这个办法了。但是到现在我都在后悔的是：当时男孩的家长来学校找我，虽然我避开了孩子和家长谈话，但是孩子们都已经猜到了我和这个家长谈话的内容。所以班上就一直在议论纷纷，甚至整个年级都在议论他们俩的事情，因为舆论的压力，最后导致这两个孩子都越来越内向。虽然这两个孩子都顺利毕业了，现在他们也都在初中好好读着书，但直到现在我都很遗憾很后悔，当然更多的是忧虑。以后再碰到这类的事情到底怎样处理才是最好的办法，才能既帮助了孩子又没有伤害到他们。（T20）

"早恋"因其难以界定，难以区分，所以是中小学教师管理中的比较担忧的困扰之一。由于学校和家长都把它看作是问题，是影响学习的重要因素，所以学校赋予教师这一重要管理责任，这是教师比较棘手的问题之一。这一问题一旦没有处理好，有时会向与成人期待相反的方向发展。早恋的本质是什么？早恋是否真的需要教师如此紧张？教师应该如何进行正确的引导？……对这些问题的思考，有助于教师恰当地看待和理解"早恋"，并且能够合理地处理。这一事情因其十分敏感，有时会在同伴中引发舆情。教师需要有具备处理学生情感事件的能力，需要有专业的理解，需要积累实践经验，这样才不会遇事慌乱，处理不当。有时老师不仅问题没处理好，还弄得路人皆知，不仅问题没有解决，最后还影响孩子的发展。教师会为此担心和内疚。

（五）网瘾学生之惶：对学生方向迷失的自责

网络给当代教育带来诸多便利的同时也衍生出许多问题，青少年"网瘾"就是中小学管理中常见问题之一。一项调查表明，每天都会上网的中小学生达到84%，每天上网在4小时以上的占12%。①一旦有了网瘾，不但会荒废学业，而且对学生的身心产生很大的危害。

> 在我的教师生涯中最忧虑的是发生在去年一天早上的一件事。有两个孩子旷课，当时我非常生气，因为这在我们班级是罕见而且不允许的事情。我立刻找来班长，让他去寝室，把这两个同学叫到我办公室。当两个孩子到办公室时，我发现他们蓬头垢面，满脸疲惫，眼睛里都是红血丝。原来他们通宵没睡，一直玩游戏到天亮才迷糊睡去。后来我还了解到这类情况经常发生，只是平时他们都能按时起床来上课。寝室其他人睡得比较早，很难察觉，所以我一直不知道。当时我既愤怒又心疼，也感到一些无奈。网络给我们的生活和学习提供了很多的便利，但对于这些缺乏自制力的孩子来说，却是双刃剑的另一面，消耗着他们的健康和精力。（T12）

网瘾是当代青少年中较为普遍的问题，也是让教师包括家长非常忧虑的一个问题。陷入网瘾的学生，通常难以自控，需要帮助，影响学生对其他事情的兴趣。网络似乎在和学校"争夺"着学生的精力，需要引起学校和教师的高度重视。目前因为学校和教师还没有找到很好的解决办法，不知道如何治理网瘾，因而面对这些学生感到愤怒和焦虑，或者只能是无奈、自责和心疼。教师需要把学生关在心里，多一些观察，尽早发现，平时给予学生更多的关注，有机会常到学生宿舍看看，给予学生更多的引导，可能会是另外一种结果。

三　关于教师专业发展的愁苦

教师的成长如同学生的成长一样有个过程，并且，教师和学生共同成长是教育应有的意蕴。德莱弗斯兄弟等人研究了飞行员、司机、成年第二语言学习者的技能习得过程，在研究大量数据的基础上，提

① 江雯斐：《中小学生网瘾归因及预防对策》，《中学政治教学参考》2014年第24期。

出了"新手—高级学徒—合格者—熟练者—专家"的五阶段模式。①
这说明教师从"新手"到"专家"不是一蹴而就的。教师对自身专业发展的着急，体现了教师对专业的重视，是教师专业情怀的现实表征。

（一）竞赛之急：专业技能缺失的焦虑

教具制作是教学准备的主要内容，对于教学呈现和学生理解有时可以起到事半功倍的效果。教具包括教学用来讲解说明的模型、实物、图表、幻灯片等，需要看作备课的一部分认真准备。

> 站在办公桌前，零碎的东西铺满了整张桌子，我试图让气球看起来像一棵树的树干，粘上去的塑料纸像树叶，但当气球吹起来的时候，那些塑料纸噼里啪啦地往下掉，同事调侃道：你这哪是生长的树？明明是秋天快枯萎的树！但这个时候我已无暇去回应。我努力用硬壳纸去改良"气球树"的造型，但是整个教具看上去就像一个有气无力的蜗牛。当同事来通知我："差不多要出发了！"的时候，我一下子跌坐在椅子上，看着桌上的一堆破破烂烂的小零件，欲哭无泪，大冬天的我却紧张得满头大汗。原本的计划完全泡了汤，我本打算做好之后演练一遍的想法更是化为乌有，事实上，当同事来通知我要走了的时候，我简直不敢相信大半天就这么过去了。这个时候我内心无比后悔。教具的制作应该放在昨天晚上进行的，至少这样我在时间上会充裕很多。（T2）

教学竞赛是一项利害高度相关的教师评价，直接影响着教师的职称晋升。对于重要的竞争，教师往往都会十分重视，因而会各显神通，认真准备。类似教具制作、说课比赛等专业技能是当前考核教师的重要指标。在专业成长的路上，必定是一段充满焦虑的旅程。中小

① 黄勇鹏、李志松：《"从新手到专家"——德莱弗斯模型在职业教育中的应用》，《中国职业技术教育》2006 年第 14 期。

学教师都会把教学方面的竞赛看作重要的机会，越是这样，越是紧张，越是难以发挥。"以赛促教"是一种路径，但不是唯一的方式，需要更加重视过程，重视与学生之间的关系，关注学生的认可。因为在乎，可能会催生教师的功利主义取向。失败的表现会让教师绝望和悔恨。

（二）副科受歧之怨：专业价值丧失的焦虑

知识本无主次之分，但在应试教育的导向下，出现了"主科"和"副科"的奇怪现象，主科和副科地位泾渭分明。在中小学，主科往往更受重视，导致了副科和副科老师被边缘化，副科的课堂纪律也更难管理。学生对待相应老师的态度也不一样，在课堂上不尊重副科老师的行为时有发生，让他们陷入了价值感和尊严感的焦虑。

> 毕业的第一年是在一所高中教书，有一次在一个理科班上课，大家很吵，我根本没法继续讲下去，我敲了敲讲桌，叫同学们安静，不要吵，但是学生们还是自顾自地说着话。坐在前排的一个同学突然说，"地理又不考，干吗学啊？"那种傲慢的语气让我既气愤又无奈。我感觉自己作为教师的尊严受到了挑衅，当时很尴尬。开始的时候，我的心里很不好受，但是我又不能和学生进行理论，他们说的也确实是事实。转念一想，他们是理科班，不学的话我也还能接受，但是文科班我肯定不能接受。我什么都没有说，继续讲我的课了。下课后我回到办公室，一个人坐在椅子上想了很多，我在想自己到底该怎么做。（T4）

在长期的应试教育理念导向下，学生的学习变得非常功利，需要考试，影响升学的是"主科"，不需要考试的是"副科"，换句话说，就是不那么重要的课。教师的地位似乎自然与任教课程的重要性挂钩了。重视自身的存在感，本身是对专业价值的表征。学科就是科任教师的精神家园，就是教师的存在感的动力源，也是教师的尊严。学科本无所谓高低，然而考试机制将其转化为主科和副科。学生可以有选择学与不学的权利，但不能用考不考试来衡量学科和相关教师的价值。首先要让学科有尊严，然后才能让教师有尊严，相关教学才可能正常进行。在当下，促进学生全面而有个性的发展，自然需要将所有学科放在同等的地位。消除主科、副科的错误信念对于学科文化的建设十分重要。

（三）家校合作之堵：对协同育人机制构建的忧愁

家校合作是家庭和学校围绕学生发展而结成的人与人关系的集合，其本质是共同体形态在教育领域中的一种存在形式。[①] 学生作为家长的一面镜子，折射出家庭的教育理念。"问题学生"的背后往往是"问题家长"。家校教育的不一致和家庭教育的负作用，决定了"问题学生"教育转化的长期性和艰难性。学校要解决这一问题，须从源头抓起，做好家校合作，构建协同育人机制。

> 毕业后刚带班，班上有一个男孩，可能是因为家庭教育的关系，比如爸妈经常打他什么的，我感觉他的心理有些问题。他经常当着老师的面发脾气，一个月要发至少两次，喜欢拿眼睛瞪老师，还喜欢和同学打架。有一次我不小心拉了他一下，他就说"我要去死了"。第一次听到学生说这种话，我当时心里很害怕，我觉得这个学生在威胁我。我又拉了下他，想叫他去办公室，但是他不去。只见他双手紧握拳头，眼睛瞪得特别大，全身紧绷，站在那里不动。当时我特别害怕，不知道该怎么处理，很无奈，赶紧打电话给他妈妈。他就这样保持这个姿势十来分钟，直到他妈妈过来。可是让我惊讶的是，他妈妈来了就直接把孩子的裤子脱掉，拿皮带抽他。我叫他妈妈不要打了，觉得当着老师的面打孩子，对孩子心理健康不好。后来他妈妈就让他向我道歉。（T6）

家校协作决不等于联手控制孩子，而是需要各司其职，共负其

---

① 柴江：《家校合作的本质属性、困境根源与破解思路》，《南京师范大学学报》（社会科学版）2021年第3期。

责。作为新手老师，因为缺乏与家长打交道的经验，自然会有许多担心和不安。家庭教育决定了孩子生命的底色。当家庭教育和学校教育信念一致，互相配合，教育效果就会更好；反之，则会成为学生健康发展的障碍。家庭教育与学校教育因其主体和场域不同，教育的任务和方式应该不一样。家校协同不能只是让家长当作学校教育任务的助手，有事即叫家长，这样一种方式是否合理，值得反思。学校教育要主动承担在学校场域的任务，不能很好完成有时是学校或教师无能的表征。动不动叫家长，一定意义上是推责的表现。如果家长不懂教育反而会破坏教育效果，令学生对学校、教师和家庭、家长都不信任。面对某些有特殊需要的儿童，需要有更专业的支持。教育中有太多的不确定性，因而需要教师成为研究者，持续地学习和成长。

　　小 J 是我班的一位女生，14 岁的年龄，身高将近 165 厘米，让她在初一年级的同龄孩子中显得与众不同。她是我班外来务工子女中的一位。她父亲在青云谱区的某工地上做泥瓦匠，母亲做小工。每天她都要很早就起床，帮母亲做好早饭后，还要准备中午的饭菜，她才能来上学。作为班上个子这么出众的学生，一开始并没有引起我多大的注意，最主要是她平时上课根本不发言，下课时间也很少和同学们出去玩。只喜欢一个人静静地趴在课桌上睡觉，有些时候上课也在睡觉。后来，我慢慢开始注意到小 J，有好几次都发现她的手臂上、脸上都有伤痕。我开始试图去询问原因。然而，她始终一句话也不说，只是一味地低着头。后来，经过我多次关怀，耐心地询问和开导，这个孩子才慢慢袒露了自己的内心。原来，小 J 在家里充当了小大人的角色，由于父母白天在工地上干活，回到家里都十分劳累，所以家务活基本上都是她一个人在干。小 J 每天要 5 点起床，还有一个弟弟在读小学二年级，她必须负责接送和照看。在家里，父亲母亲对她一点也不关心，还经常打骂她。对于这一切，小 J 没有任何办法，只能默默地选择忍受。她告诉我："老师，再过几年，我就能出去打工了，就可以脱离这个苦海了。"当我听到这句话的时候，我愣住

了，那个家对于现在的小 J 来说成为痛苦的源泉，她只想尽快逃离。（T10）

给随迁子女同样的爱，这是社会文明的表征，也是共同富裕的成果。国家出台了一系列政策以保障城市随迁子女的教育权利，包括就近入学，提供相关资助等。对于许多务工的父母来说，因为工作忙，或者本身文化水平的限制，对孩子的教育往往重视不够，或者方法不到位，导致孩子厌学或逃学现象普遍发生。如果家庭条件较差，学习成绩也难以跟上，很容易导致更多的心理问题。穷家孩子早当家，让儿童过早地陷入家庭的负担，是一种伤害，需要政府的干预和帮助。当家不能成为心灵的港湾，就是想尽快"逃离"的炼狱。一个人对前途没了希望，就是青春的暮年，也是教师的心病。

四　关于学校评价应对的紧张

学校评价关涉着教师形象和相关收入，所以教师会特别紧张，例如对教学比赛、领导听课、考试成绩等。焦虑更多的是对"未发生"事件的一种忧虑所至，而紧张更多是一种"即时"的体验。适当程度的紧张有利于提高个体的警醒度，进而提高效率，但过度的紧张不利于个体的成长。评价旨在促进，而不只是作为区分的维度。

（一）考试评价之迫：唯分数的评价制度压迫

当前，考试成绩被看作是中小学学习效果和教师教学效果的最主要评价标准，并且作为教师绩效考核、职称评聘等主要指标，因此与教师的切身利益密切相关，这也就导致了教师对考试成绩格外紧张。

毕业工作后的第一年带毕业班，虽然生物只占了 30 分，但是考前我还是会很焦虑。那段时间，我就天天给学生们上课，抓紧时间，别的老师想要跟我"借课"我也不肯，平时倒是无所谓，但是临考前我就不放心，总想着给他们多讲一点学生就会多记到一点，在课堂上我也变得碎碎念，感觉那段时间自己就像唐僧一样，不断念叨，然后给学生讲道理，"你们哪里是为我学啊，是为自己学"，"不可能就读完个初中就这样进入社会吧"，"要好好学"……好像只有通过这种方式，我才能舒缓自己的这种焦虑，带完那个班后，我感觉自己都多了几根白头发。（T3）

当分数是学生和教师的"命根"，就会让教育在考试焦虑中运行。在"唯分数"的评价机制中，学生为了分数而学，教师为了分数而教，在偏离教育根本旨归的情境下折腾。考试分数既是衡量教师教学水平的尺子，也是衡量班主任带班效果的关键指标。在这种情境下，班主任的"焦虑"会更加严重。在焦虑的驱使下，推动教师运用各种手段拼命挤占学生的时空，以此求得心理安慰。焦虑会挤掉教师的幸福，消耗教师们内在的工作激情，很快进入"燃尽"状态。

分数中心的教育制造的焦虑反映在教师关于学生的信念上。以分数为标准标签学生，彰显学校和教师的功利期待，将成绩好的学生称为"优等生"，成绩差的学生称为"差生"或者"问题学生"。

在我所带的 2011 级的职高班里，有很多比较叛逆的学生。他们对于英语这门课程也不感兴趣。而学校对于我们教师的要求是要考出好成绩，要能够有高分的同学。所以在课堂上我们只要求他们能够遵守纪律，不影响其他同学就可以了。我进入教育系统之初，认为教育就是培养人，可是目前的这种状况与我的初衷背道而驰，所以我对自己今后的职业生涯感到忧虑，觉得自己今后还能不能坚持做教育。一届带完了之后，慢慢地，这种情绪也在减少，可能自己也被环境所改变。我的这届学生现在已经都是大学二年级的学生了，其中一个比较调皮的男生现在在大学里是学生会的主席。这又引起了我的反思，到底我们中学的教育特别是职业高中的教育，能不能再继续这样以分数来评判一个孩子的优劣呢？（T22）

教师的教育取向和信念会影响教育实践。分数至上的教育取向就会决定着教育系统以分数为中心开展活动。分数成为影响教师情绪和职业信念的关键。趋利避害是人的本能，因为当下的教育重视分数，所以就会将教育带入到相应的轨道。如果教师还能去反思，还会去追踪学生的后续发展，可能会调适他们的信念，缓解分数的焦虑。回到教育的原点，有助于该教师更好地理解教育，认清教育的"育人"本质，而不再将"分数"作为衡量孩子的唯一标准。

（二）教学比赛之过：对比赛后果的焦虑

以赛促评，以赛促改，这成为一种教育口号。事实上，教师最在乎的还是当下的评价，因而教师会特别在意，自然也会十分紧张。教学奖励是教师教学能力的肯定，也是教师立足单位的重要筹码。通过教学比赛成长已经被公认为是一种重要的路径。比赛似乎是教师成长的必经之路。作为竞争性的名誉，一定是一种较为残酷的比拼，也一定意义上是同侪关系的重要影响因素。

第一次因为没有经验，在全校青年教师的教学比赛中，我没有拿到任何名次。这次是我主动申请参加的，一方面我想证明一下自己是有能力的，另一方面也是出于职称评聘的需要。如果能够在学校获得前两名，就有可以选送参加全县青年教师的教学大赛。学校总共有 12 名符合条件的教师报名，竞争是非常激烈的，所以我很紧张，我知道自己的机会不大，但是我又不甘心，想要搏一搏。比赛那天，我特意少喝了点水，我怕一紧张就想上厕所，我也特意准备了些纸巾放在口袋里，也许擦汗用得上。我是第三节课，前面两节课别的选手上，因此我可以再准备准备，但事实上我什么也做不了，坐立不安，根本静不下心来再准备，我反复暗示自己，你已经准备好了，不用紧张，但还是控制不住的紧张。比赛的过程中，我展现得比较从容，但我内心是很紧张的，有几个环节都没有做到位，我甚至都没有和评委进行眼神的交流。最终我得了第三名，无缘参加县里的比赛，但是在学校也拿了个二等奖，也算比较满意的一个结果。（T11）

教学比赛这种公开性的活动不是为了教学研究，而是一种教学能力展示。在这样的特殊教学情境中，任何教师都会紧张。这种比赛关心的不是学得如何，而是教得如何。中国教师最担心的还有技不如人的羞愧感。教学需要适度的紧张，但过了就会损害教师和教学活动本身。我们常常看到，竞赛中的教师因为过度紧张而使得教学不能做到位，影响了教师正常水平的发挥。当然，教师比赛过程的紧张也反映了教师对比赛的重视，可以是磨炼教师的一种重要方式。

（三）校领导听课之扰：一种被现场监督的紧张

校领导推门听课是很多学校会采取的做法，其初衷是督促教师认真备课、认真上课，上好每一堂课，但也在实施过程中受到很多教育工作者的质疑。校长不定时间、不定地点到班上听课，事先一律不与教师打招呼，这让很多教师感到不被信任，也干扰了正常的教学秩序。这种突然的到访，让教师受到打扰，不自在，有种被监督的感觉，给青年教师带来了不小的压力，无形之中增加了他们的紧张情绪。

　　2003 年 10 月，某天上午，距离第四节课还有不到 5 分钟。当时自己正在准备上课，教学处主任突然造访我们办公室，径直向我走来说，"你赶快准备一下，刘校长要来听你的课"。十分感动于教学主任提前的"通风报信"，因为校长听课都是不通知本人，直接进入课堂的。"嗡"的一声，大脑当时就缺氧，直念叨，"完了，完了，我没有准备哦。"全办公室同事都在，有人立即说："快点准备，还有 5 分钟呢。"同事们的关心至今都让我铭记于心，这对当时一个年轻人来说，就是一种认可与鼓励。我赶忙翻书，手忙脚乱，呼气急促，默默念叨，"怎么办？怎么办？"（背景：此事前几天，校长听课结束后，直接在教室门外炒掉一位英语老师，还是一位有经验的中年教师，而且其老公也在本校，无形中给了身为试用期的我很大压力）。大概慌了 2 分钟后，努力让自己冷静了下来，确定了最主要的策略：这节课以学生活动为主，充分调动学生积极性（因为校长喜欢活跃的课堂）。随后，就直奔教室，身后是同事们的鼓励："好好上，别紧张。"

（当时来不及感谢，但是就感觉不孤独，有支撑）这是关系到新教师去留的听课，所以当时压力是超大的，十分紧张。（T24）

领导作为评价者在场，教学气氛也会发生改变，会影响教师的心境和情绪。鼓励的气氛会给教师信心和力量，审视视角下的课堂气氛让人压抑和焦虑，甚至会影响教师的课堂决策，为了讨好听课者的教学设计，为了教师个人的表现，而不是为了学生的理解而教。教学是一种激情劳动，积极的情绪劳动才是教师本身的人格化的教育样态。优秀的教师往往有着较高的专业自觉，有着很强的内在动机，能够将满腔的热情投入到教育教学工作当中。对于许多学校管理者而言，出于对人性的某种潜在假设，他们秉持着"管"的信念，相信外在动机的重要性，认为制造一定的压力氛围有利于教师提高教育质量，"推门课"便是这种理念下的产物。但在实施过程中，许多教师并不认同，认为自己不被学校信任，教师的尊严和专业受到挑战。尤其是对年轻教师而言，在成长的过程中需要更多的鼓励，而不是惩罚式的评价。何况一节推门课能够决定一个教师的素养？

第二节 教师忧虑的结构与特征

现象学研究是对生活体验本质的探寻。"生活体验是现象学研究的出发点和归宿。现象学的目的是将生活体验的实质以文本的形式表述出来。"[1] 带着好奇心开展基于体验的现象学研究，能够更加接近"事情本身"，接近"本质"的世界。本研究秉持着现象学的态度与方法，通过大量轶事分析，可以建构出中小学教师职业忧虑的结构与特征，如下表所示：

---

[1] Max van Manen, *Researching Lived Experience: Human Science for an Action Sensitive Pedagogy*, New York: SUNY Press, 1990, p. 10.

表6-1　　　　　　　　中小学教师职业忧虑的结构与特征

职业忧虑的典型表征		职业忧虑的特征
类型	具体表现	
关于师生互动冲突的焦虑	·行为失范之急：权威随时被挑战的紧张感 ·学生冲突之愁：对学生行为失控的挫败感 ·百度作业之郁：对学生不愿独立思考的郁闷 ·班级管理之惑：经验不足的无助	·多元性 ·延续性 ·弥散性 ·道德性
关于学生身心健康的担忧	·安全之忧：守住教育红线的紧张感 ·课堂问题行为管理之烦：对学生厌学的忧愁 ·性别角色之虑：对学生同性恋的忧虑 ·学生早恋之困：对学生情感问题的担忧 ·网瘾学生之惶：对学生方向迷失的自责	
关于教师专业发展的愁苦	·竞赛之急：专业技能缺失的焦虑 ·副科受歧之怨：专业价值丧失的焦虑 ·家校合作之堵：对协同育人机制构建的忧愁	
关于学校评价应对的紧张	·考试评价之迫：唯分数的评价制度压迫 ·教学比赛之过：对比赛后果的焦虑 ·校领导听课之扰：一种被现场监督的紧张	

尽管教师情绪现象丰富多样，展现着教师鲜活的个人特质，但透过现象究其本质，我们仍然可以归纳出教师忧虑的几种典型特征，具体表现为多元性、延续性、弥散性和道德性。

一　多元性

教师的职业忧虑是一种复杂心理交织而成的心理状态，它不是简单的线性计量关系。例如，事件发生前的担忧和着急、发生过程中的紧张、发生后的苦恼与忧愁等，情绪随着事件的进展而交替变化。通过广泛的轶事收集，发现焦虑、着急、忧愁、担忧、紧张、苦恼是教师忧虑的多元性表现。这些多样化的忧虑表征反映了教师生活的复杂性，彰显了教师内心世界的变化。在当下内卷严重的教育境况下，教师的情绪素养尤为重要，应该作为未来教师教育的重要维度。

二 延续性

忧虑情绪并不是短暂的，特别是来自职业的情绪，在相应的文化左右下常常会持续波动、反复出现。它反映文化，又会改变或转化为文化的一部分，持续影响着教育活动和教师身心的健康。随着情境的变化和事件的进展而变化，并且这些情绪之间并没有清晰的界限，而是类似"心电图"一样的紧密衔接地持续波动。比如，随着事件的进展，忧虑先后表现为从忧愁过渡到担忧再到焦虑等；忧虑情绪可能在教师的课前准备、课中实践和课后反思中都有所反映，甚至某些情绪可能会伴随教师一辈子。

三 弥散性

忧虑不是一个孤立的存在，它会渗透到教育活动之中，甚至会传染和影响活动中的所有主体，成为教师生活和工作场景的组成部分。同时，忧虑会伴随着教育活动，影响着个体的人格和能力的发挥。教育评价往往是教师忧虑的核心影响因素，它的弥散性会直接影响教育主体的价值取向和信念，干扰主体的内心体验。让忧虑主宰的教育一定不是幸福和健康的教育。

四 道德性

教师的忧虑通常与职业道德有关，一定意义上反映了教师的价值取向和职业信念。他们的忧虑内容表明了他们的道德关切，例如，是对学生成长的忧虑还是个人得失的忧虑，是对分数的担忧还是真正教学质量的忧虑等，都表明了教师的职业境界和格局。如何平衡好这些冲突，保持着职业的激情，既是对个体生命的负责，也是对教育事业的担当。正因为教师的道德取向和境界的不同，忧虑情绪的内容的程度也会有差异。

第三节　教师职业忧虑的教育学意义

　　教育现象学要在亲历过的生活体验中探寻生活的意义。"如果你去好奇的话，你会发现很多很多生活中的意义，从这些意义中，可提炼出一些教育主题，在这些教育主题中，站在教师教育、教学法、课程和教学的角度，应该怎样去看待呢?"① 沿着这种思路，我们可以深入把捉教师情绪的教育学意义。作为一种职业情绪，教师的职业忧虑具有以下教育学意义。

一　催生师生良性互动的期待

　　忧虑表明了教师对师生关系的在意，更体现了教师的反思意识。对师生关系存在忧虑也是教师生命观的反映。对学生生命存在敬畏，就会让教师慎思这种关系的处理，而不会随意、粗暴去控制。教育作为一种特殊的人际互动，师生互动是指在师生之间发生的各种形式、性质和各种程度的相互作用和影响。② 对立的师生关系会制造紧张的师生关系，给教师增添忧虑；平等、友好的师生关系可以给予教师心灵按摩；科层式的师生关系往往将教师视作权威，学生是被管控的对象，自然会遭遇到许多不确定性，特别是来自学生的各种对抗。新型的师生关系应该秉持"师生一体观"，即把教师与学生看成是共生、共存、共命运的一个共同体；秉持"师生互换观"，即把教师与学生看成是因具体教育活动中创构性及知识占有关系的实际状况而异的"即时扮演""相互界定""随时更换"的两种角色。③ 良好的师生关系可以减缓教师的忧虑。

---

①　蒋开君:《范梅南现象学教育学思想研究》，博士学位论文，首都师范大学，2011 年。

②　叶子、庞丽娟:《师生互动的本质与特征》，《教育研究》2001 年第 4 期。

③　吴康宁:《学生仅仅是"受教育者"吗? ——兼谈师生关系观的转换》，《教育研究》2003 年第 4 期。

二　引导教师全方位的育人信念

源自学生成长的忧虑提醒教师需要调整育人的目标，反思自己的教育教学方式。教育目标的定位引导和决定着教师的价值取向、教育格局和教育情绪，进而也是影响学生学习兴趣的关键。在应试教育的误导下，教师很容易出现育人理念的偏离，即将分数的高低等同于育人质量的高低，并在这条道路上越走越远。教师为如何提高学生的成绩忧虑、为学生不认真学习忧虑、为学生的不良行为而忧虑等。当所有的这些忧虑无法真正触及问题的根源时，教师将不得不回到教育的本质和目标层面，去反思更深层次的问题根源。此时会发现，学生的行为问题或者成绩问题本质上是育人理念的偏差，一味地追求成绩忽略了学生的学习兴趣、学习动机；一味地追求效率忽略了因材施教；教育的功利性遮蔽了其育人的本质。只有当教师在反思中领悟到，教育是追求人的全方位发展，即人格的成长和学科知识的学习一样重要，教育的宗旨是让每个孩子做最好的自己，而不是生产流水线上的产品，此时教师的忧虑才变得更具有教育价值。

三　激发教师专业成长的动力

忧虑是个体成长期待的表征，也是个体自我完善的内在动力。来自个人素养的忧虑会激发个体的职业自觉，保持专业发展的能动。唯有在乎这份职业，唯有对学生的良心，才会有忧虑感的产生。教师职业关联着丰富的生命，关联着不确定性，关联着复杂的主体，因而内在地包含着忧虑的挑战。如果所有教师仅仅将自己的工作看作一种谋生的手段，而缺乏热爱、缺乏激情，满足于完成必要的任务，那教育改革将前途渺茫。有调查发现，93%的中小学教师表示压力较大，50.8%的教师表明如果有机会愿意换工作。[①] 教师作为育人的职业，其服务对象是人，而人的身心特征，脾气秉性各异，尤其是对于中小

---

① 刘冬梅、韦玫：《中小学教师压力的成因及对策》，《教育探索》2005年第9期。

学生而言，其还处于心智不成熟的成长期，因此中小学教师的工作压力很大，忧虑也自然成了教师常见的职业表征。教育需要倾注热情和心血，教师只有不断追求专业的进步，才能解决教育中遇到的问题，并体验教书育人的快乐。教师为自己的专业发展而忧虑，担心自己"技不如人"，担心无法处理好"家校关系"让学生的教育受到影响，是教师彰显专业情怀的表征。只有真正理解教师的工作性质和工作压力，体谅教师忧虑背后的深层原因，家庭和社会才能更好地理解和支持教师的工作，形成教育的合力。

四 促进学校评价适切性的反思

教师的忧虑也是考察政策或制度适切性的重要维度。来自教育评价的忧虑可以用来反思学校制度，为其重建提供支持。什么样的政策让教师忧虑处于适度水平，这是政策或制度研制需要考量的维度。给教师造成过分焦虑的政策即使能够实施，估计质量不会太高。学校为提高教育质量，通常会采取多种评价措施，其中类似"推门课""分数排名"等举措在中小学非常常见。学校管理者通常习惯于把评价作为教育改进和教师专业成长的有效手段，却很少反思"评价本身"的适切性。以推门课为例，局外人的突然闯入打乱了原有的教育氛围，让正常的教育秩序受到影响，尤其是给教师带来心理压力的同时，更多的是一种被现场监督的不信任感。学校管理者在制定评价策略时，应该认真倾听教师的声音，包括学生的声音，在多主体协商的方式下，谨慎地出台评价策略，让评价真正为教学改进服务。因此，教师对学校评价的忧虑，犹如一面镜子，让学校管理者反思评价的适切性，有利于学校评价的改进。

作为教师常态生活的表征，忧虑存在于教师真实的生活世界里，表现的是教师真实的生活体验，刻画出教师鲜活的个体形象。忧虑有强弱之分，过度忧虑不利于身心健康，而适度忧虑则具有积极作用，它让个体始终保持对环境的警醒状态，预判可能的危险，提前做好应对准备。教师的成长是在不断解决问题的过程中获得的。随着教育对象的变化、时代特征的变化以及教育技术的革新等，教育不断出现新的问题，面对新的时代诉求，变化和由变化产生的"新问题"是教育发展永恒的主题。教师不得不面对和适应这种教育常态，职业忧虑难以避免，也十分重要。忧虑让教师提前做好知识和技能的储备，未雨绸缪，同时也在问题解决的过程中获得成长。

第七章 教师恐惧的现象学研究：
网络教学的视角

  恐惧作为人类原始情绪之一，是教师在教育教学实践中体验到的一种"无处不在""无时不有"的情绪，尤其是在变革的情境下表现最为强烈。当前，伴随互联网和信息技术的快速发展及其在教育领域的广泛应用，以互联网、多媒体技术等现代信息技术为载体的网络教学正发展成一种新型教学方式，并成为教师日常教学生活的重要内容。①《教育信息化"十三五"规划》要求"深化信息技术与教育教学的融合发展，使信息化教学真正成为教师教学活动的常态"；《教育部等十一部门关于促进在线教育健康发展的指导意见》也明确提出"大力推进'互联网＋''智能＋'教育教学改革，到 2022 年，现代信息技术与教育实现深度融合"。2020 年新冠肺炎疫情期间，在"停课不停学"理念的指引下，网络教学一时成为主要教学形式，这无疑进一步推进了我国信息化教学的进程。在这场突如其来的信息化教学能力大考中，"恐惧"这一情绪体验充斥着教师，教师们纷纷在各种社交平台上分享自身作为"十八线网络主播"的艰难心路历程。

  教师是一项高情绪劳动职业，从某种程度而言，有什么样的教师教学情绪就有什么样的教学效果。② 在师生情感互动匮乏的网络教学中更是如此。为此，本章将聚焦教师在网络教学中普遍感受到的"恐

---

  ① 罗儒国、宋琦：《国外教师网络教学研究的回溯与启示》，《外国中小学教育》2016年第 11 期。

  ② 杨泉良：《教师情绪状态与教学效果的关系》，《教学与管理》2013 年第 5 期。

惧"，运用教育现象学，从教师的生活体验出发，遵循"现象描述——本质反思——意义揭示"的理路，着重探究在网络教学情境中教师到底在恐惧什么？教师体验到的"恐惧"是什么样子的？其本质是什么？具有哪些特征？蕴含着怎样的教育学意义？以期对网络教学中的教师恐惧有一个全面而深入的把握，并从中透视教师在网络教学中的困难，找出教师"抗拒"网络教学的症候所在。

第一节　教学恐惧：教师情绪研究的重要维度

　　教师身处一种人性化的专业情境，教师自身亦会把个人身份和专业身份融为一体，使得情绪存在于教师专业实践的每一个角落，教学与教师情绪密切相关。[①] 教师情绪自 20 世纪 80 年代受到重视以来，成为多学科研究的对象。在教育领域中，教学中的教师情绪是研究的重点所在。[②] 哈格里夫斯（Hargreaves）指出，教学是一种情绪实践、一种情绪劳动，教师情绪根植于并影响着教师的自我、身份以及与他人的关系，且因文化脉络而差异悬殊。[③] 近些年来教学恐惧开始为国内外研究者所关注。

　　研究伊始，学者们对于"教师教学恐惧"的专题探讨主要集中于线下教学情境中。帕尔默（Palmer）在《教学勇气——漫步教师心灵》一书中专门探讨了教师教学恐惧，认为"恐惧是一种使教师和同事、学生、学科以及我们自己相分离的东西"，主要来源于"对多元性的恐惧、对冲突的恐惧、对失去自我认同的恐惧"，在性质上有"健康的恐惧和病态的恐惧"之分，在内容上又具体可分为体制恐

---

　　① 尹弘飚：《教师情绪：课程改革中亟待正视的一个议题》，《教育发展研究》2007 年第 6 期。

　　② Tam，M. N.，*Emotions and Emotional Experiences：A Case Study in Hong Kong*，Germany：Scholar's Press，2007，p. 11.

　　③ Hargreaves，A.，"The Emotional Practice of Teaching"，*Teaching and Teacher Education*，Vol. 14，No. 8，1998，pp. 835–854.

惧、学科恐惧、交往恐惧，认为"驱除教师内心的恐惧是教学创新的关键一步"。① 而后国外研究多聚焦于职前教师实习中的教学恐惧，认为恐惧对于职前教师的技术、情感和道德成长等方面而言是非常重要的②，在研究方法上也由一次性访谈、问卷调查转向利用现象学和整体的方法③，认为这将大大有助于更深入地理解成为一名教师的复杂性、动态性和必备特质。④ 国内对于教师教学恐惧的研究仍主要在帕尔默的研究基础上展开，将教师教学恐惧可操作化的界定为"教师在教学情境中面临并企图摆脱某种危险性情境所产生的防御性反应，并伴有不安全感、危机感、无能为力感等情绪体验"⑤，并突出关注了健康的教学恐惧的魅力：让教师有所触动，帮助教师生存，提高教育质量。⑥ 研究者们一致认为教师要积极应对和转化"教学恐惧"⑦，可遵循直面恐惧、克服恐惧和超越恐惧三个步骤⑧，具体通过建立反思性信任以拒绝盲目恐惧，透过交流对话以消除病态恐惧，构建共同体以悦纳健康恐惧。⑨

　　具体到网络教学，在达成"教师是影响网络教学可持续发展的关键因素"⑩ 的共识基础上，国内外对于教师网络教学研究重心仍在探

---

　　① ［美］帕克·帕尔默：《教学勇气——漫步教师心灵（十周年纪念版）》，吴国珍等译，华东师范大学出版社 2014 年版，第 29—34 页。

　　② Poulou, M., "Student-Teachers' Concerns About Teaching Practice", *European Journal of Teacher Education*, Vol. 30, No. 1, 2007, pp. 91–110.

　　③ Ozmantar, Z. K., "A Phenomenological Study of Practicum Experience：Preservice Teachers' Fears", *International Journal of Progressive Education*, Vol. 15, No. 1, 2019, pp. 135–150.

　　④ Caires, S., Almeida, L. & Vieira, D., "Becoming A Teacher：Student Teachers' Experiences and Perceptions About Teaching Practice", *European Journal of Teacher Education*, Vol. 35, No. 2, 2012, pp. 163–178.

　　⑤ 罗祖兵、李丽：《教学恐惧：涵义、危害与对策》，《全球教育展望》2012 年第 7 期。

　　⑥ 孙华、田友谊：《论教师教学恐惧及其超越》，《中国教育学刊》2014 年第 10 期。

　　⑦ 孙贞锴：《教师如何改变恐惧心态》，《中国教育报》2014 年 3 月 26 日第 7 版。

　　⑧ 罗祖兵、李丽：《教学恐惧：涵义、危害与对策》，《全球教育展望》2012 年第 7 期。

　　⑨ 孙华、田友谊：《论教师教学恐惧及其超越》，《中国教育学刊》2014 年第 10 期。

　　⑩ 梁林梅、李逢庆：《如何激励和支持高校教师从事网络教学：国际经验与对策》，《开放教育研究》2014 年第 6 期。

讨外在的网络教学新特征对教师提出的新要求（如教师网络教学角色、必备素养与能力、改进策略等），但已开始对教师从事网络教学内在的情绪体验和情感反应进行关注。国外研究发现，教师在网络教学中经常体验到的一些情绪是消极的，他们感受到了限制感（技术限制了他们的教学方式），压力感（沮丧、忧虑或不确定性）以及被贬低感（无助和不安全）。[1] 而且教师要达到熟练的网络教学并不容易，他们认为网络教学令人畏惧、痛苦和紧张；Kidd 等人利用现象学的方法研究了教师网络教学的恐惧及其构造，发现教师网络教学中的恐惧是教师缺乏经验和对网络教学准备不足的结果。[2] 通过文献梳理可以发现，教师网络教学恐惧是国外教师网络教学情绪体验研究的重要维度。尽管国内当前网络教学条件已基本具备，但在新冠肺炎疫情之前，全国近八成高校教师未开展过网络教学[3]，有过网络教学经历的中小学教师更是寥寥无几，所以对教师网络教学恐惧研究仍是较为缺乏。全国性调查发现，教师对网络教学持有积极态度但有焦虑感，焦虑点主要是：与学生互动（占比 62.6%）、设备操作（占比 58.6%）、教学组织（占比 52.1%）。[4]

本研究认为，要使网络教学这种新型教学方式在我国真正落地，需要从教师内在情绪体验入手。为此，本研究采用现象学的研究方法，聚焦网络教学情境中的教师恐惧，以教师生活体验为切入口，通过对教师在网络教学中恐惧那一刻的真实体验的深入剖析，揭示网络教学情境中教师恐惧的结构样态和本质特征，探寻其背后隐藏的教育

① Regan, K., Evmenova, A. & Baker, P., "Experiences of Instructors in Online Learning Environments: Identifying and Regulating Emotions", *Internet & Higher Education*, Vol. 15, No. 3, 2012, pp. 204 – 212.

② Kidd, T., "The Rhetoric of Fear: Voices and Stories Told of Faculty Who Engage in Online Teaching", in Kidd, T. & Lonnie R. Morris, Jr. eds., *Handbook of Research on Instructional Systems and Educational Technology*, IGI Global, 2017, pp. 69 – 77.

③ 邬大光、李文：《我国高校大规模线上教学的阶段性特征——基于对学生、教师、教务人员问卷调查的实证研究》，《华东师范大学学报》（教育科学版）2020 年第 7 期。

④ 王冬冬、王怀波、张伟、王海荣、沈晓萍：《"停课不停学"时期的在线教学研究——基于全国范围内的 33240 份网络问卷调研》，《现代教育技术》2020 年第 3 期。

学意义，进而创造条件帮助教师超越恐惧，成为教育信息化的适应者。

第二节　网络教学情境中教师恐惧的现实样态

在具体研究开展中，为能够收集充分的资料，本研究主要采用目的性抽样的方式，将有过网络教学经历的教师作为研究对象，在大中小学共邀请了 15 位教师参与访谈和 87 位教师参与轶事撰写，整理生成 102 份"网络教学情境中恐惧体验"文本（其中访谈文本被编号为 FT01-FT15，轶事文本被编号为 YS01-YS87）。基于所收集到的生活体验资料，我们对网络教学情境中教师恐惧的现实样态进行了揭示，发现教师在网络教学中主要有不确定的技术恐惧、虚拟化的交往恐惧、公开化的学科恐惧、被聚焦的自身恐惧和不公平的体制恐惧五种类型。

一　不确定的技术恐惧：面对未知的害怕

技术视角主要包括硬件、软件和设备，指向的是教师对网络教学工具的使用能力。[①] 技术接受模型（TAM）指出，有用性感知和易用性感知是影响技术接受的核心要素，易用性感知同时还影响有用性感知[②]；技术接受与使用整合模型（UTAUT）认为，个体年龄、经验及自愿性对于技术接受与使用也发挥着调节作用。[③] 在"停课不停学"的疫情期间，各级各类教师都是"被迫"开展网络教学，对于很多"技术盲"的教师而言，技术使用构成了极大挑战。

---

① Kidd, T., "The Rhetoric of Fear: Voices and Stories Told of Faculty Who Engage in On-line Teaching", in Kidd, T. & Lonnie R. Morris, Jr., eds. *Handbook of Research on Instructional Systems and Educational Technology*, IGI Global, 2017, pp. 69–77.

② Davis, F. D., "Perceived Usefulness, Perceived Ease of Use And User Acceptance of Information Technology", *MIS Qquarterly*, No. 13, 1989, pp. 319–340.

③ Venkatesh, V., Morris, M. G., Davis, G. B., & Davis, F. D., "User Acceptance of Information Technology: Toward a Unified View", *Management Information Systems Quarterly*, Vol. 27, No. 3, 2003, pp. 425–478.

（一）网络不稳：面对不可控条件的窘迫

网络教学以网络为媒介联结教师和学生，网络条件决定了在线教学的整体情境氛围。"网络速度及稳定性"是网络教学的一个必备条件，但同时也是教师难以自控的条件。这种不确定性、不可控性对教师素养和教学机智提出了新的要求，"我的课堂我作主"显得有些倍感"无力"了。

> 面试高校要求采用在线教学的形式，这也是我第一次用网络上课，我担心的更多是网络问题。果真整堂课下来，我最恐慌的就是网络不稳定的那两段。一是刚上不久，大家就在"腾讯会议室"里提醒我，网络很卡，让换热点，我一下开始急了、乱了，心想平常网络都很好的呀，因为这个插曲自己就开始好着急怎么要把自己准备的内容讲完。上到差不多一半的时候，就隐隐听到有重音，我以为是其他人那边的问题就一直没管，直到跟学生互动，我才关注到学生一直在不停反馈是我这边的问题，我就慌了，好尴尬，满脑子都是怎么关键时刻掉链子，赶紧去找原因，但脑子其实根本是没转的，语言也开始不流畅了，期间差不多花了5分钟，但我感觉时间过得好慢好慢，后面我不得不删减了很多精心准备的互动内容。（FT03）

在网络教学情境下，教师的注意力集中在预设内容的顺利呈现上，因而最为担忧的是"教学工具的正常运作"。教学网络联结着师生，网络的稳定是网络教学情境中师生交流的关键，网络中断意味着师生交流的中断，这种中断会导致学习者情绪的破坏，因而一旦网络不稳定，教师的恐惧就会出现。网络问题构成了教学过程的重要内容，教学进程往往取决于师生共同的网络。在这之中，教师的网络决定着教学整体，所以也是教师最担心的；而对于学生个体的网络问题，教师又是无法实时知晓并及时掌控的，教学过程一不小心就成了教师自顾自地往前"赶教学进程"。在这样一种被技术操控的时代，主体变得卑微无能了，技术成为影响教学进程的主因，转移了教师专业关注的应然重心。网络情境中的教师仍然是一个工具化的主体，当被恐惧左右时，他们变得十分无奈、窘迫甚至无能为力。

（二）软件操作：学习新兴事物的抗拒

如果说网络条件是网络教学的前提，那教学软件则是网络教学的载体。面对新型网络教学软件的学习和使用，绝大多数教师都心存畏惧乃至抵制，这是个体面对变革的正常情绪反应，需要给予时间和适切的成长支架以改变教师的抵制情绪。

> 作为一名有着 30 年教龄即将退休的老教师，我对网络教学这种新型的教学方式充满了莫大的恐惧感。一把年纪了，实在跟不上网络形势，对新生事物接受能力比较慢，也比较抗拒。虽然在线上教学开展前，区教育局专门组织一次线上教学的专项培训，但对于 50 多岁的我来说，学习完后依然是一窍不通，一头雾水。那一刻，我就想：疫情期间，当别的老师都在进行线上教学，唯独自己不懂得操作，那该怎么办才好呢？（FT01）

教师这份职业需要经验，更需要不断学习，不同年龄段的教师需要有不同的成长内容，成为一名教师需要一辈子的努力。老教师有经验，但他们同样需要学习，如何调动他们的学习热情和工作激情成为教师发展的重要内容。首先，教师的信念需要调整。"上了年纪就不用学习"的信念在教师群体中弥漫，并且形成了一种文化，这是消解教师学习热情的重要因素。因此，这种不良的教师信念需要转变。其次，需要给予教师相宜学习文化的支持，以消除他们面对变革的恐惧，改变其"逃避"或"躺平"的状态。网络教学触及了教师的"能力盲区"，一方面要求教师跳出面对面教学情境给予的"舒适地带"，另一方面当前教育行政管理部门组织的一次性、只关注软件操作的培训，并未打开教师生命、激发其接受新生事物的内在动力，也未关注到不同年龄、不同代际教师的技术学习需求，教师自我更新意识的停滞和面对不确定性能力的缺失成为教师专业发展停滞不前的症候所在。

（三）设备故障：缺乏应对能力的慌张

教学设备是网络教学的组成部分，也是教师"上手"网络教学的关键。应对设备故障常常成为教师网络教学恐惧的重要诱因。

第一次进行网络直播教学，由于对网络设备和程序并不熟悉，所以总担心自己做不好。上课前我特意提前跟家人进行直播预演，查看设备有无问题。可是到了开始上课那会儿，我还是紧张得不行，害怕出现各种状况。果不其然，我一开口，麦克风突然不能出声了。班群里，孩子们都在呼唤我，问我："老师怎么都不出声呢？"那时候我冷汗直流，心想怎么回事，怎么会这样？害怕因为自己的设备问题而耽误了这堂课。我不停地调试着麦克风，终于连麦成功了。连麦成功的一刹那发出的刺耳的声音让我不禁一抖，我长吁了一口气，真是瞎猫碰上了死耗子。可前面的紧张让我几乎忘记了课堂内容，口舌打架，说的每句话都是结结巴巴的。我全程一直是坐着的，着急时，会有想要站起来的感觉。（YS18）

与线下教学不同，教学设备成了网络教学环境的核心，直接影响着教学主体情绪以及教学进程的安排，因而网络教学设备是教师关注的重要内容，反复调试就是这种恐惧情绪的重要表征。即使如此，设备仍会频频制造麻烦，以至于让教师常常措手不及。在网络教学情境中，教师的任务不再只是"传道授业解惑"的专业人员，还需要观照教学设备的情况。麦克风不出声、视频不出人像、共享的屏幕课件不显示等意外的设备问题总会出现，教师常会因此打乱预设的计划，而这又超出了教师能力所及的范畴。即使如此，教师需要有时刻关注网络联结各端的反应、体验网络另一端学生的情绪的意识和态度。这样，教师就需要有一种"跨时空的关注意识"。一旦设备出问题，不管是教师还是学生出现设备问题，教师都会因为缺乏应对能力而紧张、惶恐，这种担忧像"幽灵"般一直影响着教师的情绪状态。

二 虚拟化的交往恐惧：线上"在一起"的忐忑

帕尔默认为，教师交往恐惧主要表现在师生关系、同事关系以及和管理者的关系处理中。在数字化的网络教学中，教师与同事、管理者的日常交集少了，与学生的交往跨时空化了，教学的正常开展与效果保证需要家长更多的支持与帮助，网络教学中的教师交往恐惧主要彰显在与学生、家长的交往之中。而且网络是以文字、数字、图片、声音等数字符号形式出现的虚拟世界[①]，虚拟主体身份的隐蔽性和行为的自由性，使得虚拟社会的管理对象及对象的活动模式都与现实社会大不相同，传统交往的方法和手段在这里也大大失效[②]，这样一种不熟悉的、不在场的关联使得教师颇为忐忑。

（一）学生"隐匿"：互动受阻的不安

教学本质上是师生双方在一定教学环境中围绕教学内容共同对话建构的过程，"师生互动"是教学活动中最基本的因素。在网络教学中，师生是一种远距离的、依靠网络进行的虚拟联结，师生交往主要是以数字符号为载体同步或异步进行，对于习惯传统面对面教学的教师而言，这种"不在场"的关联让人恐惧。

　　网络教学，隔着屏幕，没有了黑板粉笔、没有了面对面交流，我根本不知道学生在做啥，也看不见他们的表情，听不见他们的声音，最麻烦的是课堂上的互动就像隔着一层厚厚的保护膜，整个课堂好像就是我一个人的舞台。我清楚地认识到学生不再受我的把控，我无法使用我凌厉的眼神，也不能走到他面前示意认真练习，问的最多的是学生们能不能听得到我讲话。感觉我和学生之间只剩下了知识交流，而且也只有寥寥无几的人会给我反应，我就只能不停地琢磨、代入，满脑子都是我应该用什么形

---

① 张九海：《思想政治教育的新变革——基于网络思维特征的思考》，《国家教育行政学院学报》2011 年第 1 期。

② 符晓辉：《虚拟社会之"虚"与"实"》，《人民论坛》2013 年第 35 期。

式、什么强度、什么手段去呈现课堂呢？怎样才能更好地吸引孩子，让他们在电脑前认真学习而非干别的事情？这种学习方式学生真正能掌握多少？各种不可控的问题，真是让人着急害怕。（YS66）

网络教学需要教师具备"跨时空的课堂管理意识和能力"。传统课堂上师生都在同一时空，可以通过表情等非言语行为实现与学生的交流和沟通，且能得到及时反馈。然而，在数字化的教学情境中，屏幕成了"互动的隔膜"，将师生分割在不同的"私密空间"。互动受限让教师更加孤立于某一时空中，这种孤独撕裂了教与学共在的状态，让老师失去了"把握感"。教师对学生的了解只能是"简单的关注"，对学生的参与和学习状态体现出更多的担忧。教师不得不单向度地去"琢磨、代入"，去重新摸索教学内容的组织、实施以及课堂管理的方式与方法，这是对教师教学能力全新的考验，这让身处其中的教师深感不安。

（二）家长"对抗"：基于网络联结的无助

协同育人是当前教育界的共同呼声，学生的成长需要教师和家长的共同配合，特别是在网络教学情境中，家长和孩子有更多的可能"在一起"，教育教学工作需要家长的全方位配合，教师和家长的交往比线下教学更为频繁。但这种基于网络的联结，缺乏了面对面交往中的温度，家长也体验到了一种"被绑架感"。

在网络教学中最精神崩溃的是有一次我在班群催交作业，有一位欠交作业的学生家长突然退群，让我意想不到，也让我觉得害怕，为什么我一催交就退群呢？是我哪里做得不对吗？为什么不私下跟我说呢？我还可以跟他说什么呢？我突然焦虑起来了，但我不得不稳住自己，鼓起勇气私信去找这位家长沟通，结果发现他把我拉黑了，当时我的心里是十分无奈和无助。（YS32）

网络作为一种技术，既可能是加强家校协作与联结的方式，也可能会成为催生家校新矛盾的手段。在网络教学情境中，教师和家长共群，可能会围绕学生的成长及时交流信息，更好地达成共识。但教师亦需要借助网络、利用父母这一角色进行替代管理，这无形之中会增加家长的负担，有时也会影响家校关系。当网络成为让家长卷入教育过程的手段，这会引发家长不同的反应，特别是"作业管理"这一易引发亲子冲突关系的敏感任务，有时可能会引发家长的"反感""抵制""对抗"等。家长的抵制态度有着十分复杂的深层原因，家长可能会以"视而不见""退群拉黑"等不同的回应方式来表达他们的不满情绪。面对家长的极端处理方式，教师很难知晓原因，也无法掌控，因而让教师感到"害怕""无奈""无助"，这也会加重教师对网络教学的失落感和恐惧感。为此，我们需要清晰地认识到，当通过网络助力家长进行教育时，可能会受到家长的欢迎，当网络成为卷入家长教育参与的方式，则需要有更多的准备和回应；此外更应深入地思考网络在家校沟通中的有限功能，以及用它来做什么样的沟通更为适宜。

三 公开化的学科恐惧：专业权威被挑战的恐慌

根据帕尔默的解释，学科恐惧是教师恐惧与所教学科的正面交锋所引起的冲突。在网络教学情境中，教学信息来源变得多样，教学能够无限反复地进行①，在海量知识和信息面前，教师与学科的正面交锋越来越公开化，教师需要从知识的传播者转向知识的组织者，但显然很多传统教师还没有做好相应准备。

（一）学生"先知"：知识贮备不足的羞愧

在师生教学关系中，"教师是教的主体、学生是学的主体"，虽然古来已有"弟子不必不如师，师不必贤于弟子"的观点，但一直以来"学高为师"是对教师的基本要求，传统教学中师生之间是一种"我教你学"的关系。但在这个知识爆炸的信息社会，教师不再可能

---

① 刘振天、刘强：《在线教学如何助力高校课堂革命？——疫情之下大规模在线教学行动的理性认知》，《华东师范大学学报》（教育科学版）2020年第7期。

掌握所有知识，而且数字化环境提供了平等获取信息的机会，促成了信息对称的环境，对传统的教师权威产生了巨大的冲击，造就了一种"我和你"的新型师生关系。① 许多教师接受这种新型关系时需要有个过程和勇气。

> 疫情期间省里利用赣教云统一线上上课，于是我就自己用上课软件给学生查漏补缺。在我讲的过程中，学生突然拿出一首诗，说老师能不能帮我翻一下，那首诗我没读过，我一下就慌了，一边组织语言，一边赶紧用手机疯狂去上网搜，出来了很多首，但都不是那一首，学生也在网上找，发在我们上课的群里。我内心很不安，顿感手足无措，我越讲越慌，感觉怎么都不对劲，满脑子都是我讲的是对的吗？是不是有同学搜到了对的答案？那些已经知道正确答案的学生们会不会觉得我这个语文老师没水平？越想越不知道怎么讲下去，所以结结巴巴、越讲越卡，那一刻真的觉得时间过得太漫长了，好羞愧，周围安静得可怕，只能跟学生说，我们课后再去查一下然后再在班级群里讨论，就这样匆匆下了课。（FT02）

关于教师角色的信念是教师情绪的重要影响因素。社会关于教师角色的期待是教师成长的方向，也可能成为教师成长的桎梏。在"要给学生一杯水，自己就要有一桶水"的教育信念影响下，教师角色常常被赋予"知识权威的化身"，这也被视作教师专业威信的根本指标。在这样一种评价文化主导下，教师一旦有知识盲点，似乎就不可饶恕，既可能得到他人否定性的评价，也常常让教师自己失去专业自信。重建教师专业形象的信念，解放教师作为圣人式形象的绑架，给予教师如共同学习者、引导者、帮助者等更多角色的期待，这样也许会引导教师的另一种成长，同时也会引领一种新的教学文化的形成，

---

① 罗刚、佘雅斌：《"我和你"师生关系及其建构——信息对称环境下的新型师生关系探究》，《电化教育研究》2010 年第 8 期。

即教学不是"我告诉你"，而是通过共同的探究进行对话式的建构。

（二）信息留痕：被揪住错误的担心

大数据时代背景下，几乎所有网络行为印迹都可以被记录，这样，一方面可回放供学生复习，另一方面会促使教师更加严谨、认真，生怕留下错误，成为"话柄"。

> 网络教学让我最恐惧的是，我上课所说的每一句话都可能会被保存，学生也许会录音、录像、截图等，然后发送出去或者重复播放。正因如此，我每一次备课都特别仔细，写教案、做课件，一遍遍地改，一次一次地修，确保每一个知识点都不能出错，每一次直播都是恐慌至极的（YS09）。

在网络教学中，教师所呈现的学科教学因为技术可以实现长期保留和反复播放，教师与学科之间的交锋被公开化了，教师的整个教学不得不小心翼翼，"确保每一个知识点都不能出错"，以免影响自己的专业权威。录播课更是如此，没有了常态情境中的"自然交往"和"应境创生"，身处其中的教师有着更为复杂的恐惧。

> 疫情期间，我们学校的网络教学是以录制视频的形式进行。因为要录制，就需要每一句话、每一个链接、每一页的幻灯片都不能出错，压力比平时上课更重。虽然前期已经准备得很充分，也对着PPT预演过很多次。但开始录课时，我还是紧张得不行，对着电子屏幕，手心直冒冷汗，坐立不安，才发现录课是那么难，不是担心讲错知识点，就是害怕说错话被孩子截屏笑话，还为每个环节的衔接过渡语纠结半天。一遍遍重来，重复次数越多越容易出错，20分钟的课硬是生生从早上8点录到了下午5点才忐忑不安地发出去。但仍明显感觉一切表现都不如平时自然，如声线、说话的节奏、停顿，总觉得有点刻意，讲到某些地方的时候还会"嘴瓢"，心跳会不自觉加快，气息也跟着乱了，要做几秒的调息才可以再继续。（YS55）

"提前录制"意味着讲课时除了学科知识内容处理外，教师的每个表情、声音、气息、节奏等被电子屏幕记录下来并放大化，为了达到动作优美、语言简洁、内容精准的教学效果，教师不得不"一遍遍重来"。因而说，录课教师更多是特定环境中的"特殊演员"，需要教师用自己的人格魅力和教学中的仪态美去吸引和感染学生，因而对教师在镜头前的姿势、举止、动作和风度等整个仪态都有相应要求。① 这种教学场域的改变，一方面让教师不得不注意教学内容选择适切性之外的内容传递的艺术性问题，另一方面在无形中给予了他们更多的心理负担，使得教师在朝向理想期待的道路上一直"忐忑不安"地前进着。

四　被聚焦的自身恐惧：自我形象的担忧

网络教学将师生都圈在了以网络为载体构建的教学情境中，老师和学生、学生和学生之间都是彼此分离在不同的终端，这时所有目光都聚焦在屏幕里的网络教学情境中，身在其中的人的一举一动都被镜头、麦克风等传递并被放大，这对教师自身形象提出了更高的要求。

（一）声貌呈现：短板被放大的苦恼

教师形象主要由外在形象和内在形象组成，教师的外在形象主要指教师的言、行、形、貌②，教师的外在形象是影响教师自信心和教书育人质量的重要因素。③ 网络教学中，教学视频、录像、音频等教学活动将教师的外在形象进一步放大呈现在学生面前，这对于需要"为人师表"的教师而言都是压力。

> 刚接到这个通知，我辗转反侧，一想到我那致命的伤痛，更是茶饭不思，夜不能寐。我纠结了很久，没办法，只能我自己用

---

① 李敏：《"一屏一幕"总关情　"一师一课"成名师》，《教育学》教科研成果展示会议论文，2018 年 7 月。

② 刘佑祥：《当代教师形象的意蕴及塑造》，《当代教育科学》2003 年第 1 期。

③ 鲍日新、王嘉曦：《教师外展形象三要素及其培养途径》，《河北师范大学学报》（教育科学版）2015 年第 3 期。

软件进行了试录。当面对着麦克风时，自己的喉咙更是发紧，尤其是当注意到自己在麦克风里的声音和往日听到的不一样时，甚至更难听时，我的手指和脊背都变得僵硬，吐字结巴，会读错字，越来越焦躁。当自己听着回放时，满脑子都是就我的声音如此难听，我上的网课谁听啊，越听越找不到以往上课的自信心了。（YS36）

教学中的声音是信息传递最不可少的中介，在网络教学中，教师声音的功能往往凸显为课堂的主要媒体，一定意义上声音就是教师个人外在形象的代言。音质不好的教师面对麦克风的转译会陷入恐惧，这种恐惧会进一步扭曲教师说话的声音。除了声音以外，教师的颜值也是他们在网络教学中面对镜头时颇为担忧的地方，当教师的脸"占满整个屏幕时"，更加会引起学生对教师颜值的注意以及予以评论的可能。

一想到直播课开视频，我的脸会有可能占满学生的整个屏幕时，我就可难受，实在是对自己的颜值没信心。于是我绞尽脑汁地回想着曾经看视频博主都是怎么突出自己的主题，如何吸引人注意力的。突然想到，可以找一个只露出手的角度，反正美术嘛，主要是让学生们看清楚手上怎么画的就行。那一刻，我长长地松了一口气，突然感觉整个世界又明媚了起来。（YS44）

网络教学中教师的声音和外貌会被放大，教师的声音和外形传递着教师的情感、情绪，也是教学美感的重要内容，好的声音和外形一定程度上会增加教学成效。教师对声形的担心彰显了教师对待教学的认真严谨和自我要求，当然也反映了教师的"教学关注点"。教学的中心始终应是"学生""学习"，而非教师的外在形象和作为演员般的表演，教师需要将自我形象的担忧转移到对学生学会的关注，将课程与教学聚焦于学生学习化的过程和整体的成长。

（二）隐私暴露：被集体围观的惶恐

居家网络教学，还有一个很大的隐忧即是教师个人及家庭隐私的暴露。疫情期间，湖北省仙桃市某教师在进行网上教学时，由于操作失当，播放与教学无关的音频，而被市教育局定性为网上教学事故而通报批评。这一事件在网上发酵的同时，也让其他面对网络教学的老师倍感惶恐。

> 那次我用"腾讯课堂教师版"的 App 进行直播，点开进行入课堂后，直接是分享屏幕，把电脑桌面上的文件夹都分享出去了，而这些文件夹更多的是自己的家事以及隐私，自己根本没有注意到。当时学生的人数还没全进来，进来的同学都在乱用语音说话，我趁机赶紧向读大学的女儿讨教技术层面的问题，生怕把讨教的家乡话直播给学生听到。当正式上课发现后，我一直边直播边惶恐着，生怕过程中有家庭成员突然闯进我的房间，说一些其他的话题，担心会产生各方面的不良后果。（FT08）

在网络教学中，教师一不小心就会把个人生活日常通过镜头、麦克风等设备分享出去，这一方面既可能会大大消减教师原本神秘且神圣的形象，另一方面也会干扰课堂教学的正常进度。镜头下的无所遁形让教师愈加关注自我，纠结于怎么尽量将自己塑造为一名好教师的形象。

五　不公平的体制恐惧：评价文化的威胁

帕尔默认为教师的体制性恐惧指的是教师恐惧若不顺从体制权利，就失去工作，失去形象和地位。教育评价是教育的"指挥棒"，是教育改革的关键与瓶颈。当前，以学业为中心、以考试为方式的评价文化仍然是教育评价的主流。居家网络教学，家长也有了参与评价的机会，学生究竟学了多少是大家共同最为关心的话题。

（一）学业测验：技术鸿沟扩大分化的忧虑

技术鸿沟一定意义上制造了更大的学生差距。"网络教学中学生成绩的两极分化"成了教育人的共识，一再被扩大的"两极分化"，让原本就将成绩视为"生命线"的教师更加焦虑。

> 突如其来的教学模式，我有点不知所措了，小学生还没有自主学习的能力，又是居家学习。通过作业的情况，我明显感觉到自律性强的学生，取得了更好的成绩，自律性差的学生，日益滑向放纵的深渊，还有个别孩子因疫情所迫，当时一直在乡下，老人不会操作网课设备，也不会去监督，孩子大半个学期的学习就这样"荒废"了。每每想到区教育发展中心在复学之后还要进行网络学习期间的摸底测试，我更是"压力山大"，害怕学生成绩两极分化严重，家长与学校领导都要来批评指责，天天吃不下、睡不着，神经衰弱。（YS33）

网络教学的成效有了更加复杂的影响机制，其中学生自身的能力准备、家庭条件和网络资源等相关方面十分重要。研究调查发现，对于线上教学与传统线下教学相比到底效果如何，还有待于时间进一步检验[①]，但教师自身已然感觉"自律性强和弱""上课环境好和差"的学生距离正在越来越大。上级行政部门、学校领导、家长只会看"测验结果"，这种分数中心的评价文化深深操纵着每一位教师，让远在屏幕另一端的教师只能日复一日地忧虑着。如何基于新的情境调适评价机制，超越过去的分数比拼式，这十分关键。评价要为教学服务，要为消弭因"技术鸿沟"制造的差异服务，合理、全面地揭示教学中的不公平，让教师更加安心地关注学生全面而有个性的成长。

（二）家长旁听：被利益相关者"监评"的紧张

网络教学将课堂这个原本属于教师和学生的共同"黑箱"呈现在家长面前。家长作为成人，自身有着独特的教育经历、受教育水平和对教育的理解，不免会对教师的课堂教学、学生管理以及整体形象做

---

① 邬大光、李文：《我国高校大规模线上教学的阶段性特征——基于对学生、教师、教务人员问卷调查的实证研究》，《华东师范大学学报》（教育科学版）2020年第7期。

出评判，家长的课堂参与和持有的评价权无疑会增添教师的压力。

> 疫情期间学生都居家上课，线上教学意味着我面对的可能不仅是学生，还有家长。我的备课心情就与往常不一样，可以用"谨小慎微"来形容，想着我的表现不仅仅代表我自己，还代表学校的教学形象，总是对自己的课不放心，课前时不时要打开课件再三看看，在晚上入睡前也总会想着。第一次直播，我看到视频里学生背后坐着的家长，心里是很紧张的，但又必须强装镇定，仿佛这对于我是习以为常的事。在讲课的时候，就生怕自己讲不清楚，生怕讲错一句话、一个字，造成误会，整个语言组织都很谨慎，说什么都要经过大脑思考，就想着千万不能"让家长抓住什么话，让他们不满意"，就像自己在上公开课，而且是那种无时无刻的公开课。感觉时间过得好快，即使整个过程我是坐着的，但心情比站在课堂上还要心慌，根本没有以往上课的那种气势。（FT12）

教师与家长关系的质量决定着家校协作的层次与质量。教学过程往往是师生对话的场域，他者的"闯入"会给课堂场域带来影响，会改变师生在场的感受，特别是家长参与课堂有着"监视"的意味，这成为教师恐惧的又一影响因素。当今的家长比以往任何时候都关注教育，家长对教师的要求增加，也更容易用挑剔、指责的眼光看待教师，"越级投诉""举报"现象呈增加的趋势。[1] 网络教学需要家长更多参与到教育教学中来，家长也真正获得了参与评价的权利和机会。面对家长和学生一起参与的网课，整个过程教师都是"谨小慎微"的，因为家长是作为"监评人"的身份在课堂里存在着，而教师既是自身形象代表也是"学校教学形象的代表"，这无疑会进一步增加教师的压力。这种"无时无刻的公开课"让教师"没有了气势"，只

---

[1]　梁丽婵：《是什么影响了家师关系——基于家长、教师、家校互动多因素综合视角的实证研究》，《中国教育学刊》2019 年第 11 期。

能在"心慌"的状态下"强装镇定"地完成教学。

第三节　网络教学情境中教师恐惧的结构与特征

通过现象学探究，我们发现网络教学情境中教师的恐惧体验十分丰富，包括不确定的技术恐惧、虚拟化的交往恐惧、公开化的学科恐惧等五种类型，具体表现为面对未知的害怕、线上"在一起"的忐忑、专业权威被挑战的恐慌等，据此我们可提炼出网络教学情境中教师恐惧的内容结构（具体见表7-1）。

表7-1　　　　　　网络教学情境中教师恐惧的内容结构

网络教学情境中教师恐惧的类型	网络教学情境中教师恐惧的具体内容
不确定的技术恐惧：面对未知的害怕	·网络不稳：面对不可控条件的窘迫 ·软件操作：学习新兴事物的抗拒 ·设备故障：缺乏应对能力的慌张
虚拟化的交往恐惧：线上"在一起"的忐忑	·学生"隐匿"：互动受阻的不安 ·家长"对抗"：基于网络联结的无助
公开化的学科恐惧：专业权威被挑战的恐慌	·学生"先知"：知识贮备不足的羞愧 ·信息留痕：被揪住错误的担心
被聚焦的自身恐惧：自我形象的担忧	·声貌呈现：短板被放大的苦恼 ·隐私暴露：被集体围观的惶恐
不公平的体制恐惧：评价文化的威胁	·学业测验：技术鸿沟扩大分化的忧虑 ·家长旁听：被利益相关者"监评"的紧张

以上分析可知，网络教学中教师恐惧的本质是教师在新型教学范式中，因现代信息技术这个核心媒介而引发的不确定的技术挑战、虚拟化的人际交往、公开化的学科冲突、被聚焦的教师形象和不公平的评价导向等系列变革，要求教师走出面对面的教学情境中所形成的安全而可控的舒适圈，从而给教师所带来的极度不安、无能为力等强烈情绪体验。已有研究认为，网络教学是互联网技术应用到教育后所产生的一类新型教学模式，这类教学模式因网络技术的应用而引发了教

育观念、教学内容、教学过程以及教学组织形式等方方面面的变化。[①]
正是这系统化的变革催生了教师的恐惧情绪。正如富兰指出，变革是
一项旅程，而不是一张蓝图，是非直线的，充满着不确定性，需要有
新的技能、新的行为、新的信念和新的认识；在这种情况下，学习、
焦虑、困难以及对未知的恐惧在所有的变革过程中是必然存在的，特
别是在初期。[②] 网络教学中教师恐惧正是这场变革的自然结果和必然
情绪，是对教师"教育惯习"和"舒适地带"的挑战。这一方面让
我们看到了信息化教学推进过程中教师遇到的问题，进而对这场变革
进行反思和修正，另一方面也表征着教师走出舒适地带开始学习和改
变，是教师切实践行网络教学的起点，意味着教学范式变革的启动。
通过本研究也可以发现，教师在网络教学中之所以会恐惧，除了国外
研究者指出的缺乏经验、准备不足之外，在中国语境下也深受"学高
为师、身正为范"的传统教育文化影响，教师对自身完美"人师"
形象的追求也是教师恐惧产生的重要原因，反映了在网络教学应用初
期教师群体对网络教学有用性和易用性的怀疑和害怕。为此，我们需
要从教育变革视角重建对教师恐惧的理解，重视表征着教师学习和改
变的网络教学恐惧，区分其特性与功能，进而为其消极因素的转化和
积极功能的实现打好基础，推进教学范式的转型性发展。

　　从上述论述中我们可以发现网络教学情境中的教师恐惧具有以下
特征：（1）技术的关联性，教师网络教学恐惧是因现代信息技术这
一媒介所带来的变革而引起的，因而在网络教学中的每一种恐惧都与
现代信息技术本身的特质有关，深深烙下了互联网的印记，这是与线
下教学情境中教师恐惧本质不同所在；（2）具有弥散性和持续性，
教师网络教学恐惧体验不仅仅存在第一次网络教学中，也不仅仅只会
影响恐惧那一刻的教学，会持续弥散在整堂课之中，而且会持续影响
教师对网络教学的情绪接纳，更有甚者会引发教师对自身整体教学能

---

① 赵婷婷、田贵平：《网络教学到底能给我们带来什么——基于教学模式变革的历史
考察》，《教育科学》2020 年第 2 期。
② ［加］迈克尔·富兰：《变革的力量——透视教育改革》，教育科学出版社 2005 年
版，第 31—34 页。

力的怀疑，长期影响教师的教学效能感；（3）教师网络教学恐惧的普遍性，正如帕尔默所说的教学恐惧无处不在，不同年龄、不同代际、不同媒介素养的教师在网络教学情境中恐惧的具体内容和程度不尽相同，但恐惧体验却是每位教师跳出线下教学情境舒适圈开展网络教学变革的必经情绪；（4）教师网络教学恐惧本身是中性的，积极和消极功能兼备，关键在于教师自身对于所体验到的恐惧的信念、理解以及如何应对，正是对恐惧的不同反应形成了恐惧积极或消极的分野。[①]

第四节　网络教学情境中教师恐惧的教育学意义

教育信息化的核心是教学信息化，网络教学作为教学信息化的重要内容，除了必备硬件的投入外，关键在于教师对网络教学的情绪接受与主动使用。教师恐惧作为教学范式变革的必然结果，不是一个独立的事件，更多的是个体与社会文化互动的结果，是窥探网络教学场域中教师内在生命景观的通道。网络教学恐惧体验作为一个窗口，也折射了当前网络教育的生态，可作为改进网络教学的依据和抓手。以教师网络教学恐惧体验为指引，未来可从以下几方面努力：

一是要健全多主体协同育人机制，在全社会营造协同应对信息化教学变革的文化氛围，消解教师的非专业化恐惧。从教师恐惧体验中可发现，网络教学情境中，教师不得不与外界发生物质、信息和能量的交换，因而面对网络教学，教师既有着对网络、设备、技术鸿沟等硬件条件的忧虑，也有着对基于网络联结的家校协作的无助和紧张，这需要全社会的共同努力。为此，健全多主体协同育人机制在信息化教学实践中至关重要。信息化教学是未来教师教学活动的新常态，全社会都应以积极坦然的态度面对信息化教学变革，看到并理解教师在这场变革洪流中作为孤独的"文化英雄"的无助与无能为力，应基

---

① 张敏、代建军：《论教师恐惧》，《当代教育科学》2016 年第 15 期。

于网络在家庭、学校和社会之间构建一种新型"教育合伙人"关系，以教师为"平等中的首席"，家长、社会成员协同支持，三方共同推进网络教学。在这之中，社会要提供充分的网络资源和技术支持，并以网络教学改进为契机，重建一种以实现学生全面而有个性成长为旨归的评价机制，让教师更加敢于应用网络教学，综合性、过程性、增值性地观照个体的成长与发展；家长则要进一步强化自身作为孩子教育责任第一人的角色意识，与教师互相理解、互相体谅，以"教师远距离助手"的身份较为深入地介入网络教学之中，和教师共同承担起立德树人的重任，并审慎使用自己的评价权，分担教师开展网络教学的压力和恐惧。

　　二是教育行政管理部门要完善教师教育政策设计，关注教师生命的持续更新和整体成长。网络教学的落实需要教师走出以往线下教学情境所形成的舒适圈，突破恐惧圈，进入学习圈，进而实现教师自身的成长，过程里教师普遍有面对未知的害怕、专业权威被挑战的恐慌等体验，由此可知教师蜕变的实现是需要勇气和韧性的。为此，在信息化教学时代，教育行政管理部门须重构教师教育的内容体系设计，要超越以往的学科知能范畴，着重关注以信息技术与课程教学深度整合为核心的教师数字化教学胜任力的培养，更要将面对不确定性的能力融入教师能力框架之中，打开教师的心量，引领教师不断地更新自我、拥抱未来。在帕尔默看来，教师的自我确认、自我更新和自我完整这一持续的过程才是好教学的前提。[1] 未来可依据教师网络教学恐惧体验的五大类型及其具体表现，研制以网络教学实施为目的、教师生命整体成长为旨归的立体化教师教育课程，在教学范式转型中实现教师群体素质的提升。在课程的具体实施上，可将教师群体凝聚起来，组建基于情感联结的学习共同体，采用教育合作叙事和专家讲座相结合的方式，让教师在体验分享和技能训练的交替中相互感染、共情理解、彼此汲取能量，真切感受网络教学的有用性和易用性，共同

---

① ［美］帕克·帕尔默：《教学勇气——漫步教师心灵（十周年纪念版）》，吴国珍等译，华东师范大学出版社 2014 年版，第 2 页。

克服网络教学的恐惧心理，实现彼此生命的勇气更新。

　　三是教师群体需重建自我角色信念，在终身学习中提升个人专业素养，成为网络教学的适应者。在知识爆炸的信息化时代，教育变革是常态，也对教师个人专业素养提出了更多更高的要求，在线上线下融合的专业场域中，教师不再是万能的"超人"，也不再是完美形象化身的"圣人"，因而时刻担忧着自我的形象。在网络教学情境中，一方面教师需要明晰自我内在形象修为才是身为"人师"的关键，但同时也要走出以往学科权威、道德化身的"超人化"与"圣人化"神坛，努力成为学生成长路上的引领者、帮助者与同行者；另一方面，教师群体作为民族未来的领路人，更要以变革引导者和终身学习者的身份规约自己，在网络教学这种新型事物推行过程中，要秉持积极开放的接纳态度，共同营造以自我更新和合作学习为核心的新型教师文化，及时表达自身技术学习的障碍和需求，在践行网络教学中实现抱团发展、共同成长，适应当前信息化教学的发展趋势。

第八章 教师抱怨的现象学研究[*]

教育是一项复杂的事业，连接着社会、家庭和个体，承载着不同主体的期望和来自社会的各种压力。在"什么都要进校园"的教育生态下，学校和教师不得不面对许多非专业性工作，教师教书育人的主业受到严重影响。某市直小学曾经统计：仅仅在一个月内，一个普通的小学班主任收发各种行政文件竟然高达 30 多份。繁杂的工作负担使教师陷入疲于奔命的状态，严重影响了教师的职业热情和身心健康，当他们长期处于这种状态却又无力改变时，抱怨便成了教师常见的情绪表达。研究教师抱怨的样态与结构，剖析教师抱怨的主要特质，寻找教师抱怨的教育学意义，对理解与转化教师的抱怨情绪具有重要意义。

第一节 抱怨：教师职业价值观的 外在表征

早在《晋书·刘毅传》中就有对抱怨的表述："诸受枉者，抱怨积直，独不蒙天地无私之德，而长壅蔽於邪人之铨。"《当代汉语词典》将抱怨解释为"因不满意而责怪"。由此可见，抱怨是建立在"不满"的价值判断基础上，更多地表现为一种消极的情绪体验。

抱怨作为情绪表达，主要借助语言或相关行为进行排解与释放，

---

* 本章的轶事和少数内容改自张妮《N 学校教师抱怨的个案研究》，硕士学位论文，江西师范大学，2016 年。

进而调整自己的情绪状态。抱怨语指的是说话人对于刚刚发生的或正在发生的给自己带来不利影响的行为表示的不满或不快。① 与批评言语行为一样，抱怨语也是一种"威胁面子行为"（FTA），如果说话者的言语或行为违反了听话者的愿望，那么就会对其自身构成威胁。抱怨言语即说话人对于过去正在发生的、给自己带来不利影响的活动或客观状态显示不满、烦恼、责难等的言语表达，常常伴有非语言行为。② 如果不满的情绪体验长期得不到排解，则有可能朝着更深层次的负面情绪"怨恨"发展，进而表现出更消极的行为。我国学者刘德林（2008）研究了教师的怨恨心态，他认为教师的怨恨心态是一种因无力发泄而隐忍于内的不满性情绪。伤害、隐忍和无能是构成教师怨恨心态的三个要素。③ 教师怨恨心态的滋生是由内外两种因素交互作用的结果，其中外因是指他人对教师自身的伤害，而内因是指教师本人的虚弱无力性，缺少其中的任何一种因素，怨恨心态都难以产生。④情绪同样是职业样态与教育管理的重要反映。情绪需要理解，更需要作为管理的重要内容。

教师情绪是个体职业信念和价值取向的反映。情绪认知理论普遍认为，认知在情绪中占据着十分重要的地位，若无认知，情绪就无从谈起。阿诺德认为："情绪产生的过程是刺激→评价→情绪，情绪的产生依赖于个体对刺激物的认知评价。"⑤教师抱怨作为一种情绪，是教师的一种主观体验，它产生的过程体现了教师的认知评价，这种"认知评价"就是教师的职业价值观。教师抱怨反映了教师在职业生涯中"不满"所在，当教师抱怨工作中的某些问题时，说明出现了认知冲突，是教师职业价值观的彰显。研究教师的抱怨情绪，有助于了解教师内心深处的职业价值观。已有研究指出，教师文化中存在两

---

① 刘惠萍：《抱怨语的语用研究》，《广西社会科学》2004 年第 2 期。

② 简正玲：《汉英抱怨言语行为对比研究》，博士学位论文，中国海洋大学 2007 年。

③ 刘德林：《论教师的怨恨心态》，《天津师范大学学报》2008 年第 9 卷第 4 期。

④ 刘德林：《论教师的怨恨心态》，《天津师范大学学报》2008 年第 9 卷第 4 期。

⑤ ［美］安东尼奥·达马西奥：《笛卡尔的错误——情绪、推理和大脑》，殷云露译，北京联合出版公司 2018 年版，第 233—237 页。

种职业价值观①：一种是内在的价值观，表现为对孩子生命的尊重与爱，他们把教育工作当作一项事业，把学生的个体发展放在了首位，注重学生的可持续发展，关注其过程性体验以及为未来发展打基础；另一种是工具主义的价值观，即把教师职业看作是一种谋生的手段，或只关注外在的评价，如把工作当作一种"良心活"。

第二节 教师抱怨的现实样态

为了探寻教师抱怨的现实样态，我们选取 N 小学作为研究个案，从中选取了 21 名女教师、3 名男教师进行访谈（访谈资料编号方式为：前面四个数字为访谈日期，如"0617"表示 6 月 17 日，"I"表示访谈资料，"T14"表示第 14 位受访教师）。N 小学是一所农民工子弟小学，地处城乡接合部，大约有 600 名在校生，外来务工人员生源占多数。总体而言，N 小是一所薄弱学校，学校发展面临许多瓶颈问题，特别是有限的师资力量和教育资源使学校发展困难重重。我们假设，在这样一所质量不高的学校中，教师抱怨产生的可能性会大一些。通过深入访谈，我们建构了 N 小教师抱怨的基本样态。

一 "烦琐的手续条例"：对管理制度的抗拒

无规矩不成方圆，规范的管理离不开制度的保障。对一个组织而言，合理的制度是其高效运行的基础。制度本应是全体组织成员共同制定的行为公约，规约的内容以及方式都应有明确的规定。学校作为一个组织，其运作一方面既要遵守上级行政管理制度，另一方面又需构建自身内部管理制度。管理制度的有效性不仅取决于制度内容本身，也取决于制度的制定方式和执行方式，教师期待的不仅要有合理的文本制度，更要有人性化的制度实施。

我觉得学校采购、维修等制度很烦琐。比如说要维修房子，

---

① 谢翌：《教师信念——学校教育中的幽灵》，博士学位论文，东北师范大学，2006 年。

首先你要打个报告，有什么情况递给教育局，教育局再统筹安排，比如说我实地查看，我觉得你这个学校需要维修，然后就叫局长来批，批完之后还要送到区政府里面，然后区长或区委书记再来批，批完了之后再发回教育局，教育局再发到我们这来，说上面已经批了，你这个学校可以维修了，可以加固了。完了之后学校找人设计，你说你装修房子你要设计吧，你必须得设计一个方案出来，要怎样加固、怎样去维修，然后我们就必须跑，去找人家设计图纸，设计完了之后还要图审，图审完了之后……这套手续很烦琐，一圈下来真的很耽误事。（0617IT12）

上级教育行政部门制定学校相关管理制度出发点本是为了规范办学，通过加强审批强化监督。然而，监督的方式仅仅是依靠科层式的审批值得商榷。学校每一件事务都要经过层层审批，一方面效率不高，容易造成推责；另一方面让本是专业人员的教师"奔波"于"烦琐的手续"之中，墨守成规、层层审批，消耗了基层行政教师精力和实干的热情。这样一种管理理念与方式直接影响到一个地方的教育活力。赋权学校和教师，为教育的运行提供良好的外部环境，需要管理教育行政部门从长计议，以人为本，做好顶层设计。

可能我以前习惯了那种比较开放的管理方式，请假的话跟分管领导说一下就可以了。现在事情比较多，请假要说明原因，还要到校长那里去请，关键是批假还要看校长心情，心情好就批假。我记得有次去请假，心里很紧张，不确定是否能获批。敲门进去后，校长正在看文件，让我等两分钟，我坐在那里，不知道如何是好。大概几分钟后，校长问我什么事，我把请假的缘由说了一遍，他没有过多问什么，大概我的理由还比较充分，所以给我签了字，感觉校长全程都有点严肃。所以，一般不到万不得已不愿去找校长请假。（0610IT15）

制度是学校文化的重要内容，是滋生教师情绪的重要诱因。制度是保障学校运作的底线，也是共享文化的基础。一方面，制度设计应该有教师的共同参与，是一种共识性的约束，而非由学校行政人员的权力象征。制度应该让人舒服、自愿地遵从，而非根据个人意愿喜好对学校规章制度进行接纳或排斥。另一方面，教育行政管理人员应深入思考学校管理制度制定的目的、"管"的尺度与方式。学校管理制度制定的目标应是为学校高效运转服务，而非将学校领导和普通教师置于对立的状态、成为制造二者冲突矛盾的导火索，因而需要学校全体共同成员参与学校管理制度的设计，这样教师方能激发教师们的主人翁意识，也更加明晰什么能做、什么不能做以及做到什么样的程度。教师"不到万不得已不愿去请假"是对烦琐的制度的抑制，更是因为家长式的管理文化，担心"能否获批"，"批假"主要看"校长心情"，这种以"长官意志"为尺度的、科层式的学校管理制度让教师抗拒，感受到了更多的是不被尊重与不信任。校长的角色需要转型，需要从事务管理走向文化领导，引领学校全体成员共同协商构建一种双向的、民主式的行政文化，为教师营造张弛有度、宽松愉悦的工作氛围，进而激发教师参与学校事务的参与意识。

二 "精力都用在杂事上了"：教学专业时间被侵占的烦躁

教师的主业本是教书育人，但中小学教师教学专业时间被各种事务性工作挤占却是常态。学校是弱势单位，政府行政部门经常将非专业的事务压给学校。在基层，教师被认为是最老实、最认真、素质最高的政务帮忙者。学校担心这些部门以后办事"卡脖子"，不敢拒绝。减轻中小学教师负担是全社会的共识，2019年国务院也下发了《关于减轻中小学教师负担进一步营造教育教学良好环境的若干意见》，要求把宁静还给学校，把时间还给教师。教师被迫把有限的时间和精力浪费在了诸多校外强加的杂事上面，以至于教书育人的主业受到严重影响，这其中既有学校校情和内部管理的因素，也是上级教育主管部门各种不合理制度要求所致。教师作为基层工作者，他们的体验更为直接和深刻，抱怨"事太多"则表露了教师职业生活的压力和无奈。

我们这里事太多了，我从早上 7 点开始工作，中午都没得休息的，忙到下班都没忙完，管的事又多。各种文件通知收发、会议培训、卫生评比、教学比赛、教研活动、作业批改、上级检查等，这些都是常态化的。更奇葩的是，我们老师还要被抽调去督导征地拆迁，类似种种，教师根本没法专心教学，真的是很烦躁，我们都跟校长反映过很多次了，但仍然没有任何改善。学校本来就是农民工子弟学校，家长就是完全不管的，作业不检查，连签字都不签，所以我们学校的老师要比其他学校的老师累很多。而且，师资力量有限，学校要发展完全靠老师自觉。我有一次因为感冒失声了，学生一个多星期没上数学课，我只有自己后面慢慢补，后来都是要借别的老师的课来上。（0619IT17）

纷繁复杂的各种事务性工作让教师一直像陀螺一样忙碌着，"永远忙不完"的状态让教师没有了休息和潜心钻研教学的时间，身心健康都将受到严重影响，教师的"烦躁"反映了教育部门的无力，同时也折射了教育人的期待。简化繁杂的非教学任务，探究教师减负的实现机制，给教师营造开展教育教学的良好环境，让本就热爱育人的教师聚焦自己的主业，心无旁骛地做好本职工作，这是当前教育亟须达成的一个愿景。

三 "付出与得到不对等"：内心职业报偿感缺失的失望

与生命对话是教育的本质所在，相比其他职业，教师在关注物质报偿的同时更为关注意义报偿感的实现。薪酬待遇制度是影响教师情绪的重要因素之一。在原本工资水平不高的教育系统中，绩效考核制度的设计是每位教师的核心关切所在。

学校行政这块给了我很大压力，教学以外，我还担任了教师工会主席，两边的事情要做，要费好多时间，忙于行政就不能精于教学，我明显感到力不从心。我虽然有六年工作经验，但是我发现自己现在的教学水平可能还赶不上那些教龄只有三四年的老师。教学水平和能力是绩效考核的主要指标，直接与收入挂钩，作为行政人员的我，明显受到影响，而且我这个工会主席明显是个吃力不讨好的活，每次我用心组织的工会活动那些老师们根本没几个人配合，也做不出什么花样来，听到的都是他们对学校工会的不满意，慢慢地我也做得没劲了。面对这些压力，我已经和校长提过三次卸任这个职位了，但是校长都以没人接手为由拒绝了我的要求。所以我心里极度不平衡，就感觉付出与得到不对等，特别的不舒服。（0611IT04）

在宏观的教育背景下，学校组织的工作必定有教学工作与行政事务。学校作为育人单位，绩效考核当然是以"教学水平和能力"为核心。然而，当繁重的行政事务变成了一种非自愿的强加，一方面会挤占教师的专业时间，另一方面因其繁杂增加了教师的工作量，如果不能在一定的报酬机制上予以体现，确实会让人"做得没劲"。绩效考核制度应适当兼顾教育行政人员为全校事务性工作所做的贡献，全方位观照每位教师的各种付出。此外，作为学校管理者，在行政人员的选用上，一方面要考虑教师的自身情况，另一方面更应认真听取教师内心的想法，兼顾其个人的专业发展定位，设身处地为教师解决后顾之忧，让每个教师都能各展所长。教师"提过三次卸任"，校长却因"没人接手"而予以拒绝，这只能进一步激化教师"付出与得到不对等"的心理，这种不平衡的情绪只能通过抱怨来排解和宣泄。如何平衡和兼顾这两个方面，需要智慧。例如，行政工作可否实行轮流担当，这一部分工作主要算作志愿，一律不给报酬；或者采用分布式管理，赋权更多人参与。

四　"不听话的现代孩子"：师道尊严受到挑战的无奈

一直以来，在传统师道尊严的教育文化影响下，规训充斥着学校整个教育教学过程，学生只能乖乖坐在课室里服从教师的一切指令，"听老师的话""上课认真听讲"等也成为教师对学生最核心的期待，一旦"教了不听"，学生便会被上升至"离经叛道"的道德高度。

现在这上课就跟开会一样的，就等着下课。六年级的孩子也是一样，就等着毕业。反正现在是就近入学嘛，上课一点也不听，吼了以后慢慢地又讲起闲话来了，吼了几遍都不听。到初中，老师就说小学老师没教好。你说老师教了吗，教了他不听啊。我以前读书的时候，老师吼一声，都不敢吱声了。不知道现在的孩子是怎么了！（0608IT08）

课堂管理往往比教学实施更费时间，尤其在低龄段的小孩。教学作为一种情绪劳动，主要体现在与学生的关系上。这种关系又取决于教师的角色信念。学生在变化，课堂文化是教师文化的一部分。权威型的教师会把学生"上课说闲话不听讲"看作是不尊重老师的表现，于是他们想采取"吼"的方式予以压制；"吼了几遍都不听"之后便深感自己的"师道尊严"遭到了挑战，并以此做出道德评判："不知道现在的孩子是怎么了"。的确，当下的学生有着与以往的学生不一样的特征，教师需要学习并了解，反思自己的信念，而不是简单地指责。小学生身心发展尚不成熟，特别是作为数字原住民的这一代，注意力持续时间有限，不能静下心来听讲可能更多的是生理原因，或是对于教师授课内容与授课方式的无声抗议，而非道德品质出了问题，更不是对教师身份的质疑与挑战。因此，作为教师，需要转换自己的角色信念，要有学生立场，不断调整和反思自己的教学理念与方式，落实新课改提倡的自主、合作、探究教学模式，让课堂焕发生命活力，将"强制学生被动学"转化为"吸引学生主动学"。

五　"不管孩子与不尊重教师"：家校不协同的气愤

在孩子的成长过程中，学校教育和家庭教育都至关重要，教育的成功离不开家校协作。家庭教育环境、教育理念、教育方式，甚至家庭生活习惯等各个方面都影响着孩子。[1] 家长本就是一个无须持证上岗的角色，加之当前家长的文化水平、教育意识、工作性质等因素的

---

[1]　周蕾：《小学生家庭教育现状的文化审视》，硕士学位论文，华中科技大学，2013 年。

共同作用，很多家长对家校协作的重要性认识严重不足，把教育孩子的责任完全推给教师，必定会影响教育的成效。

> 我现在得出的结论就是：小孩的成绩跟家长有很大关系，我班上成绩好的孩子家长都会管。有的家长态度还稍微好一点，大部分家长不行！有个好搞笑的事情，就是我们不是每天有家校本嘛（用来督促学生完成作业的家校联络本，老师把布置的作业写到家校本上，家长依此检查），每次是否完成作业要家长签字的。有家长就是一次性签好多次，就不负责。你说我们要是有 20 多个人，我每天监督孩子作业可以，我们班上 50 多个人，你作为家长看下自己孩子作业写完没有不算过分吧。有的家长可能就是不在乎吧，孩子作业没写他也签字。我生起气来就跟家长打电话说既然你自己都不管孩子，那老师以后肯定就不会那么严格了。将心比心，你对老师尊重，配合老师的工作，老师也肯定会对你家的小孩严格一点喽。你自己都不管孩子，那我也就没那么上心了。（0610IT14）

家校协作建基于家长与教师的角色分担和赋权承责。在教育过程中，教师和家长分别应该扮演什么样的角色是一个值得反思的问题。家校协作的重要性并不是教师弱化自身职责的理由，相对应地，家长也不能以"文化水平不高""工作繁忙"等外在因素为借口推卸自身的育儿天职。教师将孩子的成绩好坏很大程度上归结于家长是否管教，"班上成绩好的孩子家长都会管"再次有力地证明了家庭教育在孩子成长中的重要作用，但也一定程度上折射了教师认为家长才是影响孩子成绩好坏的重要性因素的潜意识，这种潜意识容易导致对家庭教育过高的期望，弱化学校教育的主体责任。由于是农民工子弟学校，家长文化水平普遍不高，缺乏教育的意识、理念和方法，这是 N 校家庭教育缺失的根源所在。学校应该基于家长的实际情况，构建适切于本校的家长课程，通过家长培训、增强家校沟通等方式，让家长获得基本的家庭教育理念和方法。与此同时，教师也应与家长共情理解、真诚沟通，进一步承担起自身在教育中的主体作用，在双方的共同努力下提高家校协作水平。简单的一句"你自己都不管孩子，那我也就没那么上心了"，此类消极抱怨无助于解决任何问题。

> 有一次气死我了。我在上课，一个孩子的爷爷直接冲到我班上来，也没有称呼我，就直接说："诶，要给我孙子换位置，他坐在那里看不到。"那个小孩原来还蛮听话的，成绩也好，坐在第二桌。但是他换了位置之后跟那个同学讲话，我特意把他从第二桌换成第三桌，结果他（爷爷）还好生气："诶，你要把我孙子换回来！"当时我就把他赶出了教室，真是的，一点都不知道尊重人，好心被当成了驴肝肺！后来学生问我："老师，刚刚你对那个家长怎么那么凶？"我说因为他对老师没礼貌。（0605IT02）

协作基于信任，家长与教师关系的质量影响着教师的情绪，也决定着家校协作的成效。家长和教师作为教育合伙人，本应基于助力孩子成长这一共同愿景建构亲密无间的合作关系。现实中往往因为缺乏共同的立场，对彼此缺乏基本的信任，教师和家长往往因沟通不畅而使矛盾激化。家长需要教育，不仅在指导孩子方面，也包括如何与学校和教师的沟通方面；教师同样需要了解家长，掌握与家长沟通的智慧。不问原委，"直接冲到班上"要求教师"给孩子换位置"，对教师的教育行为予以干涉，教师也未将其"位置调换是出于对孩子的爱"这一缘由告知家长，而是将家长"当场赶出了教室"，深感"好心被当成了驴肝肺"。教师和家长之间这种缺乏起码的尊重与信任，使得家校协作共育缺乏基础。

第三节 教师抱怨的结构与特质

N校教师抱怨的现实样态具有一定的代表性，其抱怨的内容在当前中小学里也普遍存在。通过深入分析归纳可发现，N校教师抱怨的对象主要是制度、学生和家长，主要内容结构如表 8 - 1 所示：

表 8 - 1　　　　　　　　　　N 校教师抱怨的内容结构

类型	具体表征
对制度的抱怨	"烦琐的手续条例"：对管理制度的抗拒
	"精力都用在杂事上了"：教学专业时间被侵占的烦躁
	"付出与得到不对等"：内心职业报偿感缺失的失望
对学生的抱怨	"不听话的现代孩子"：师道尊严受到挑战的无奈
对家长的抱怨	"不管孩子与不尊重教师"：家校不协同的气愤

教师的抱怨体现在教育生活的方方面面，因人而异，因情境而异。本研究的资料收集有限，并不能涵盖教师抱怨的所有样态，后续研究有待进一步补充完善。但基于对 N 校教师抱怨内容的具体剖析，我们仍可以提炼出教师抱怨的一些基本特质。

一　内心诉求的外化

在文献梳理部分我们已经明晰，抱怨是建立在"不满"的价值判断基础上，从另一个层面而言，抱怨其实也是教师内心诉求的外化。当教师抱怨管理制度时，是希望学校有更科学、合理、高效、人性化的管理制度；当教师抱怨自己的时间和精力都浪费在杂事上时，是希望能回归教书育人这一主业上；当教师抱怨付出与获得不对等时，是希望自身创造的价值能够真正被看见。抱怨是将教师内心诉求外化成言语表达的行为，即使抱怨者自身清楚地知道他们的诉求可能得不到满足，但他们期待自己的心声能够被听到，进而获得更多的理解与支持。

二　内在压力的表征

教师压力是指"由教师意识到他们的工作状况对其自尊和健康构成威胁这一知觉过程而引起的消极情感体验"[1]。烦琐的审批手续让

---

[1]　陈德云：《教师压力分析及解决策略》，《外国教育研究》2002 年第 53 期。

老师"跑断腿"，集权式的管理方式让老师毫无"主人感"可言，行政与教学兼顾的双重工作量让教师深感"力不从心"，超负荷的劳动与教育事业上"独行侠"的生存状态使老师变得烦躁、无奈和气愤……老师的种种压力需要释放与疏解，教师必须做出一些适应性反应以保持内心平衡。"抱怨"便成为释放压力的出口，承载了教师日常所承受的种种内在压力。

三　对道德绑架的抵制

教师是人类灵魂的工程师，是蜡烛，是"园丁"……类似种种对于教师"圣人化"的赞美，实质以道德之名，利用过高甚至不切实际的言行标准来对教师进行道德绑架。N 学校教师在抱怨时总是强调：教师也是普通人，不是"圣斗士"。这是教师群体对道德绑架的抵制，教师不只是传道授业解惑者，同时也是一个普通人。人们用圣人的标准要求教师，这是不合理的。因为只有普通人才是真正意义上的人，肯定的是人的权利和生命尊严，折射出人之为人的生命真谛。①教师需要这个社会以"祛圣化"的眼光正确看待他们，悬置误解和偏见，少一些过分的期待和要求，方能真正平视他们的言行，真正走进他们的心灵，进而让他们感受到被理解和被尊重。

四　对困境的消极应对

抱怨是一种消极情绪，N 校的教师抱怨充分彰显了这种消极性，主要表现为：以抱怨的形式，任由困境的存在，无益于问题的解决。无论是对制度的抱怨，还是对学生和家长的抱怨，虽然一定程度上可以对教师起到减压的作用，但教师都还没有思考"应该如何改进"，更多是选择逃避和对抗的方式，甚至不分场合地在学生面前发泄这种负面情绪。虽然这让我们看到了一线教育工作者很多情况下无能为力的辛酸与无奈，但情绪具有传染性，这种情绪化的处理方式不利于困境的破解，更有甚者则会进一步激化矛盾。

---

① 于忠海等：《教师形象的回归：从传道者到普通人》，《教学与管理》2015 年第 24 期。

五　价值冲突的彰显

生活中常有"不满"的出现，因而抱怨是一种常见的情绪。教师的抱怨是因专业生活中的人、环境、制度和文化等引发的，内在彰显了教师与各个利益相关者之间的价值冲突。比如，对管理制度的抗拒实质是教师专业思维取向与教育管理者行政思维取向的冲突，对家校不协同的气愤是因教师家园协同育人理念与家长不合理的教育参与理念之间的冲突。教师与各个利益相关者之间价值的冲突，也一定程度上使得教师在职业生涯中深陷于理想的内在价值观与现实的工具主义价值观之间，过着一种撕裂的教育生活，消弭了教师的职业热情。正如 N 校很多教师提到的那样，自己的这份教师职业是没有多少成就感的。

第四节　教师抱怨的教育学意义

教育现象学关注的是学生和教师的种种生活体验，并从中获取有益的反思，从而形成一种特有的教育机智和对具体教育情境的敏感性。① 抱怨是教师对生存于当下教育生态大环境的不满情绪的表达，关注教师在具体学校教育情境中的抱怨体验，对于了解教师的生存状态、内心世界以及教育生态改进都具有重要意义。

一　抱怨是了解教师真实生存状态的窗口

抱怨作为教师内心诉求的外化和内在压力的表征，是捕捉教师内心真实情感世界的最好通道，从中可窥探当前教师真实生存状态。日常教育情境中教师群体都在抱怨什么、究竟对哪些人事物产生不满，通过对这一问题的追寻，我们可知当前教师究竟以怎样的姿态生存于何种教育生态之中。让教师回忆抱怨那一刻的教育情境，重新审视自

---

① 李树英：《教育现象学：一门新型的教育学——访教育现象学国际大师马克斯·范梅南教授》，《开放教育研究》2005 年第 3 期。

己的处理方式和当时的心境，这种悬置前见的还原方式也让教师自身能够更为客观公正地看待自己的职业生涯。从教师抱怨体验中可发现，当前教师正在被烦琐的管理制度、庞杂的非专业事务、不听话的孩子、不配合的家长等等撕扯，职业报偿感严重匮乏，机械平淡的教育工作包裹着充满无奈与悲愤的内心，这对于我们教育理论研究者、教育政策制定者和其他教育实践者都有着重要的警示和启迪意义。教师幸福感的提升应成为教师专业发展研究的重要议题。

二 抱怨是教师保持身心健康的调节器

医学和心理学的大量研究早已表明，情绪对个体的身心健康具有重要影响。长期的负性情绪容易导致个体大脑神经活动功能紊乱，情绪中枢部位的控制减弱，认识范围缩小，自制力、学习效率降低，不能正确评价自我；同时也会降低个体的免疫功能，导致其正常生理平衡失调，引起心血管、消化、泌尿、呼吸、内分泌等系统的各种疾病。[1] 教师如果长期处于负面情绪状态，必然会影响自身的身心健康和教育教学质量。帕尔默认为，"我们需要找到各种可能的方式倾听来自心灵内部的声音，并认真地接受内心的指引，不只是为了我们的工作，更是为了我们自己的健康"[2]。教师面对不合理的管理制度、繁重的工作压力、学生和家长的不配合以及薪酬待遇的不如意等，需要一种表达不满的方式，调节自己的消极情绪，维护身心的健康。而抱怨作为一种表达不满的言语行为，则是教师排解日常教育情境中负面情绪的重要方式。我们不要简单地去污名化教师抱怨，而应当视作一种改变的开始，看作是一种对现实状况的批评和反抗。在"说出来就好受些"的理念指引下，教师即是通过真诚表达自身内心真实感受的这种抱怨式言说，释放自身的负能量，让自身情绪逐渐平复下来，进而方能积极寻求改变。

---

① 孔庆蓉：《浅析负性情绪对大学生心理健康的影响》，《教育与职业》2011 年第 33 期。
② 罗祖兵：《教学需要勇气——帕克·帕尔默〈教学的勇气——漫步教师心灵〉评介》，《全球教育展望》2009 年第 38 卷第 9 期。

三　教师抱怨是教育生态改进的切入口

从教师抱怨的内容可知，当前的教育管理制度、教育教学现状、教师薪酬待遇以及师生、家校关系等等都不尽如人意，引发了教师的诸多不满，这些都可作为未来教育生态改进的方向标。教育行政管理部门应充分调动社会各方力量，从人力、物力和财力等各个方面保障教师投入教书育人主业的时间、精力和热情。具体而言，可基于大学、教育行政管理部门和中小学的三方协作，一是共同设计科学合理的教育制度，包括管理制度和薪酬制度，解决教师的后顾之忧；二是共同探索教师减负政策有效落实机制，自上而下给教师营造良好的教育教学环境；三是共同构建家校社协同育人机制，以发挥教育利益相关者的最大合力。

第九章 教师愤怒的现象学研究

近年来，社会上频频发生虐童事件，如扎针、喂药、施暴等，让社会大众哗然的同时，也让大家对愤怒，尤其是幼儿教师的愤怒格外"关注"与"敏感"。喜怒哀乐是人的基本情绪。在教育活动中，教师愤怒与教师幸福都是一种教育现象，就像奖励与惩戒一样，两者都是不可或缺的。快乐与愤怒不是两种对立的情感，愤怒有时恰恰是为了表达爱。所以，应该抱持理解的态度去看教师愤怒。当下，幼儿园在管理上倾向于用简单、粗暴的方式"解决"幼儿教师的愤怒情绪，或否定或压制，用虚假的"和谐"压抑真实的情绪。愤怒情绪可以是消极的，也可以是积极的，即使它完全代表了黑暗面，也不可能通过简单地压制而消灭。正如"痛苦不会从生活中消失，只会消失在生活里"①，对教师情绪的简单压制不会让愤怒从教育中消失，只会消失在儿童教育中。因此，需要回到教师愤怒的那一刻，去考察教师愤怒的样子，揭示其本质，观照其教育学意义，帮助人们正视与理解教师愤怒，探寻其教育学意义。

第一节 关于幼儿教师愤怒的"前见"

愤怒，是人的一种最基本、最原始的情绪。关于愤怒的描述揭示了这种情绪的方方面面，如愤怒中的身体状态、心理状态、行为状态

---

① ［美］卡伦·霍妮：《我们内心的冲突》，武志红译，中华工商联合出版社 2018 年版，第 2 页。

和愤怒的不同程度等。例如，表示身体状态的"怒目圆睁""勃然变色"，表示心理状态的"恼羞成怒""怒从心头起，恶向胆边生"，表示行为状态的"暴跳如雷""拂袖而去"，还有表示不同程度的"怫然不悦""怒发冲冠"。从词源学来看，无论是"愤"还是"怒"，都与"心"有关。"心，象形。博士说，以为火藏。"[1] 从《说文解字》的解读可以看出，心是属"火"的脏器。首先，愤怒与"火"相关。当人们形容一个用语言来发泄愤怒的人，常常用"火冒三丈""怒火中烧""怒火攻心""火气这么大，是吃了枪药吗"来描述。从这个层面看，愤怒可能会对自己或他人造成伤害。愤怒同样是"生气"的表达："气大伤身"；"牢骚太盛防肠断"。其次，"愤"字最初是"懑"的意思，表示憋闷、抑郁不平的状态。"不愤不启，不悱不发"中"愤者"，就是"心求通而未得之意也"，表示一种努力想弄明白但仍然想不通的状态。后来，"愤"才有了"气愤"的意思，形容人愤怒时气闷在胸中的抑郁。所以，愤怒也指向一种"不理解""想不通"的艰难和痛苦的状态。由此可见，从词源学分析，愤怒是一种抑郁的、痛苦的、强烈的、人人都会有的状态。鉴于愤怒会对人产生伤害，一些谚语和名人名言都告诫人们"制怒"，即要学会克制或忍耐。

　　在民间传说和历史中，也有很多关于愤怒的故事。就像愤怒这一情绪本身容易给人留下深刻印象一样，有关愤怒的故事总是故事的重要主题，让人刻骨铭心。古有屈原悲愤交加自沉汨罗江、包公义愤填膺怒铡陈世美、岳飞怒发冲冠血染满江红、杜十娘痛心疾首怒沉百宝箱，还有曹操恼羞成怒杀吉平、吴三桂冲冠一怒为红颜等。今亦有鲁迅在国家危难之际的"哀其不幸，怒其不争"的呐喊。由此可见，愤怒并非全部都让人厌烦和摒弃。屈原的怒是对世人的警醒，让人称颂；包公的怒是对正义的捍卫，让人钦佩；岳飞的怒是对国家利益的守护，让人敬仰；杜十娘的怒是对命运不公的控诉，让人同情，

---

[1]　（东汉）许慎撰，思履主编：《图解说文解字》，北京联合出版公司 2016 年版，第306—307 页。

等等。

研究表明，愤怒这种情绪容易引发个体消极的行为。[1] 幼儿教师的消极情绪会外显为过激的或不适宜的行为[2]，因此，教师的愤怒需要控制[3]，并且需要专门习得一些技巧和策略去控制自己的愤怒。[4] 幼儿对他人的情绪更为敏感[5]，幼儿教师作为情绪劳动者，需要在与幼儿互动的过程中管理好自己的情绪，为幼儿提供榜样，同时要引导幼儿识别与管理情绪。[6] 相比其他服务工作和其他类型的教师，幼儿教师不良情绪对幼儿的影响更大。受人本主义心理学派和认知行为理论等的影响，学者们对教师愤怒的态度由"敌视"转为"正视"。[7] 正视愤怒有两层含义：首先，愤怒并不总是消极的。[8] 愤怒的意义会随着具体情境的不同而变化，要以理解的眼光看待这一情绪，当愤怒为人们提供解决问题的线索和动力时，它是积极的[9]；当愤怒帮助矫

---

[1] Judge Timothy A. , Scott Brent A. , & Ilies Remus, "Hostility, job attitudes, and workplace deviance: Test of a multilevel model", *Journal of Applied Psychology*, Vol. 91, No. 1, January2006, pp. 126 – 138.

[2] 陈学敏:《幼儿园组织视角下教师情绪管理的问题及管理系统构建》，硕士学位论文，内蒙古师范大学，2020 年。

[3] 姚立新:《教师，要学会控制愤怒》,《中国教师》2009 年第 14 期。

[4] 杨恬:《教师愤怒情绪的控制》,《基础教育》2007 年第 2 期。

[5] Kate Boyer, Suzanne Reimer& Lauren Irvine, "The nursery workspace, emotional labour and contested understandings of commoditised childcare in the contemporary UK1", *Social & Cultural Geography*, Vol. 14, No. 5, August2013, pp. 517 – 540.

[6] Carol Vincent, Annette Braun, "Being 'fun' ™ at work: emotional labour, class, gender and childcare", *British Educational Research Journal*, Vol. 39, No. 4, August 2013, pp. 751 – 768.

[7] Friedman Ray, et al. , "The positive and negative effects of anger on dispute resolution: evidence from electronically mediated disputes", *The Journal of applied psychology*, Vol. 89, No. 2, April2004, pp. 369 – 376.

[8] 曾文婕:《"正视"教师情绪——教学公平研究的应有取向》,《中国教育学刊》2009 年第 7 期。

[9] Deanna Geddes, Ronda Roberts Callister, "Crossing the Line (s): A Dual Thereshold Model of Anger in Organizations", *The Academy of Management Review*, Vol. 32, No. 3, July 2007, pp. 721 – 746.

正不平等的关系和权力时，它也是积极的。① 其次，不能对愤怒一味地回避与压制。愤怒系"人之常情"，是人基本的情绪类型，幼儿教师的愤怒不能无条件地压制。② 与其花费功夫讨论如何压制愤怒，不如研究教师情绪劳动的现状和意义③、探讨教师情绪劳动的内涵和价值④、构建如何提升教师情绪劳动的优化策略⑤、分析教师愤怒情绪表达的原因⑥、挖掘教师愤怒情绪背后的社会文化系统⑦、反思教师在愤怒情绪下能否妥善应对事件等更有价值。⑧ 由此可见，由"堵抑"转向"疏解"是对待教师愤怒情绪的研究趋势。目前，虽然对愤怒要"正视"的态度逐渐明朗，但对于教师愤怒的认知仍然是不够的。

第二节　直面现象：幼儿教师愤怒的"样子"

幼儿教师的愤怒是什么样子？需要悬置前述关于"愤怒"及"幼儿教师愤怒"的"前见"，回到教师愤怒的时刻去理解，运用现象学的态度去"还原"。本研究以"悬置""还原""反思"作为教

① Jimmy Calanchini，Wesley G. Moons& Diane M. Mackie，"Angry expressions induce extensive processing of persuasive appeals"，*Journal of Experimental Social Psychology*，Vol. 64，May2016，pp. 88 – 98.

② 林媛媛：《幼儿园教师一日工作情感体验分析》，《学前教育研究》2017 年第 8 期。

③ 尹坚勤等：《情绪劳动对幼儿园教师的意义：一项定量研究》，《华东师范大学学报》（教育科学版）2019 年第 37 卷第 6 期。

④ 张鹏程、徐志刚：《教师情绪劳动的内涵、价值及优化策略》，《教育探索》2016年第 1 期。

⑤ Simona Prosen& Helena Smrtnik Vituli，"Anger in preschool teachers：experience，regulation and connection to mental health"，*European Early Childhood Education Research Journal*，Vol. 27，No. 4，July2019，pp. 468 – 478.

⑥ 许倩倩：《师幼互动中教师生气情绪表达原因探析》，《学前教育研究》2018 年第1 期。

⑦ Hargeaves A.，"Mixed emotions：teachers' perceptions of their interactions with students"，*Teaching & Teacher Education*，Vol. 16，No. 8，2000，pp. 811 – 826.

⑧ 林媛媛：《幼儿园教师生气事件应对能力的差异研究》，博士学位论文，福建师范大学，2019 年。

师愤怒研究的基本理路。"悬置"是进行现象学研究的首要步骤，要求研究者把自己关于幼儿教师愤怒的知识、看法、偏见搁置一边，存而不论，以"聪明的无知"的认知状态去理解现象，从而发现幼儿教师愤怒现象中遮蔽着的意义世界。[1] "还原"，即"回到事情本身"，"还原"最初的尚未被"概念所规定"时的幼儿教师愤怒情绪原来的样子。[2] 为了"还原"幼儿教师愤怒的现实样态，首先要充分收集幼儿教师愤怒的轶事。研究分别从以下标准选择研究对象：

> 不同评估等级：省一级园、市一级园、区一级园和未评估园
> 不同类型：公办园、普惠性民办园、非普惠性民办园
> 不同专业发展阶段的幼儿教师：新入职教师、青年教师、骨干教师

为了从生活体验的视角揭示愤怒的本质，我们尽量收集彰显不同特质的轶事，尽可能完整地显现"幼儿教师愤怒"的本质，最终通过多样化的例子透过现象学主题陈述，使现象本身具有恒久性，并自动让人看到。[3] 其次，因在现实访谈中发现访谈对象在讲述或描述一个轶事时，往往受思维习惯的影响，力图保证轶事的完整性，可能会加入更多的内容，比如对轶事背景的说明，对某一行为的解释，对轶事的反思等，甚至还有对其他相关轶事的描述。所以，对收集到的轶事进行了整理与改写，以更加接近生活体验本身。改写以真实性为前提，遵循下述步骤和原则。第一，剔除轶事中"我"的事后反思。第二，深化和细化轶事中"我"的体验。第三，保证轶事短小、集中。[4] 第四，对收集到的轶事进行逐句分析，在逐句分析的基础上进

---

[1] 谢翌、黄臻伟：《小学教师职业内疚的理解：教育现象学的视角》，《现代基础教育研究》2019 年第 35 卷第 3 期。

[2] 宁虹：《教育的实践哲学——现象学教育学理论建构的一个探索》，《教育研究》2007 年第 7 期。

[3] ［加］马克思·范梅南：《探究生活经验——建立敏思行动教育学的人文科学》，高淑清等译，涛石文化事业有限公司 2004 年版，第 150 页。

[4] 王萍：《教育现象学方法及其应用》，博士学位论文，河北大学，2010 年。

行主题的反思性写作。当然，现象学研究需要灵活地理解和运用程序和方法，在实际研究过程中依靠研究者的"解释性敏感、创造性思想、学识性机智和协作才能"① 来变换交替或同时进行。② 因此，以上三个步骤并非是线性的，而是相互融合与渗透的过程。在契合现象学研究的特点灵活地、弹性地运用各个基本程序的基础上，揭示幼儿教师愤怒的现实样态。

一　束手无策，恼羞成怒：教师深感"无力"的"强力"申诉

在"名人语录"中经常会看到关于愤怒就代表着无能的论断。于是，有些人会甘之如饴地接受"愤怒是对自身无能的认可"这一信念，认为愤怒是不够智慧，没有能力解决遇到的麻烦与困境的表现。

> 我刚去幼儿园工作时，经常被孩子们气到"炸毛"。有一次，当孩子们在区域活动接近尾声、忙活着收拾玩具的时候，我告诉他们，等收拾完大家集体坐下来分享我们刚刚的活动。可是，孩子们收拾完后，陆陆续续、有说有笑地去了卫生间或者去喝水。我尝试叫他们先回来分享，然后再去盥洗。可是，让我郁闷的是，没有人听我的指挥。我突然觉得自己在这个班里像空气一样地存在，为什么他们听不懂我说的话呢？真的好无力。已经"炸毛"的我强忍到他们都回到座位后，发了一通火，狠狠地批评了他们。（Z－201009－1）

> 班里有个孩子，像是上天派来折磨我的。一次，他起床后又不愿意自己穿衣服，先是用装可怜的眼神看着我说："老师，求求你了，帮我穿吧。"我开始教育他自己的事情要自己做。于是，他开始哭，哭声越来越大，怎么说、怎么哄，甚至恐吓、威逼利

---

① ［加］马克思·范梅南：《生活体验研究——人文科学视野中的教育学》，宋广文译，教育科学出版社 2003 年版，第 38 页。

② 朱光明、陈向明：《理解教育现象学的研究方法》，《外国教育研究》2006 年第 11 期。

诱都不行，只要不帮他穿衣服，他就会一直哭。保育员被他哭得实在心烦，就过来帮他把衣服穿上了。穿上之后他立刻不哭了，给我气得呀直打哆嗦。（K－200920－3）

从上面两则轶事可以发现，当幼儿教师在教育教学中遇到挫折找不到适当的策略时，有时会选择以愤怒解决问题或者逃避问题，并且会将怒气直接指向催生挫折感的幼儿和幼儿行为。从这个意义上讲，愤怒是幼儿教师无力感的反应，并运用愤怒的方式对这种"无力"进行"强力"申诉。无论是大仲马所说的"狂暴是软弱的标志"，还是车尔尼雪夫斯基所说的"无能者的唯一安慰是恼火"，所表达的都是愤怒即"无力"。用愤怒可以掩盖这种无力或无能感。教师的这种"束手无策"发出了一个提醒：教师也是成长中的个体。在教育教学工作过程中，需要他们不断地进行专业学习，一方面了解幼儿，另一方面积聚相应的实践智慧，以更好地回应教育中的困境或挑战。愤怒表征着教师专业经验的不足，他们也像成长中的儿童一样需要专业支持。若教师自身放弃做成长中的个体，忽视终身学习，或者缺乏外部的学习支持与专业引领，都会让这种"束手无策"的恼怒成为工作中的情绪常态。

二　爱之深，责之切：教师暗含"伤害"的"保护"手段

愤怒是当人们的利益或者安危受到威胁时情绪上直接和真实的反应。从这个意义上来说，愤怒是一种保护性情绪，以此来维护自身利益或安全，以确保个体利益不受侵犯。幼儿教师的愤怒有些时候也是一种自我保护。

在我从教师岗走向行政管理岗位后，有一次巡班，看到我以前教过的一个男孩子，他正在活动区里玩。这个孩子经历过父亲对母亲的家暴行为甚至是当街家暴，由此变得有些孤僻和暴戾，让我情不自禁想要多关照他。于是，我走过去想要抱抱他。这时意外地注意到他把墙上用来固定教具图片的钉子拔了下来，试图

去划旁边另外一位男孩的脸。我当时吓蒙了，非常生气地冲他吼道："你在干什么？你知不知道这样做很危险！"他面无表情，不为所动。我继续生气地说道："因为你现在还是个孩子，如果不是的话，你知不知道你这样做就是犯罪。你划伤别人，属于故意伤人，派出所的警察叔叔会过来抓你的。"没想到他突然开口说："那好啊，让警察先去抓我的爸爸啊，把我爸爸送到牢里面去。"那一刻，我僵在原地，心一阵阵地抽疼，家暴行为对他造成的伤害之大是我远没有想到的，而我深深地感到自己刚才也伤害了他。（Z－201009－2）

幼儿教师的愤怒是对幼儿危险的预警。幼儿由于年龄小，缺乏安全意识，许多无意的举动都饱含有潜在危险。当教师体验到危险的临近，陷入想象中的可怕场景，愤怒情绪也就随之而来。教师的愤怒中就包含着对幼儿可能出现的危险的恐惧，包含着对幼儿安全的担忧。愤怒是针对这种恐惧的应激反应，正所谓"爱之深，责之切"。教师希望通过自己的愤怒让孩子意识到问题的严重性，既制止幼儿错误行为的发生，又饱含着对其他孩子的关爱和担忧。由于幼儿意识不到这种危险，所以往往在教师这种愤怒的反应中自我受到了伤害，同时幼儿也会受到心灵的伤害，反过来又会让教师由"愤怒"转向自责。所以，在愤怒中，受伤害的不仅仅是幼儿，还包括幼儿教师自身。由此可见，幼儿教师需要多从幼儿角度看待问题，站在幼儿立场找寻解决问题的方式才可能是恰当的。

三　义愤填膺，拍案而起：教师捍卫"正义"的"过激"方式

天怒人怨、愤愤不平、义愤填膺表达的都是由正义而激发的愤怒表达。幼儿教师的愤怒有些时候是对班级违反公平规范行为的道德谴责，是为了捍卫班集体的正义和公平的严肃的情绪表达，适恰的表达有时是一种教育智慧。

有一次，一个孩子把自己碗里的剩饭倒进了汤桶里。一桶汤

全废了。这个孩子似乎也意识到自己闯祸了，愣在了那里。我站在他的对面，瞪着他。我当时胸口起伏很厉害，但是我在拼命提醒自己，他还是孩子，难免会认错收糠的盆和盛汤的桶，又或者，他倒剩饭的时候心里在想着别的事情，大人有时候不也会这样嘛。这个时候有个孩子喊："老师，我还要添点汤。"这句话好像刺激到了我一样，我吼道："还添什么添，都被弄脏了，不能喝了！"随即，我冲着站在我对面的那个犯错误的孩子继续吼："这是盆，这是桶，你告诉我，它俩长得一样吗？不一样怎么会认错！"（L－200822－4）

面对幼儿的违纪违规，有时是损害幼儿集体的利益时，教师有时不能很好地控制情绪。幼儿因为年龄小，会有意无意犯些小错，这时需要老师更多的理解和包容。只有这样，错误才可能被理解：常常是，犯错的孩子是有情可原的，年龄小抑或是偶尔走神了。当然，教育是需要的。集体利益的受损，教师进行强烈的谴责有时也是需要的。犯了错就应该受到谴责，这也是责任意识和纠错勇气的培养。当然，愤怒的谴责不是目的，而仅仅只能是手段，而且也不应该成为主要手段。可以让对集体产生破坏的孩子用另外的方式补偿集体，例如为集体提供整理书籍的服务。教师是捍卫集体的重要的人，但不是唯一的人。在和幼儿交往的过程中，教师不应该成为"霸权"的"救世主"，或者"独裁"的"大法官"。如果教师不着急发声，把判断的机会留给孩子们，假若想喝汤的孩子选择原谅不小心弄脏了汤的孩子，而犯了错的孩子因同伴的体贴而感受集体的美好因而更加热爱集体，也许教育意义更大。

有一次，我们班户外活动结束回到教室后，我一边忙着组织孩子们盥洗，一边准备着接下来的集中教育活动。有个孩子在教室的角落里不依不饶地闹，大声吵着他还没玩够呢，还要出去玩。我忙得够呛，忍着一口气劝解他。但是，我们都开始上课了，他还在闹，甚至开始跺脚，大声地、拼命地跺。听到那个跺脚的声音，我就感觉我紧绷的弦断了。我真的忍不了了，我也开始非常生气地跺脚，我一边跺脚一边冲他愤怒地大声喊。我觉得他太自私了，只考虑自己，不考虑班集体。我就跟他杠上了，看看最后是谁能制伏谁，我就得治治他这个毛病，免得以后集体活动的时候他还捣乱。（K－200921－1）

个别幼儿的情绪往往令教师头疼。孩子以哭闹为武器，以此满足自己的内心诉求。面对个体的诉求与集体的利益冲突时，教师感受到权威受到挑战，往往会产生愤怒情绪。对个别幼儿错误行为进行教导，目的是教育其他孩子不能效仿，这是教师管理班级的一种方式。当然，愤怒有时表现为一种"过激反应"，与人们心目中教师和蔼可亲、笑容可掬的形象期待有距离感。教师表面看上去是"以牙还牙"式的愤怒回应，旨在告诫幼儿的错误表达是无效的，老师不会理会这一要求。

四　火冒三丈，怒不可遏：教师维持"秩序"的"失控"状态

人们已经形成共识，教师的愤怒可能会对儿童造成心理伤害。在面对所谓"不听话的""调皮捣蛋的"幼儿时，教师往往就会气不打一处来，进而会"失控"而大声斥责或者怒吼，而且可能"失控"到采取体罚的方式。

孩子们实在是太吵了，我想让他们安静下来听我讲，可是我的声音完全被淹没在他们的声浪里。我越想大声喊，越发觉嗓子发紧，似乎都发不出声了。我气得后背直冒汗。我开始变得不冷静，开始寻找"武器"。我发现一把尺子，可是拍打在桌子上的声音几不可闻，这样我更生气。我又发现了一本书，拿起后使劲往桌子上拍·这次的声效不错，孩子们瞬间安静了。（S－201220－1）

有一个中午，我在孩子们的午睡房看睡。可总有一个孩子在窃窃私语，嘀嘀咕咕，弄得睡房很不安静。我走过去，小声提醒

他不要发出声音，以免打扰其他人睡觉。提醒了两次后，那个像蚊子苍蝇一样嘤嘤嘤、嗡嗡嗡的声音还在。我干脆就靠在了他的床旁边，还是没有用。我一下子就火了，大声吼道："总在那嘀咕什么，还睡不睡了！不睡把你的床让给我！"我这一吼，所有的孩子（刚睡着的、正要睡着的、正酝酿要睡的）全都醒了，或坐起身来，或探着小脑袋往这边看。我感觉心脏怦怦怦快速在体内撞击，转头冲他们吼道："你们也不想睡啊！不想睡都把被子、枕头给我吧，我要睡！"瞬间孩子们又安静了。我再次把自己的身体靠在床边，又没忍住冲他们发火了，一想到这，刚才那颗猛烈撞击的心好像沉入了无边无际的深渊。（L-200822-2）

纪律管理是师幼冲突的关键。上面的两则轶事可以显示，在老师眼中，规则不可挑衅，否则教师就会因无序而感到不满、难以容忍。有时候，教师的愤怒是对班级秩序的维护手段，让幼儿明确行为的界限，即教师会用自身情绪"失控"的状态来维持班级幼儿的集体"秩序"。教师愤怒往往被简单地看作是专业无能，实质上有度的愤怒也是有教育价值的。从无序到有序，教师用情绪作为手段，让幼儿去理解他人的情绪，了解老师的"容忍半径"。当然，幼儿教师的愤怒情绪也是一种职业生活的重要内容，一定意义上表征了职业的内在要求，不仅仅要从教师的情绪管理和心理健康甚至职业倦怠方面入手，更要关注他们的教育观念和思想。

五 恨铁不成"钢"："羡慕儿童"的"成人感慨"

虽然在罗马时代政治家西塞罗的眼中，童年是软弱的，大自然只给人一条路线，而这条路线也只能够跑一次，但成人后多少人又在怀念回不去的童年。追忆童年，几乎成为所有"成人"都会有的回忆和羡慕。幼儿教师每天与儿童做伴，生活在别人童年时代，更有机会唤起童年纯真与幸福的回忆，以及相比较的遗憾。

到了吃饭时间，我催着孩子们收拾玩具去洗手。有一个孩子依然在玩，催了好几遍，无动于衷。我很生气，快速走到他面前，很严厉地告诉他赶快收拾玩具，要吃饭了。没想到，他也生气了，不管不顾地，手一扫，把桌子上的东西全部扫到了地上。不收拾，也不道歉。为了其他孩子能按时吃上饭，我忍着一口气，在那捡地上的东西。一边捡一边宽慰自己，他还是个孩子，不懂事。可是随之眼泪便在眼圈里打转，我也才刚毕业。谁还不是个宝宝呢？（Z－201009－3）

与孩子赌气，也是常有的事。幼儿教师同样需要理解，在任性的孩子面前，教师需要有更强的韧性以及更成熟的心理承受能力。带着对孩子的羡慕，想着所受的委屈，有时就会冒出这样的情绪："谁还不是个宝宝？"不难发现，幼儿教师这样一种每天都参与儿童童年生活的成人角色，有着成年的烦恼，也有着对儿童角色的羡慕；成年意味着心理能力的强大，也意味着责任的增强，更意味着在面对儿童时会有许许多多的无奈。这种冲击最为明显的时候就是在幼儿教师刚刚走出校门从学生转变为教师的时候，角色转变的适应常常在实践中没有得到很好的疏导和解决。在受到规则和制度的强烈约束后，教师面对幼儿出现的"不守规则的行为时"，更多的是自身被压抑的宣泄，而不是思考幼儿规则教育和责任意识该怎样去培养或提高。教师这种角色中的专业"不成熟""未长大"现象仍需要重视。

到了孩子们吃午饭的时间，食物的香味勾着我肚子咕咕直叫。辛苦工作了一个上午，我又累又饿，好想坐下来饱餐一顿。可惜，现在只有孩子们才有幸福用餐的权利。这个时候要是有孩子不好好吃饭，我会特别来气。真是身在福中不知福，等长大了，工作了，可就不是你想吃就能吃得上了。（L－200822－3）

许多事情从教师的角度想，孩子们应该如何，而如果孩子违背了这种期待，教师有时会有情绪。就像一位辛苦工作的父亲，回到家中，看到"调皮"的孩子捣蛋，或者是孩子不尽如人意的学业成绩，常常会抱怨："爸爸这么辛苦都是为了谁呀？你现在是多么幸福，却不知道珍惜。"成人常常会责怪孩子"身在福中不知福"，这种责备是一种"恨铁不成钢"教育期待表达，同样是一种负责任的情感教育，"羡其之幸，怒其不惜"。这种成人和儿童角色的冲突正说明了教师需要体验儿童的体验，超越成人的视角看待儿童，从儿童的立场出发去理解儿童的行为，才能采取更加适宜的教育方式。

第三节　幼儿教师愤怒的结构与本质

基于上述对幼儿教师愤怒的现象学分析，可以发现，愤怒既有积极的教育价值，也会有消极的教育影响。一方面，愤怒是一种适应性的情绪。愤怒是教师对自身不足的诉说，是对危险的预警手段，是维护公平、正义与秩序的方式，是对职业现实不满的表征以及内心冲突的外显。另一方面，愤怒程度是彰显教师智慧的重要标志。"强力""过激"和"失控"等状态又说明了愤怒带来伤害的负向性（参见图9-1）。

一　适应性：愤怒是一种社会情绪

进化心理学家从偏重于"个体间"的角度提出，情绪能增强特定情况下的适应性，是一种用以解决群体交往中个体面临特定的社会威胁的适应性产物。[①] 每一种情绪，包括愤怒，在以不同的方式提高个体的生存适应力。例如，愤怒的唤起"在道德判断层面，意味着对与愤怒相关的权利和公正等道德关切的唤起。因此，通过对违反公平规范行为的道德谴责，愤怒者建立自己维护社会规范的名声，以及自己对伤害和不公行为的抵制。"[②] 因此，教师的愤怒，无论是对幼儿不规范行为的谴责，还是对危险或即将到来危险的预警信号，都是维护

---

① Randolph M. Nesse, "Evolutionary explanations of emotions", *Human Nature*, Vol. 1, No. 3, September1990, pp. 261 – 289.

② 吴宝沛：《基于情绪的道德判断：厌恶与愤怒的不同效应》，中央编译出版社2014年版，第3页。

班级秩序和公平的手段，是保护儿童避免危险的方式。从这个意义上说，证实了愤怒情绪作为人类最原始的一种情绪，并不总是"糟糕"的、"可怕"的和"消极"的，而是一种适应性的社会情绪。

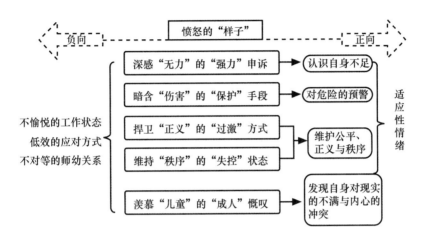

图9-1 幼儿教师愤怒的结构样态与职业特征

二 文化性：愤怒是一种工作状态的表征

愤怒的情绪多与教师自身的需求或目标紧密相关，是一种不愉悦、有委屈的工作状态。教师对自身目前角色的不满，更具体可以说是在入职后角色转变适应方面受挫的表现。虽然愤怒情绪是一种普遍的情绪状态，不能简单地认为其就是消极的，但有一点可以肯定的是，愤怒的不愉悦性如果持续的话是会对教师的健康等方面产生一定的影响。

关注和理解教师愤怒，有助于反思当下的幼儿园文化，观照教师的职业生活现状。教师的愤怒不是一种生理反应，更是一种文化镜子，可以映射出幼儿教师的生活、专业、压力等相关安排的合理性。

三 反教育性——愤怒是一种专业应对的反应

愤怒作为一种教育手段，是教师专业机智的反映。无论是轶事中教师被幼儿"当作空气存在"的无奈，还是轶事中教师面对"耍赖幼儿"的愤怒，都表明愤怒情绪中教师的无能感。愤怒是教师当下认为自己的下策，是最后的选择。面对突发的问题，教师如果没有心理和专业上的准备，往往就会将愤怒当作回应机制。有事实证明，教师的情感特征（而非教师的认知特征）最能区分开教师效率的高和低。[①] 从这个意义上讲，幼儿教师的愤怒确属负面情绪，会影响教育成效。这同时提醒教师需要更多地了解幼儿，学会面对不确定的教育情境，采取恰当的教育策略，丰富个人的教育机智。

四　关系性——愤怒反映出不对等的师幼互动

教育是一种与人相处的学问，因而师幼情感关系是教育活动的核心。有了良好的关系，自然就会有更多积极的情感体验。教师若把自己看作孩子的朋友，面对孩子的各种反规则行为就不会感到是权威的挑战；如果秉持等级性的师幼关系观，教师会更加容易愤怒。例如，教师作为成人的代表，倾向于依据成人社会的规则有目的、有计划地对幼儿施加符合社会要求的影响。教师需要运用权威进行有序的教学活动，在这一过程中，自然会有儿童有意无意破坏秩序，教师因为对此有不同的信念，就会产生不同的情绪。愤怒既是教师权威被挑战时的反应，也是维护教师权威的一种手段。当愤怒转化为一种强迫性控制，就会借助对儿童个体的赏罚使儿童服从。教师在愤怒中体验着、证实着自己作为成人和教师的权威。因此，幼儿教师的愤怒从一定意义上反映出了不对等的师幼关系。

第四节　幼儿教师愤怒的教育学意义

范梅南曾指出："教育学要求我们对生活体验（孩子们的现实和

---

① 邓金主编：《培格曼最新国际教师百科全书》，学苑出版社1989年版，第75页。

生活世界）保持一种现象学的敏感性。"① 由此思考，在推动幼儿教师专业发展的进程中，也要求我们对教师们的教育生活体验保持一种现象学的敏感性。揭开教师愤怒情绪的"面纱"后，对于找寻、挖掘与利用幼儿教师愤怒的教育学意义大有裨益。上述对愤怒结构、特征进行了说明，对于如何支持幼儿教师的专业成长有以下几点启示。

一　理解愤怒的适应性：改善教师情感教育的突破口

对于幼儿教师的情感教育，要转变"强制情感管理"为"有组织的情感照料"。"有组织的情感照料"是一种支持性的手段，要求机构为教师营造理解性的、友好的环境，使得照料者（教师）和被照料者（幼儿）之间能够构建关怀性的关系。② 同样，教师不仅是照料者，作为专业成长中的个体，他们同样需要在理解性的、友好的环境中被照料。理解幼儿教师的愤怒正是构建这种友好的、支持性环境的切入口。首先去理解教师愤怒体现在工作中、生活上那些"隐藏"起来的"不满"和"需求"。其次分析需求的合理性及其实现需求的有效途径，并构建支持性的环境，支持教师达成自己的合理目标和需求，帮助教师调整不合理的需求和目标。只有教师感受到了被理解、被关怀，才能有助于教师更多地倾向于尊重和理解儿童。所以，理解教师愤怒情绪的适应性，是改善教师情感教育的突破口。

二　识别愤怒中的冲突：维护教师心理健康的有效手段

精神分析学家卡伦·霍妮指出，大部分人（指正常人，非神经症患者）被内心冲突困扰时，却根本意识不到发生了什么，也就无从寻找对策。"看不见，犹如坠入迷雾，不见出路。而在经历冲突的同时，能觉知到冲突的存在，固然会让人痛苦，但却是一种珍贵的力量，越

---

① ［加］马克思·范梅南：《生活体验研究——人文科学视野中的教育学》，宋广文译，教育科学出版社 2003 年版，第 2 页。

② Steven H. Lopez, "Emotional Labor and Organized Emotional Care", *Work and Occupations*, Vol. 33, No. 2, June 2006, pp. 133 – 160.

是能尽早看清并解决掉冲突，也就能越早拥有内心的强大和自由。"①例如，愤怒作为幼儿教师对幼儿童年的羡慕产生的委屈感，有一种"虽然已经成年，但不想长大"的内心冲突中，蕴含了对成年生活的无奈，对工作劳苦的辛酸。通过自身坚持不懈的努力，在一定程度上，内心的冲突是可以自己解决的，但前提条件是要发现这种隐匿起来的内心冲突。所以，识别教师愤怒中的冲突，是维护教师心理健康的有效手段。

三　调节愤怒下的行为：提升教师职业道德的正确途径

教师的愤怒情绪未必一定产生不良后果。②在幼儿教师的愤怒情绪中，伤害儿童最多的并不是愤怒情绪本身，而是这种情绪下过激的言辞和行为。例如过分指责的语言，甚至口头辱骂、挖苦讥讽等。在现实中存在着这样一种有差异的现象：有些老师在生气时能够得当地应对，有些老师却因为生气的情绪影响了教育教学的效果，甚至可能伤害到幼儿的身和心。③因此，调节幼儿教师愤怒下的行为，是提升教师职业道德的正确路径。

对幼儿教师愤怒情绪的现象学研究是为了帮助人们，包括幼儿教师自身"知晓"愤怒。这无疑是困难的：将愤怒的"原始时刻和原始维度如其所是地'提起'，拿到语言的聚光灯下"④，第一个难点在于对幼儿教师的愤怒是否是如其所是地"提起"，第二个难点在于语言水平的有限，语言的"灯光效果"就值得反思。虽然不尽完美，但对幼儿教师的愤怒情绪的"知晓"开启了教师情绪"理解"之旅，

---

① ［美］卡伦·霍妮：《我们内心的冲突》，武志红译，中华工商联合出版社 2018 年版，第 2—6 页。

② Susanne A. Denham, et al. , "Early Childhood Teachers as Socializers of Young Children's Emotional Competence", *Early Childhood Education Journal*, Vol. 40, No. 3, June 2012, pp. 137 – 143.

③ 林媛媛：《幼儿园教师生气事件应对能力的差异研究》，博士学位论文，福建师范大学，2019 年。

④ ［加］马克思·范梅南：《实践现象学——现象学研究与写作中意义给予的方法》，尹垠、蒋开君译，教育科学出版社 2018 年版，第 49 页。

在"理解"的基础上构建支持性的环境，这有益于帮助幼儿教师调整愤怒情绪下的负面行为。在后续的研究中，将继续致力于"还原"幼儿教师愤怒的"原初"时刻，更好地揭示愤怒的本质和内涵，以获取更多愤怒情绪的教育学意义。

第十章 实习教师情绪体验的
现象学研究

教师情绪的发展意味着职业意义感的建构。实习教师处于初入职阶段，因为角色的转变和对新环境的适应，他们的情绪体验必然十分复杂。通过对他们喜怒哀乐等情绪变化历程的探析，了解实习教师情绪发展的现实样态，揭示实习教师情绪发展的轨迹。

第一节 实习教师情绪体验之先识

教师的成长是整体生命的成长，包括专业知识、专业情感和专业技能等方面全面的提升。因为教育不仅是技术性和认知性的活动，更是教师的一项情绪劳动。[1]在学校和教室这样一个复杂的情绪场中，教师会不断体验来自学生、同事、家长和领导的情绪需求[2]，为了应对种种情绪需求和危机，教师必须对自己的情绪进行有效的管理，才能顺利地完成教学工作，并与周围的人进行良好的互动。[3] 教师的成长不仅需要学术课程和技术课程的支持，更需要情绪课程的支援。因

---

[1] 赵鑫、熊川武：《教师情感劳动的教育意蕴和优化策略》，《教育研究与实验》2012年第5期。

[2] Cross, Dionne I and Ji Y. Hong, "An Ecological Examination of Teachers' Emotions in the School Context.", *Teaching and Teacher Education*, Vol. 28, No. 7, October2012, pp. 957 – 967.

[3] Lee, John Chi-Kin and Hong-Biao Yin, "Teachers' Emotions and Professional Identity in Curriculum Reform: A Chinese Perspective", *Journal of Educational Change*, Vol. 12, No. 1, February 2011, pp. 25 – 46.

而，作为教师教育的重要内容，情绪课程理应纳入教师教育课程规划当中。尤其对顶岗实习的师范生而言，顶岗实习是一种全职教师角色的体验课程。随着生活场域的变化，个体从身处"象牙塔"的大学生到农村学校的顶岗教师，从生活内容到生活方式都发生了变化，也必然伴随着复杂的情绪变化。那么，在顶岗实习过程中，他们的情绪体验有哪些？会遭遇什么样的情绪困境？又是如何调适和应对的？在专业发展的起始阶段，顶岗实习教师需要怎样的关注和支持？这一系列问题的思考和回答是研制教师情绪课程的关键，也对促进准教师专业成长、改进教育实习具有重要的理论意义与实践价值。

从 20 世纪 90 年代以来，教师情绪在教育和教学变革研究中得到了较为普遍而持续的关注。① 在国内相关文献中，学者普遍认为教师情绪不仅影响教师教学决策②、课堂教学效果，是课堂教学得以顺利实施的先决条件③，而且也影响着教师的专业发展，教师情绪是专业发展之基础、纽带、承诺、动力和境界④。国内关于教师情绪管理，教师情绪素养的培育及提升策略的研究较多⑤⑥。国外关于教师情绪的研究起步较早，从最初意识到情绪在教学和课程变革中的重要价值，到后来将教师情绪作为教育研究的一个专门议题历经了一个漫长的过程⑦，研究主题多聚焦于教师情绪的功能以及影响教师情绪的因素⑧。而关注不同类型教师（准教师、顶岗实习老师、代课老师等）

---

① 尹弘飚：《教师情绪研究：发展脉络与概念框架》，《全球教育展望》2008 年第 4 期。

② 李森、高岩：《教师教学决策的情感机制与实践策略》，《课程·教材·教法》2012 年第 10 期。

③ 袁桂亭：《试析课堂教学中教师的情感因素》，《中国教育学刊》2010 年第 9 期。

④ 王凤英、柳海民：《走向以"情"为根基的教师专业发展》，《教师教育研究》2012 年第 3 期。

⑤ 陈振华：《教师情感管理的意义与方式》，《教育科学》2013 年第 4 期。

⑥ 马多秀：《情感素养提升：让教师专业发展走出"技术化"误区——基于 350 名小学教师情感素养现状的调查分析》，《中小学管理》2015 年第 8 期。

⑦ 邵光华、纪雪聪：《国外教师情感研究与启示》，《教师教育研究》2015 年第 5 期。

⑧ Fried, Leanne, et al., "Teacher Emotion Research: Introducing a Conceptual Model to Guide Future Research.", *Issues in Educational Research*, Vol. 25, No. 4, January 2015, pp. 415 – 441.

真实情绪体验的"实然"研究，或是自下而上的教师情绪理论建构研究则较为少见。

　　学界关于实习教师的研究更多地关注实习教师专业身份的建构及认同①②，实习教师教育实践知识与能力的发展③④⑤，以及实习生教师信念、职业道德等。⑥⑦ 在关于实习教师情绪体验研究的已有文献中，有的研究者聚焦于实习教师在线协作反思中的情绪体验及其特点。⑧ 有的学者在关注实习教师社会互动与身份认同关系的研究中涉及实习教师情绪体验的问题，认为实习生与指导教师积极的互动文化可以调动双方的情绪能量，有助于实习生的问题解决与整体收获。⑨ 综合来看，教师情绪发展是教师专业成长的重要目标和内容。然而，现有的关于实习教师情绪体验的研究成果十分有限，本研究探寻顶岗实习教师这一群体的职业生命情绪发展之旅，为教师情绪课程的研制提供理论支持；进而，为促进教师专业生命的丰富提供路向。

---

　　① 张释元、陈向明、邱霞燕：《师范实习生教师专业身份建构》，《教师教育研究》2015 年第 4 期。

　　② 吕立杰、刘新、王萍萍：《实习教师自我效能与职业认同的相关性研究》，《高教探索》2016 年第 11 期。

　　③ 户清丽：《职前教师教育实践能力发展的层次性解析》，《教育研究》2018 年第 5 期。

　　④ 张洁、陈柏华：《小学英语实习教师实践性知识发展研究》，《教师教育研究》，2016 年第 3 期。

　　⑤ 杨秀玉、任辉：《实习教师的实践性知识及其生成路径探析——基于国外学者的研究》，《外国教育研究》2015 年第 8 期。

　　⑥ 楚红丽、谢珊：《实习生教师信念建构与"非正式"组织社会化影响》，《教育学术月刊》2018 年第 9 期。

　　⑦ 张玉杰、姜浩、杨启迪：《顶岗实习对师范生教师职业道德的影响与对策分析》，《河北师范大学学报》（教育科学版）2018 年第 1 期。

　　⑧ 王海燕、赵纳新、刘双、徐丽丽：《实习教师在线协作反思中情感体验的特征研究》，《电化教育研究》2019 年第 1 期。

　　⑨ 魏戈、陈向明：《社会互动与身份认同——基于全国 7 个省（市）实习教师的实证研究》，《教育学报》2015 年第 4 期。

第二节　实习教师情绪体验之研究设计

理解并解决实习教师情绪的问题，最好的方式是朝向情绪体验本身。研究从"实然"的角度出发，关注顶岗实习期间的实习教师真实的情绪体验和情绪历练过程。为此，个案研究是合适的研究策略。遵循目的性抽样的原则，我们选择了一所省属师范大学参与农村顶岗实习一学期以上的大三学生作为研究对象（具体见表 10-1）。采用深度访谈、生活日记、实习随笔收集等多种方式获取顶岗实习教师在实习期间所经历的关键事件，呈现实习教师的情绪体验内容、特点和发展阶段。

表 10-1　　　　　　　　　研究对象基本情况

学生编号	个人情况	获取资料形式
C	J 大学学科物理专业大三学生	访谈资料
W	J 大学学科数学专业大三学生	访谈资料、实习随笔
Z	J 大学学科语文专业大三学生	访谈资料、实习随笔

情绪主要发生在人与人、人与组织或人与环境的互动之中，顶岗实习教师的人际关系结构主要包括实习个体与自我、学生、队友、指导老师、实习学校其他成员以及周边社区之间的各种关系。在与各种角色的互动过程中，不同个体有着不一样的情绪体验。本研究围绕"实习教师情绪变化历程是怎样的？"这一核心问题，收集实习教师在各种复杂关系中所经历的情绪故事，探寻他们在实习期间的情绪内容、特点以及发展阶段，挖掘高校师范生在顶岗实习期间获得各种情绪体验的教育学意义，为实习教师情绪成长课程的研制提供依据（如图 10-1）。

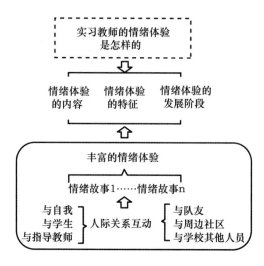

图 10 - 1　实习教师情绪体验分析框架

第三节　实习教师情绪体验之变化历程

　　教育是一种情绪劳动。新教师的情绪劳动强度更为突出，他们往往会因为教学经验少而感到更多的紧张和压力。[①] 顶岗实习是教师进入职业生活的初体验，也是个人职业情绪变化最为敏感、最为复杂的阶段。关注这一阶段情绪调适的复杂过程，对于实习教师的专业成长有着十分重要的价值。

一　兴奋与期待：实习生活预体验

　　顶岗实习方式受到了 J 大学学生的喜爱，因此，每期的顶岗实习都会吸引非常多的同学前来报名，Z、C、W 经过一番激烈的竞争和努力才争取到顶岗实习的机会。

————————

　　① Nichols, Sharon L., et al., "Early Career Teachers' Emotion and Emerging Teacher Identities.", *Teachers and Teaching*, Vol. 23, No. 4, July 2016, pp. 406 – 421.

我觉得我的大学生活太平淡，有点不甘心，希望能够经历一些特别的事情。作为师范生，能去顶岗实习一次，过一段忙碌而充实的日子，那就完整了。想想都兴奋。（访 C - 1）

第一次听说顶岗实习，我就很有兴趣。后来发现我很崇拜的师姐的名字也在上面，我就更加坚定了去顶岗实习的决心。正如 C 所言，我也希望我的大学生活能够更精彩一些。（访 Z - 1）

想着能见到真实的学生和课堂，我就特别期待。都已经想好了这段时间要好好备课，做好笔记，打算过一段劳累的生活了。（访 W - 1）

怀着对顶岗实习的热忱和向往，Z、C、W 开始对顶岗实习的旅程充满期待，期望借助实习机会提升自己，过一段与大学时光不一样的忙碌生活，进入真实的课堂教学，完整地体验真实的教学。他们带着兴奋、期待和憧憬，开始了自己实习的旅程。

二 "陌生"与"围困"：作为外来的闯入者

初入现场，面对不一样的环境和不同的人群，Z、W、C 进场初体验较为相似。

刚去的时候不熟悉，学校也没安排什么，我们主要还是先适应，看看他们都在干什么，好几次也想帮忙改作业，他们都说没事、没事，快完事儿了，就是那种特别客气的感觉。学生都可高冷了，也不会找你唠嗑，就悄悄打量你。我没事也观察他们，比如课间休息，他们有多少出去玩的，谁和谁关系好，哪个孩子啥性格等。（访 W - 1）

虽然现场环境对于顶岗实习生而言是陌生的，但他们还是积极地想要融入现场已经发生的故事之中。而对于实习学校来说，他们是"闯入者"，实习学校的教师和学生对实习生同样感到陌生，他们彼此之间的相处在"特别客气"中透着小心翼翼的试探。

他们将顶岗实习的学校比喻成"围墙内"，因为实习学校是一所寄宿制学校，早自习从7：00开始，一直到21：20熄灯，实习生每天都待在学校，相比于宽松自由的大学校园，顶岗实习教师在这里体验到更多的是一种"围困般"的束缚。就这样，他们开始了围墙内的生活。

三　冲突与调适：围墙内外的"重要他人"

在顶岗实习的日子里，实习教师或主动或被动地适应着新鲜而复杂的角色变化，他们是指导教师的学生，是自己所带班级学生的老师，是实习队成员的队友，也是学校其他成员的"临时同事"。这些角色成了人际关系上的结点，也是情绪体验发生的重要线索。

（一）与指导老师：从冲突到适应

指导老师都是该校的正式教师，并且多数都是班主任。与指导教师的关系是实习生活中最为重要的关系，也成了这段学习经历中情绪体验的重要内容。初见指导老师的体验十分复杂，由于导师多半是学校随机分配的，所以存在许多的不确定性，当遇见不同性格、不同背景、不同风格的教师就会有不一样的体验。

> 我早早地去办公室门口等，过来一个女老师，穿一身运动装，很干练。"小孙"，叫我一下，然后直接进办公室了！我笑着跟她打招呼，她都面无表情，也不跟我说话，我心里咯噔一下，觉得完了。（访C-2）
>
> 我的指导老师是个特级教师，听说很厉害，在见他之前，我又激动又紧张，特意去网上搜他的资料，竟然搜到了，一些教学理念、工作方法，我就拿本子记下来，好在见他的时候有话聊。（访Z-2）

初次见到指导教师，实习生充满着各种期待和紧张，充满着敬畏，甚至有点胆怯。导师的第一印象都会成为"关系体验"的重要底色。做好第一次沟通，这是关系建构和情绪成长的重要一环。

每个指导教师都有自己成型的理念或个性化的经验；顶岗实习生作为一个独立的个体，也有自己的个性和专业知识基础，在相处过程中，必定有许多来自理念、性格、方法等方面的不一致，就会产生各种对话、冲突和调适。

我的指导老师第一周不让我上课，但要我备课，每一次看我的教案都不满意，说我不跟他学。我不太喜欢，也学不来他那一套，有点散漫的，中间还穿插很多逗乐的话。我就想在上面一本正经地讲知识点。有一天晚上 10 点半了，他很生气地叫我到办公室，说我不跟他学，还说再不改就不带我了。当时我答应他，按他的要求再备一节，他还挺高兴的。第二周让我去班上试，我又按自己的想法讲了，一节课下来，他在下面一直记，之后对我一通骂。唉，反正就一直被压着，做什么都不对，说我引课啰嗦，一句话就带过的事儿，费了 5 分钟，那不得有个情景吗？（访 W–2）

指导老师期望以他（她）的个人经验来"塑造"实习生，要求他们"听话"，像对自己的学生一样。他们有时会模糊实习生与自己学生的关系，表现出对实习生的不信任和控制。W 不能认同指导老师的教学风格和教学理念，试图坚持己见，但遭到指导老师强烈的批评。如何处理好个人观点与导师指导之间的关系，需要智慧。

我拿详案给老师看一眼，她让我把实验去掉，当时我就争取了一下，然后她说讲这干啥，体验完能干啥，都没用，还不如多讨论几道题，我也就不好再说啥了。因为她最后要给我评分，我不想跟她对着来，但是那节课我讲得可不好了，特别干，自己一点激情都没有。（访 C–2）

与导师的理念有冲突时，C 选择了妥协，因为指导教师手握考核大权，希望处理好与导师之间的关系。其实，在访谈中 C 表示他到达那里之后的失落感特别明显。一开始，他抱着满怀的期待去实习学校，希望把学习的理论用于实践，却发现事与愿违，他不认同指导教师那种"念 PPT 式"的灌输教育，顶岗实习生有着自己的教学理解。但由于顾及最终的考核成绩，最终他还是妥协了。

与指导老师不一样的关系会带给自己不一样的成长。这取决于指导教师的素养、态度和风格，同时这与实习生如何机智地对待这段学习生活也有很大关系。

> 我的指导老师讲课一句废话都没有，老师特别有思想，练习也非常典型。他的课给我留下了深刻的记忆，让我学会了分辨一些东西，我知道哪些东西我应该学习，哪些东西我可以不在乎。比如，多与指导教师交流。不管遇到什么事情，我都很乐意去跟指导老师"絮叨"，生活上的、教学中的、学习上的，甚至是家庭方面的，大多数时间都喜欢跟指导老师待在一起，交流着心事，老师也很用心地给我建议。再者就是认真倾听。我的指导教师有 35 年教龄，业务精熟，阅历丰富，对生活和工作总会有独到的见解。我总是耐心地倾听老师的经历叙述或经验总结，品读丰富阅历背后的大智慧。还有就是保持勤奋。我每天上午去一趟老师的办公室，看看是否有作业和试卷需要批改，指导老师的课都会去听并做听课笔记，早晚自习前到班上走一走，和学生交流等。（来自 Z 的实习随笔）

> 他除了让我天天写教案，逼我学他的样子上课之外，还是挺照顾我的，平时不管哪个年级组聚餐，啥时候都带上我。他们家一做好吃的，就叫我去吃。他家人过生日都带我去。（访 W-2）

在对 Z 的访谈中，她提及自己的指导老师，总是满怀敬重和感恩，感恩指导老师给了她为人处世、课堂教学和班级管理等多方面的引领，人与人之间的感情因为诉说和倾听而日益亲密，融洽的关系就在 Z 的主动"絮叨"和耐心倾听中形成。当有了良好的情绪关系，个人的成长与收获就会有很大的不同。在实习队伍里，W 虽然是跟指导老师摩擦最多的一个人，但是因为指导教师的关心，仍然心存感恩。

情绪关系是"师徒关系"的核心，对于实习生的专业发展来说至关重要。Z和指导老师之间和谐的关系是实习生们都向往的指导关系，这种理想的指导关系往往需要实习生和指导教师双方积极而持续的情绪投入和维系。W和指导老师虽然因为理念和专业认识上分歧很多，但是因为与指导老师之间非专业的情绪关系，在班级管理、课堂教学以及为人处世等方面学习到了不少的经验。综合W、Z和C三位实习教师的资料可知，顶岗实习教师与指导老师的相处大致经历了一个"敬畏胆怯—痛苦摩擦—缓和调整—敬重感恩"的过程。

（二）与学生：从质疑到认可

顶岗实习教师在围墙之内的另外一个"重要他人"就是学生。对于师生双方来说，都曾是无关紧要的"他人"，彼此互为陌生的"闯入者"。随着实习生活的展开，顶岗实习教师与学生成为彼此重要的角色。

顶岗实习教师刚上课时，常常遭遇学生的质疑。从面对质疑的态度以及处理质疑的方式上，我们看到了实习教师的成长。

> 我认为这节课讲得挺好的，很贴合生活实际。王鸣①怎么就当着我的面跟指导老师说我讲得太无聊了，他听不下去呢，太尴尬了，幸好陈光一②（学霸）帮我正名，说我讲得明白。可是王鸣为什么会这么说呢？我是不是关注他太少了，只注意到了那些上课跟我互动多的学生，忽视了那些不太发言的学生。（来自W的实习随笔）
>
> 一个男生突然站起来说："老师，您不应该把这个点告诉我们，我们失去了探究的过程。"这让我下不来台，起初为了维护面子，我想以"时间有限，内容多"来搪塞。但一直致力于营造

---

① 王鸣为化名。
② 陈光一为化名。

自由课堂氛围、平等师生关系的我，最后还是选择跟学生坦诚：
"这块是我多讲了，不好意思，应该放手让你们去做尝试的。"
（访 Z-3）

W 自认为很不错的一节课却被一些学生当面否定了，让 W 觉得
十分尴尬，他开始学会反思，学着如何关照所有的学生。Z 在面对学
生的质疑时，选择了与学生坦诚交流，赢得了学生的理解与尊重。学
生是教师的一面镜子，以生为镜，可以看到自己教学的优长与不足，
帮助教师进行反思，扬长避短。

课堂上的突发事件具有十分重要的教育价值，是给予个人反思性
成长的重要机会。随着交往的深入，学生们对他们越来越认可，这让
初次体验真实课堂的实习生们感到了作为教师的职业幸福感。

刚开始上课学生自己做自己的，对你就是那种怀疑和审视的
眼光，这老师谁呀？这么年轻能教好不？讲着讲着，你就明显感
觉到他们的变化，从开始的不屑到后来认真听，再后来会跟你互
动，回答你的问题。然后课下还有学生问我题，问我下节课还来
吗？说我是他听过的课里讲得最清楚的老师。我那时候感觉特别
幸福。（访 Z-3）

我真切体会到了当老师的感觉，学生在我的引导下，思考一
步步深入，我感受到学生的思维过程，感受到他们在进步，这就
是我理想状态的课堂！孩子们，谢谢你们让我的人生多了一个难
忘的经历，因为你们，我开始对教师这份职业有了期待，多了一
份崇敬。（来自 W 的实习随笔）

教师的积极情绪主要源自与学生的良性互动。学生的成长与积极
反馈就是对实习教师的最大奖赏，这是教师意义报偿感的重要源泉。

学生会主动打招呼，主动提问题，还有些女孩会找你谈心，
说老师你去我们家吃饭吧。（访 Z-3）

　　在与孩子们的相处过程中，我觉得那颗被撼动的树是我，那朵被推动的云是我，那个被感动的生命还是我。教育实在不是教师一个人一厢情愿地想当然，而是师生共同演绎成长的赞歌。（来自 Z 的实习随笔）

随着关系的亲近，最初的陌生感与质疑消解了，顶岗实习教师与学生的关系也渐渐亲近起来。或许这份情绪会支撑着他们今后成为一名好的教师，或许在故事之外，也改变了他们今后的职业定向。

（三）与学校成员：从排斥到接纳

在校园内生活了一段时间，顶岗实习教师更加体验到了"围墙"的真实意义，校内原有成员紧密联手构筑了一堵厚实的"人际围墙"，给他们制造了排斥感。

　　有个老师课上得很好，我寻思多跟他学点，我说老师我想经常听您的课，他说我也没啥可学的，就是那种挺应付的态度。（访 C - 2）

　　有一次外出旅游，坐车时我们被当作多余的。后来说到这件事情我们都很郁闷。他们根本不把我们当成本校的老师，而是觉得我们就是可以被排除的，是打杂的。（访 Z - 2）

在"人际围墙"之内的工作人员看来，实习教师们是中途闯入者，是无关紧要的他人，甚至是不速之客。因此，在他们的潜意识里，隐藏着一种不在乎、无所谓甚至排斥的情绪，并会无意识地通过行为和语言外显出来。这种言行给实习教师造成了很大的情绪伤害。他们满怀期待地来到实习学校"援教"，以为成功得到顶岗实习机会就默认获得了平等的成员资格，希望被看作是"同一个单位的人"，希望获得一种归属感和认同感。然而，他们往往又被当作"外人"，或者是"杂工人员"，这让顶岗实习教师们感到被排斥、被拒绝的不安、尴尬与愤怒，也给他们继续开展的工作造成了一定的影响。

作为"闯入者"，实习教师遭遇学校其他成员的拒绝和排斥是在所难免的。而此时，指导教师就是一个缓和关系的重要角色。据 Z 反映：

> 我的指导老师会将一个年级组的语文老师叫到一起吃个饭，让大家彼此熟悉熟悉。平时不管是哪个年级组的聚餐，啥时候都带上我。有段时间他出差了，老师们吃饭也会喊我。（访 Z - 10）

作为学校其他成员与实习教师之间的纽带，指导教师的联结对于实习教师融入实习学校具有重要的影响。经由指导教师的积极引荐与介绍，实习教师逐渐被学校的其他教师接纳。

（四）与队友：从彼此陌生到相互关心

队友是顶岗实习教师的同舟共济者，也是学校场域中最亲近的人。

> 我们实习的学校条件有限，不能提供足够的宿舍和办公室，我们实习队一起挤宿舍，一起吃食堂，在一个临时办公室工作，关系都特别好。（访 Z - 3）

以实习教师的身份共同工作和生活，既为学习者，又是工作上的同侪，共同面对同样的挑战，必然铸就不一样的友谊。也许在顶岗实习活动之前，他们彼此只是同在一所学校的陌生人，但是顶岗实习这段经历将他们紧密地联系在一起，成为彼此重要的意义他人。提起与队友相处的点点滴滴，顶岗实习教师总有说不完的故事。

> 我们在一个教室（临时办公室），一伙人成天聊，什么都聊，各自班上的事啊，有趣的、气人的、"八卦"的都聊，有时候还能延伸到学生到底应该怎么教的话题上。也会偷偷议论哪个老师讲得好，哪个老师讲得水，然后一通分析。（访 Z - 3）

> 我的指导老师不让做实验，嫌耽误时间，说这些是花里胡哨的东西，我就很郁闷，也没办法啊，又不敢反驳什么，只能跟他

们（队友）吐槽，一起去操场上溜达溜达，缓一缓。（访 C－2）

我们会讨论去哪里工作啦，哪里有招聘啊。哪个人要去面试了，我们都跟着激动，忙着给他支招儿，帮忙评课。（访 Z－3）

除了分享各自的工作心得与感悟，实习教师与队友之间也会时常抱怨工作中的不顺心，交流未来的打算。同为顶岗实习教师，同处于找工作前夕，对于实习中的苦恼，找工作的不易，队友是最能感同身受的，他们往往愿意在队友这里寻求压力疏解和心理支持。

（五）与周边社区：从"异乡"到"共情"

支教学校周边的环境同样构成了支教实习教师的情绪背景：

餐馆的老板娘很健谈，老板很友善，每次去吃饭，都会和我们聊天，开一些无关紧要的玩笑。餐馆老板家的小儿子是我们的开心果，总抱着他去宿舍玩，老板还让女儿跟着我们去逛街，正是这样一种"不见外"，让我们体会到被接纳的归属感。还有理发店的老板，他发愁儿子成绩不好，想让我们辅导他儿子。他那种热切而信任的目光触动了我们，感觉到做老师的责任感和使命感。（访 Z、W－1）

实习学校比较偏，围墙外就是无限的田园风光。我们虽然在进入那里之前就已经预设过自己将要面对的环境，但作为这片环境中的"新人"，还是感到无比惊喜。在这朴实、安详的田野上，一起分享，相互倾听，让生命与自然有了更好的联结。（来自 Z 的实习随笔）

在 Z、W 的顶岗实习期间，给他们带来莫大温暖的是"围墙"外的餐馆老板、理发店老板，还有就是周边的自然环境。这静谧而美好的田园风光总能抚平他们内心的不安。对他们来说，"围墙"外围的人群和环境是顶岗实习生活中的重要心灵空间，让他们的实习经历更加丰富，情绪体验更加深刻。

四 角色认同与自觉：从自我边缘到主动担当

顶岗实习生拥有教师和学生双重身份。在实习场域中，一方面要求他们是具备独立处事能力的教师；另一方面，他们仍然是学生，缺乏专业经验，是教育实践的学习者。正是教师与学生双重角色的不断切换，顶岗实习生常常感到混乱、尴尬与无所适从。

Z分享了一个在体验班主任工作过程中的尴尬事：

> 课间操的时候，我老师在那儿看着，也让我去。班主任老师自己就已经管好了，我在那里管还是不管呢？你管的话人家老师在呢，要不管的话，站在那儿也挺尴尬的。出于身份的考虑，人正牌班主任在呢，咱们不好说太多话。（访Z-2）

在身份的界定上，Z称班主任工作指导教师为"正牌班主任"，相应地自己则成了"非正式的老师"。当"正牌班主任"在场的时候，他的角色就显得有些尴尬，不知道如何定义自己的角色。在W的实习随笔中，我们看到了这样的叙述：

> 今天上课好险啊，我跟学生讲题，讲完之后，有学生又提出了两种解法，我没准备啊，当时就蒙了，讲不下去了，我老师在下面听课，我就跟学生说，这道题让高老师给大家讲吧，然后我就下去了。幸好老师在，帮我解了围，要不然我就挂黑板上了。（访W-3）

作为教师的W在自己的课上遇到突发状况，让下面听课的指导教师帮忙继续讲课，还认为"幸好有老师在"。可见，W虽然以教师的身份站在讲台上，但在他的内心里作为教师的角色定位并不清晰，他潜意识里就认为自己是学徒，是学生，对指导老师有一定的依赖。

自我身份的建构需要时间，需要不断历练。在这一过程中，情绪的融入有着十分重要的作用。

我觉得自己得到了锻炼，成长了很多，体验到了当老师的幸福感和责任感。虽然我只是个实习老师，终究会走，但这几个月我也是他们的老师，也是班级的一分子，我想把他们管好，看到学生成绩不好的时候我也会着急上火。（访 Z‑3）

经历总会带给人们成长，实习教师们在顶岗实习的日子里，跟实习学校的人、事、物不断互动，他们慢慢明确了自己作为一名教师的角色定位。

五 实习教师情绪的发展阶段和特点

顶岗实习过程中的经历和情绪的变化对于实习教师来说是一段意义之旅。旅程中，多种情绪交织在一起，并不断发生着微妙却不容忽视的变化，这构成了顶岗实习教师情感生活的体验。这些情绪因素对顶岗实习教师的现在和未来生活及职业选择都发挥着重要的作用。

（一）实习教师情绪的发展阶段

整体而言，顶岗实习教师在实习过程中情绪经历了一个螺旋式发展变化的过程。在这个过程中，实习教师会体验到兴奋、期待、满足，也会有围困感、束缚感甚至冲突感。各种情绪体验在不同的阶段相互交织，不断转化，螺旋式推进。具体而言包含了以下阶段。

首先，憧憬期。进入顶岗实习现场之前，久居"象牙塔"的实习生或许无数次地想象和模拟过教学场景，但大多从未亲身体验过。他们满怀着美好希望，带着自己的教学理论和教育梦想，期待在实习学校"大干一场"，在这个阶段，实习教师的情绪体验主要体现为兴奋、憧憬与期待。

其次，困顿期。初入顶岗实习现场，作为实习学校原有文化的"闯入者"，顶岗实习教师们自然开启自身的情绪触角，去接触、感受周围的人、事、物，获得对实习学校和实习生活的最初体验。由于实习生活与大学生活在身份角色、组织制度、生活作息和物理环境等方面均存在较大差异，打破了学生时代的单纯与平衡。这个时期，实习教师充满了对实习学校的新鲜感、陌生感，以及作息时间紧凑而产生的围困和束缚感。值得注意的是，相较于其他阶段，困顿期往往因为时间短而容易被忽视。但这个时期又是实习生接触新环境、适应实习生活、在情绪上无所依靠的脆弱期和敏感期，容易在身份认同、生活作息、情绪归属等方面出现一系列的适应问题。在困顿期是否能够做好引导和疏解工作是实习生能否转变敏感而紧张的情绪、获得安全感的关键。

再次，调适期。调适期是实习生活的主要阶段，历时最长，实习教师经历的人际关系和情绪体验也最为丰富。此时，实习生对实习学校的人、事、物已经有了基本的了解，最初的懵懂、矜持以及对实习学校的新鲜感渐渐褪去，实习生活开始步入正轨。随着顶岗实习生活的展开，实习教师与指导教师、学生、校内其他人员、队友、自我以及周边社区之间的关系形成了一个强大的关系网，交织于顶岗实习教师的情绪之中，构成了他们顶岗实习生活的重要内容。复杂的人际关系和情绪体验使调适期成为实习教师情绪波动最剧烈的时期。他们会遭遇失望、压抑、抱怨、怀疑甚至否定，也会体验喜悦、满足、责任感以及归属感，经历一个碰撞、冲突、调适、转变、外显、内化等复杂的情绪的历练过程。

最后，认同期。经历了情绪冲突的调适期，顶岗实习教师的情绪管理与调节便进入从量变到质变的认同期。在这个时期，实习教师通过反复磨合、积极的思考反思以及有效的情绪沟通，积淀了情绪知识，培养了情绪技能和能力，全面提升了情绪素养，实现自我角色的认同。

（二）实习教师情绪的特征

1. 多重性

实习教师在教育实习过程中，情绪体验会经历一个不断发展变化的过程。很多时候，一个实习教师可以同时拥有一种以上的情绪。尤其是在情绪困顿期和调适期，多重情绪交织的特征更易出现。例如，情绪困顿期，实习教师初入实习学校，面对新的环境、新的任务，他们心里既有跃跃欲试的兴奋和期待，又有对自己能否胜任的紧张和焦虑。另外，当一个情绪阶段向另一个情绪阶段过渡时，情绪的多重性特征显著。

2. 阶段性

研究发现，实习教师情绪变化具有一定的阶段性。虽然情绪变化的过程行进是连续的，但由于各种因素的影响，发展又具有阶段性。我们根据实习教师情绪变化中的一些具体特征差异性，将整个变化过程划分为憧憬期、困顿期、调适期和认同期四个有机联系但又具有明显区分度的阶段，并归纳出每个阶段的主要特征。

3. 动态发展性

实习教师的情绪体验不是一个处于静止状态的意义网络，而是一个持续发展变化的动态过程。无论是个体教师的情绪体验，或是教师群体的情绪；无论是即刻的情绪乍现，还是长期实践中的情绪积累；无论是一种积极的情绪转变，抑或消极的情绪退化现象。实习教师的情绪体验总是处在不断变化的发展过程中。正是实习教师情绪变化的动态发展性，为我们利用情绪体验，实现实习教师积极的角色认同与专业成长提供一种新的可能性。

第四节　教育学意义：指向教师教育情绪课程的构建

教师情绪是可以教育的，也是需要教育的。教师的优雅源自良好的情绪管理。教育实习作为实习教师未来职业生活的重要前奏，是实习教师情绪历练和塑造的最佳时期。相比于被学校文化固化而难以做出改变的"正式教师"，复杂的实习情境为实习教师提供了更多的可能性。他们可以以一个研习者的角色去观察和体会，向指导教师、向同伴甚至向学生学习如何建立人际关系、如何保持人际关系以及保持何种关系，从而获得情绪管理的间接经验；他们也可以以一个教师的身份去实践自己关于教师情绪的理解和想法，获得教师情绪调控的直接经验；而且，因其实习教师的身份，他们可以得到更多的宽容，拥有更多的机会与资源支持，即使在工作中受伤也有更多的同行者、获得更多的安慰。因此，有必要抓住顶岗实习这一培育教师职业情绪的关键时期，构建实习教师情绪课程，为实习教师提供更丰富的情绪训练，助其实现角色认同和专业成长。

一　情绪课程旨归：提升情绪素养，优化职业生命体验

良好的教师专业素养并不等于良好的教育教学质量，更不等于良好的学业质量[①]，那些符号化、抽象化的专业知识和能力与教师职业生命体验的融合需要情绪的润泽。情绪的力量是伟大的，离开了情绪的教育将不能称之为教育。然而，情绪的张力与助力很大，一个不擅长情绪管理的教师往往会给学生消极的示范。因此，开设情绪课程，让教师学会如何进行情绪管理和表达，给予教师情绪素养应有的重视、阐释和培育，这是当前教师教育亟待解决的问题。

实习教师情绪课程以提升情绪素养，优化职业生命体验为旨归。所谓教师情绪素养就是教师自身有关情绪的素养，主要包含了情绪相关知识的积累，相关方法和技能的掌握，在具体场景中基于情绪的表达、沟通与反思能力等。[②] 高水平的情绪素养表现为教师恰切的情绪流露与觉察、情绪交往与应对、情绪调适与反思，进而实现与教师职业生命的相融相通。通过以顶岗实习为载体的情绪课程，实习老师得以体验各种情绪的交织、碰撞、融合，历练着教师的灵活应对能力、自我调控能力和教育教学能力等，使教师能够摒弃或转换消极的情绪，优化其职业生命体验，成为一位"走心"的教师。

二　情绪课程的目标体系与活动设计：基于情绪发展阶段的视角

实习教师在教育实习过程中，情绪体验经历了一个不断发展变化的过程。在不同的阶段，实习教师情绪体验的特征不同，情绪需求也不同。课程研制者要有针对性地设置课程阶段性目标，选择和组织课程内容。例如，课程阶段性目标应该重视积累情绪管理知识，掌握情

---

① 王平：《情感教育视阈下的教师人文素养提升：理念与行动》，《教育科学研究》2019 年第 3 期。
② 陈永兵：《教师发展迈向"情感素养"提升新阶段——以江苏省南通田家炳中学为例》，《人民教育》2018 年第 2 期。

绪管理相关的技能技巧，提高情绪表达、应对、调适和反思的能力这三个层次的均衡发展。课程内容的选择和组织应该注意回归教师情绪体验本身，根据实习教师各阶段情绪需要有针对性地加以引导。本研究围绕提升情绪素养、优化职业生命体验的核心为旨归，结合各个情绪发展阶段的特点，进一步延伸出情绪课程的阶段性目标，并就每个阶段的课程任务加以规划。

表 10 - 2　　实习教师情绪课程的阶段性课程目标及课程任务

阶段	课程阶段目标	课程活动示例
憧憬期	1. 掌握关于情绪素养的理论知识，以及如何进行情绪管理的策略性知识； 2. 了解实习学校的基本情况。	教育学、心理学等理论 实习学校宣讲会 教育实习经验交流会
困顿期	1. 熟悉实习学校基本情况，认同实习学校文化； 2. 能够运用情绪知识，初步掌握情绪流露与觉察、情绪沟通与交流的技巧。与学生、队友、指导教师以及实习学校其他成员建立友好的关系。	游园（校园）会 名师公开课
调适期	1. 能够灵活运用并在指导下反思情绪知识； 2. 掌握情绪表达、应对、调适与反思的技巧和能力，自觉维护与学生、队友、指导教师以及学校其他成员的关系。	教师情绪叙事工作坊 "我和导师有话说"活动
认同期	1. 能够灵活运用、主动反思和更新情绪知识； 2. 掌握情绪总结与反思能力； 3. 能够对自身的专业发展阶段以及未来职业选择有清晰的认识。	教师情绪叙事工作坊 教育实习经验交流会（主讲） 职业生涯规划

在憧憬期，实习教师还未真正进入实习场域，对即将到来的实习生活既期待又紧张，这一时期情绪课程的主要任务就是为实习生活做准备，包括知识准备和心理准备。因而，阶段性目标就是掌握关于情绪素养的理论知识，以及如何进行情绪管理的策略性知识。另外，还要帮助实习教师了解实习学校的基本情况。为了高质量地实现这一阶段目标，情绪课程一方面可以设置一些理论学习课，另一方面，还可以开展一些活动，比如实习学校宣讲会、教育实习经验交流会等，以

疏解实习生内心的紧张情绪。

在困顿期，尽快适应新的角色和环境，消解陌生感和无措感是实习教师的第一要务。因而，这一时期的主要任务是带领实习生尽快熟悉实习学校工作和生活环境，鼓励他们将情绪知识运用于实践，初步掌握情绪流露和觉察、情绪沟通与交流的技巧和能力，主动与学生、队友、指导教师以及实习学校其他人员建立友好的关系。这一阶段，可以开展一些游园活动，让实习学校的学生带领实习生熟悉校园并对学校文化进行解读，既能增进实习生与学生的关系，又能提升实习生对实习学校的文化认同。另外，还可以举办"名师公开课"，让即将指导实习生的教师展示几节公开课，促进实习生对指导教师业务水平的了解和认同。

调适期主要工作就是密切关注实习教师的情绪变化，帮助他们灵活运用情绪知识，并时常引导他们反思自身的情绪表达和行为，掌握情绪表达、应对、调适与反思的技巧和能力。课程活动设计方面可以在之前的基础上增加一些教师情绪的叙事工作坊，让实习生定期聚在一起分享工作、学习和生活中的经验、困惑或苦闷，学会有效的情绪调适。另一方面，还可以开展"我和导师有话说"活动，营造轻松愉快的氛围，让实习生与指导教师之间畅所欲言、化解矛盾、增进彼此的了解和情绪。

认同期的主要课程目标是灵活运用情绪知识和情绪技能，反思自己在情绪表达与沟通方面的可取之处和有待精进之处。此时的教师情绪叙事工作坊应该更加注重实习教师对实习生活的概括与总结，也可开展教育实习经验交流会，让实习生作为主讲人，在与下一届实习生交流的同时，总结自身的经验与收获。另外，还要增加职业生涯规划的课程内容，让实习教师对未来的职业方向以及教师专业发展的进程有所规划。

三　情绪课程实施的条件创设：情绪课程共同体

教师的情绪管理是一种专业智慧，既需要内在的修炼，也需要外在的刺激和影响。比如，复杂人际间的互动与学习可以为实习教师提供更为丰富的情绪体验和可能性，与指导教师、同伴、学生等相关他人的深度交流与协作同样可以改变实习教师对职业情绪的先见，如改变个体关于师生情绪关系的信念、师生的交往模式等。所以，在实习期间，实习教师情绪课程的实施除了需要实习教师自身发挥主体性之外，构建情绪共同体也是实习教师情绪课程的必要支持。这个共同体应该包括实习情境中与实习教师有情绪关联的指导教师、学生、队友、实习学校的其他成员以及周边社区等。不同的共同体成员在实习教师情绪发展变化中发挥着不同的作用，例如，与学生良好的情绪互动将获得身为人师的满足感、成就感；当与队友良好的情绪互动会获得慰藉感；与学校其他成员以及周边社区的良好互动可获得归属感等等。总之，实习教师情绪素养的提升需要情绪共同体的支持，这是实习教师职业情绪反思与提升的关键因素和重要条件。

第十一章 班主任情绪体验的
现象学研究[*]

班主任是一个具有鲜明中国个性的教育存在，已积淀为中国教育的"深层结构"。新时期，班主任作为立德树人的中坚力量，承担着新任务、新使命，班主任情绪研究是教育研究的重要内容有着独特的现实意义。班主任自身角色的复杂性决定了班主任是学校教育中最复杂的情绪劳动者，在现实生活中，班主任情绪状态是怎样的，具有什么样的特征，有怎样的教育学意蕴，是班主任情绪研究应该聚焦的问题。基于现象学的方法论立场，从情绪体验的角度进行研究，借助"生活事件"的描述和分析，揭示班主任情绪现实样态及其内在的教育学意蕴。

第一节 班主任：学校教育中最复杂的
情绪劳动者

班主任是学校教育中最复杂的情绪劳动者。"情绪劳动"的定义始于社会学家阿莉·霍克希尔德，这个术语表示："管理个人情感来创建公众可察觉到的面部和身体姿态"，目的是在他人心目中形成某

＊ 本章的轶事和少数内容改自齐曼琳《D 中班主任学校生活中的情感体验叙事研究》，硕士学位论文，2015 年；李家成：《论中国班主任的教育意蕴及其实现——基于中国教育的特殊性与国际对话中的教育自信》，《教育科学研究》2015 年第 6 期。

种印象。① 情绪劳动是一种特殊的劳动，人与人的交往产生情绪劳动。从情绪劳动工作者的特征来看，教师应该是属于较高情绪劳动的专业技术性工作者，教师情绪劳动是教学工作所要求的情绪过程。② 教育是知、情、意、行相统一的活动，教育的过程是教师与学生共同付出饱满精力与情绪的过程。班主任作为特殊的教师群体，在维系学校正常教学运转起着重大的作用，承担复杂的教学和班级管理工作，必然付出更多的时间精力和情绪情感。班主任情绪劳动的研究关注了"学业成就与班主任情绪劳动的关系"③ "小学班主任情绪劳动的影响因素"④ 和"班主任班级管理中的情绪表达"⑤等方面。班主任情绪劳动的相关研究，表明了班主任情绪的复杂性和重要性。

　　班主任角色的复杂性决定了班主任是学校教育中最复杂的情绪劳动者。班主任工作的复杂性表现在"工作任务的复杂性""主体的复杂性"及"实践过程的复杂性"等方面。⑥ 班主任处在复杂关系网络中。我国现行学校管理结构主要分为"德育"和"教学"两条主线：一是"德育"管理线，即"校长—德育副校长—德育主任—班主任"；二是"教学"管理线，即"校长—教学副校长—教导主任—班主任和科任教师"。班主任处于学校教育的关系网的核心：学校—班主任—学生；学校—班主任—家庭；学科教师—班主任—学生；学校—班主任—社会等，所以这一群体是联结学校、班级、学科教师、家长、社会等的重要节点，成为众多关系节点的枢纽。班主任角色的复杂性，具体来说体现为以下四种角色的复杂。

---

　　① ［美］玛丽·E. 盖伊、梅雷迪斯·A. 纽曼、莎伦·H. 马斯特雷希：《公共服务中的情绪劳动》，周文霞、孙霄雪、陈文静译，中国人民大学出版社 2014 年版，第 4 页。

　　② 田学红：《教师的情绪劳动及其管理策略》，《教育研究与实验》2010 年第 3 期。

　　③ 朱丽娟：《中学生学校联结、学业情绪、学业成就与班主任情绪劳动的关系》，硕士学位论文，哈尔滨师范大学，2017 年。

　　④ 范洋杨：《小学班主任情绪劳动的调查研究》，硕士学位论文，淮北师范大学，2018 年。

　　⑤ 叶悠悠：《小学名班主任班级管理中情绪表达规则的个案研究》，硕士学位论文，安徽师范大学，2020 年。

　　⑥ 李家成：《论班主任工作的专业性——基于对班主任工作复杂性的认识》，《基础教育》2011 年第 4 期。

（一）作为学校管理的代理主体

班主任代理学校行使着班级直接管理的权力。班级是学校教育中最小的单位，学校以班主任为代理主体，直接管理班级事务，负责班级所有行政事务。相比较学科教师，班主任对于所有班级成员承载着德育职责和校内全面看护的义务，他们既需要关注班集体的运行，又需要负责学生的道德品德、学业和学生的人身安全。

（二）作为家校沟通的重要纽带

班主任是学校与学生家庭联结的桥梁，是学校教育与家庭教育对接的纽带。班主任代表学校给家长传递和反馈学校教育情况，通过家校沟通获得学生的家庭背景和具体表现，为家长提供教育指导和专业支持。

（三）作为学生与学科教师之间的平衡者

班主任相较于学科教师，与学生的联系更为紧密和宽泛，一定意义上担当着班级教师团队的领袖。相较于其他学科教师，班主任与学生的课后交流要多得多，这是角色的要求，也是管理的需要。有时，班主任充当着学生与学科教师之间的协调员，一方面向学科教师反映学生的诉求，另一方面也会作为学科教师的助理，协调和促进学生各学科的学习。

（四）作为德育的主要责任人

如果将教育区分为"教学"和"德育"的话，班主任承担了一半的复杂工作。学科教学是分别由学科教师完成，而德育作为单列的"一条线"，几乎全落在班主任一个人身上。班主任处于"德育"主线的终端，担负着"大德育"工作。所有与德育有关的活动，如班级团队活动、主题班会、个别教育等，全由班主任扛着。

班主任复杂的角色决定着其复杂的情绪体验，不同工作情境中的情绪体验十分复杂，充满着不确定性。研究尽量从班主任自身的视角出发，观察者尽量站在局内人的立场去体验不同情境中班主任的体验。"情绪是站在观察者的立场上，它揭开了一种不自觉的观点、一种比较，……当我们反映在情感上，我们就是反映在'从我所在之处'的感觉。"① 情绪是向外的表达，从被观察者的口述、访谈和叙事等方面可以获得"局内人"的立场和视角作为理解的根据。据此，揭示包括班主任个体、群体和组织层面的视域体验以及探究班主任情绪体验的复杂性和深刻意义。

第二节　班主任情绪体验的现实样态

我们好奇，班主任情绪体验的现实样态是什么样子？借鉴现象学的研究方法，基于个体的轶事和访谈，以 D 校 7 名班主任（C、Y、F、L、Z、S、X）为主要研究对象，深入探寻他们日常教学生活中的情绪体验，并随机访谈 25 位班主任作为补充材料，通过意义分析建构班主任情绪体验的现实样态，剖析班主任情绪体验实质、基本特征和教育学价值。

一　班级事务的管理：行走在希望/绝望、痛苦/感动之间

班级管理是班主任日常工作的重要内容。班级里人、事、物的规划、组织和协调都是十分繁杂的事务，做好一名班主任不是件容易的事情。教学生活中各种大大小小的事件容易激发班主任的情绪，使得班主任的情绪常常游走在希望与绝望、痛苦与感动之间。

2011 年 12 月 15 日那天，外面下着雪，我叫孩子们关好教室里的灯和门窗，结果那天因为下雪学校提前放假，我从外面赶回来一看，门没锁，灯也没关，就很生气地批评了他们。到了第二天 12 月 16 日的时候，刚好是我的生日。一回到家就接到学习委员打来的电话，他说 F 老师，班上有几个同学好吵，你赶紧过来处理一下。我当时就挺生气地往教室走。几个平日里"捣蛋"的学生就把我拦住，让我到办公室去谈。大概过了十几分钟，我回

---

① ［美］亚莉·霍奇斯柴德：《情绪管理的探索》，徐瑞珠译，（台北）桂冠图书股份有限公司 1992 年版，第 37 页。

到教室一推门，正好一张卡片掉在我手上，全班同学唱起了"生日快乐歌"。我看到讲台上放了一个很大的蛋糕，他们插上蜡烛齐声唱生日歌，才知道他们自发买了蛋糕，在教室里布置。这场景真让我感动！虽然我们也不会那么在意生日，但是小孩子很用心，也许他们"良心发现"了，知道老师每天陪伴他们学习很辛苦，为我准备了一份特殊的生日礼物。这是与学生交往中最感动的事件之一。（13－F－02）

班级管理是班主任的工作核心，也是班主任情绪变化的重要诱因。班主任的工作在时空上往往都是没有边界的。事务细小到门窗关闭等班级事务管理，校内外、上下班学生的做人做事都与班主任的职责绑在了一起。就算下班后，自己班上学生出了事，第一时间都会通知班主任。学生违反纪律，班主任得受批评。班主任成了班级的代名词，班上学生有问题了，班主任要负责任；当然，班上学生有好事，班主任自然也是最重要的主人。同样，学生也是自然把班主任当作最重要的老师来对待。通常意义上，学生说"我的老师"主要指代的是班主任。在这样一种制度和职责的赋予下，必定影响和主导教师情绪的变化。学生们会把班主任当作在学校"最亲的人"对待，有冲突也会有感激，有难过也会有痛苦，游走在希望/绝望、痛苦/幸福、责备/感动等情绪摇摆之中。

F总：虽然您的生日已经过了，但还是要对您说：生日快乐！虽然我的成绩并不好，但是在初中最后一个学期，我一定会尽自己最大的努力不会让自己在中考之后后悔，让您失望。在D中的这三年，可能只有初三这一年能让我记得最清楚吧，因为有您的加入，给我们全班67个人创造了很多难忘的回忆。我一定会很珍惜您和我们全班67个人最后的一百七十九天。每次听您夸奖前几届的学生，我心里都会想，等我们毕业了，您会不会对下届的学生以同样骄傲的神情告诉他们2010级9班的同学，我想应该会吧，祝您以后的每一天都可以过得开心。

　　班主任承担着班级中大多数工作，与学生相处的时间可能也是最多的，因而可能会有更深的情感连接，也可能是学生心目中最重要的"他人"。班级管理的核心意义也就是建立师生之间的信任、爱和情感的连接，班主任关心爱护每一位学生，学生体谅和回应班主任的辛苦付出。班主任工作作为一份情绪劳动，与学生交往中的点点滴滴就是最重要的教育影响，会化作学生心中的记忆留在学生的生命之中。学生会通过各种方式如信件等记住或表达这些珍贵的情感，这也可能只有班主任才有这样的待遇，也是班主任的情感财富。因为有了情感的连接，师生之间的互动成了最为重要的情感互动。

二　"问题行为"干预：摇摆在期望/沮丧、遗憾/平淡之间

　　"问题行为"往往指不符合学校教育规范的行为，是班主任管理工作中最主要的内容。有些在学校学习和生活适应不良的学生，对人对事均表现出消极乃至破坏性的行为倾向[①]，需要整体施加教育影响。"问题行为"往往有着十分复杂的成因，也是让班主任最头疼和担心的事情。班主任是学校规则的主要守护人，夹在学校和学生中间，能够让班主任情绪发生复杂的变化，从希望到失望，从幸福到沮丧，一下子到达期望的尖峰，可能很快又会被推入绝望的低谷，考验着班主任的管理智慧。棘手的"问题行为"也成为班主任情绪波动的"推手"。

　　　　今天发生的事完全是个偶然。大课间做眼保健操时纪律不好，有个学生没做完就跑到了教室外面。我认为他胆子太大了些，问他："你干什么呢？广播还在响，操还没结束。"他迟疑了几秒钟，很大声音回答："我没有听到。"我很气愤，认为他在编理由。"你居然说没听到？"就打了他一巴掌，但没用什么力。他跟我吵了起来，态度很强横。我就打电话让他妈妈过来协调处理。回想起来，我确实不该跟学生吵架。

[①]　沈双一、常云平：《课堂管理学分析》，光明日报出版社2015年版，第145页。

十多分钟后，他妈妈赶到了教室门口。他妈妈催促他向我道歉，我拒绝了。一方面我不接受他不服气的道歉，另一方面我认为自己也有错。我们都需要平复心情，冷静一些。他妈妈拖住我，请求我原谅他儿子，不管打骂都可以。我坚持转身离开，眼泪抑制不住地往外流。我在学生面前是从不流泪的，我不愿让他们知道我也有软弱的一面。后面的语文课，我带着满脑子的痛楚坚持上课，丝毫没让学生觉察到我的情绪。（2009－Y－02）

问题行为多表现为学生不守纪律，常常会惹老师生气。学生违规违纪，教师的干预可能会带来冲突。教师为了维持纪律，不信任甚至粗暴地对待学生；学生会"强硬"地不予理会，甚至和老师在办公区域争吵起来，这对教师而言是一种"情绪挑衅"或威信的挑战，为此教师还会使用教育惩戒。问题行为的管理会关涉到多个方面，往往需要学校、家长和学生个体的认同。问题行为处理过程特别需要情绪智慧，如何把握好这个度显得特别重要。教育行为过了，自己会感到愧疚；不到位，又解决不了学生的问题。若能得到家长的支持，班主任可能还会有信心和欣慰；若不能得到家长的理解和支持，就只有委屈、沮丧和生气。对此，不同的教师可能会有不同的理解。权威中心的老师往往会认为这是一种"挑衅"；有民主意识的教师可能会站在学生立场多一些理解和沟通，反思规则的合理性，或者基于学生情境予以理解，因而也会有两种截然不同的情绪反应。处理学生的"问题行为"需要对话和引导，而不是简单地强制学生"服从于规范""服从于权威"。对此，教师不仅需要有深厚的教育情怀，更需要有效的沟通办法，建立与学生深刻的情感关联。

我中途接手了一个初二的班，据说班上有一个男生是一帮"后进生"的"老大"，我常常因为他而感到"不安"。第一天报到，我让他去帮忙搬桌子，他很高兴地答应了。之后，我让他帮忙管理班级纪律，他也很开心地答应了。我以为只要他管理好自己，这个班的纪律就不会太差。有一次，发生了一个意外。他手上的剪刀划了女学生脸上一道口子。我们赶紧送去校医院，通知了女孩的妈妈。女孩的爸爸在九江的工地，很着急地带着几个亲戚开车往南昌赶。这时男生还没有意识到问题的严重性。男孩父母态度还挺好，说只要是能不留疤进口的药尽管用。伤口其实不深只是划破了皮，打了破伤风的针和做皮试打点滴，而且打了不留疤的针。我当时松了口气。这时女孩的父亲来了。他一米八的大高个，手臂文了"龙"，腰上还别着一把刀。上来就气冲冲地对着男孩的爸爸。男孩的爸爸也不怎么会说话，他双手抱胸说："你说怎么办？"女孩的父亲当时就火冒三丈反问他："你说到底想怎么办呢？"这时上前给了男孩的爸爸一巴掌，在场所有人都惊呆了，不知所措。叫嚷道："那死小子在哪里，我要扒了他的皮！"我当时很害怕，跑上去拦住了女孩爸爸。这时那男生已经吓傻了，我赶紧叫他先回去，并劝住了女孩父亲。后来，男孩的父母在我陪同下去女孩家里赔礼道歉，这件事算是过去了。我以为这个男生能吸取教训，但没过几天他又打了别的同学，并且对我的质问大声反驳。我心里说不出的气愤和难受。再后来他又做了很多事，他的父母也没有办法，就让他不读书了直接去学理发。这个学生我印象很深刻，当然并不是每个学生在我手上都能够成功转变好，这也是失败的案例。（13－Z－08）

　　教师往往会以一种文化英雄的角色出现，面对常常制造"问题"的学生，班主任起初还是带着较高期望想去"拯救"，这一过程必然充满着艰辛和反复。教育是一个长期的过程，甚至需要一生的成长，这一过程不单单是学校的某一阶段，也可能需要延伸到家庭、学校以及工作后的成长。正如Z老师为改变这一学生尝试了许多方法，当然结果并不满意，但这不能说教育就是失败的。可以理解教师这种失望和自责。Z老师通过让该生参与班级管理，给予积极的期望，想以此"控制"他的问题行为，激发其主人翁意识。令他失望的是，学生还是接二连三地制造问题，并且挑战他的权威，对此老师十分气愤和难过。我们不禁思考，什么样的转变可以称为"成功"的转变？以往转变"成功"的案例又是因为什么成功的呢？当我们怀着这样的好奇思考过往的经验，才能够重新审视我们所面对的问题。"问题行为"教育，我们的立场和出发点是什么？只有不断地反思问题、总结经验，才有可能找到"问题行为"教育的突破口。而那些记忆深刻的案例——无论是"失败的"还是"成功的"，都是宝贵的教育财富，是班主任老师不断前进的经验阶梯，以探究性、反思性的态度考量"问题行为"的教育干预，方能多一些理解和原谅，才可能多一些幸福和勇气。

三　家校协同：徘徊在无奈/满足、失落/欣喜之间

家校共育成为当下的共识。家校沟通是班主任工作的日常事务。家庭教育和学校教育互为补充，需要相互对接和协同。这一过程的主要实现者就是家长和教师，其中在学校中最可能深入了解学生、协同家长就是班主任。[①] 家校沟通以协调教师、学生和家长之间的关系，形成多方支持、多主体协同和多层级影响的教育格局，为共同处理学生教育帮助学生成长提供充实的基础。

> 我刚毕业那会儿带班，常常会感到无奈。记得有一次，一伙学生互相打闹，有个学生把另一个人压在了地上。正好政教处主任碰见了，就打了他一巴掌。他中午回家就大哭起来，他爸爸立刻给我打电话说老师怎么能打学生呢！我说我不知道这个事情，他说他要去找校长。那个时候我刚来不久，很担心会把事情闹大。我就很委婉地打电话给主任，主任就说了这个事情，他说他只是想制止。虽然我也知道主任不应该打学生，但为了安抚家长，我只能无奈地去求家长。大概半个小时后，家长说看在我的面子上就算了。我舒了一口气，这件事情算是过去了。当然我也找了学生谈话，他也能理解。后来又有一件事，学校规定仪表检查，要求男学生的头发要短到一定的长度。刚好这个学生对自己

---

① 殷飞：《班主任的家校沟通》，华东师范大学出版社2013年版，第19页。

的头发特别在意，我多次让他去理发他就是不肯。我和家长说，他爸爸当天答应了。第二天来学校，头发看起来像没剪过。检查的时候被书记查到了，我作为班主任被批评。这个事情闹得没完，我苦恼了很久，最终也只好无奈地接受了。(13－Z－09)

班主任被赋予了沟通家校关系的重要使命，与学生沟通尚且不易，更别说要与生活在不同文化和时空中的家长群体。班主任与家长之间往往会因沟通不畅遇到困境。自然，这一使命的实现需要十分强大的情绪素养。"家校沟通"的核心是获得家长的信任和支持，形成协同教育的合力。在遭遇学生之间矛盾的处理时，尤其棘手，有时会恐惧和无奈。家长更多的是站在自己孩子的立场，而班主任需要平衡、保护和教育所有孩子，因而这种沟通会有很大的压力。由于学生家庭背景、学校环境、现实情境、学生情况等不尽相同，学生、家长和学校行政等消极配合，使得班主任常常"夹在"学校、家庭、学生多方之间，成了各方压力的"枢纽"，自然倍感焦虑。需要反思的是，学校领导、行政管理、学科老师在家校沟通机制中应该扮演什么角色，如何为班主任的情绪劳动做些分担？

我有记录学生"捣蛋"事件的习惯，学校领导也支持我。有个学生很调皮，而且比较棘手，正因为是家长找了领导的关系就不买班主任的账。我就把学生所有"调皮捣蛋"的事情记下来，以备家访时候带给他们看。第一次家访，学生的家长接待了我，并向我保证孩子会改。没过多久又犯了，我就第二次去他家，他爸爸不怎么搭理我。第三次，我再去家访，已经不开门。我当下就有一种挫败感。我心想，一定要等到家长开门，就向政教处请了假。学生中午的时候买了盒饭给我吃。我看他没有逃开，心里又多了一些安慰。一直等到下午四点，门终于开了。家长装作不知道的样子，"C 老师你在这里？"我说，我中午就来了，等到现在。家长说："那真不好意思，我们在睡觉没有听到。"我说我敲了门。我就把那本很厚的日记给他们看。他们想留下来，我说不能留，我要给学校看，你孩子的安全问题我承担不起。之后，我找领导谈了这个事情，领导非常支持我的工作。后来这个孩子转学了，家长还多次跟我道歉，后悔没有配合我教育孩子。我说，孩子换了一个新的环境，你们要配合好老师教育他，改变他不好的行为，家长点头同意了。（13－C－11）

"家校沟通"取决于家长的态度，更关乎教师的素养。问题行为的背后往往有一个问题的家庭文化在"滋养"。C老师家访多次，虽然受到家长的"冷遇"，但用自己的工作方式和韧性，试图取得家长的信任和支持。一方面担心着孩子的安全，另一方面期待得到家长的支援。在这一过程中，C老师有失落但没有放弃，以自己的信念和韧性坚持着，以这样一种方式影响和教育家长。遇到困境，需要学校的支持，教师才能有勇气、有韧性去面对教育中的难题。

我和家长相处得很融洽。我很尊重他们，也从不在他们面前摆架子。去年，开第一次家长会，有位家长就在会上说："F老师你说这么多，我也不了解你，原来上课就是大杂烩，很多活动，嗑瓜子的都有。"我说，这个我都了解，一个礼拜之后就会有改变。你就问你的孩子是否改变了，如果没改变就找我，可以给我打电话沟通，我会有办法。我当然相信家长也可以理解，不能一个棒子把他们敲死，人生当中不可能不犯错，我们要帮助他们改进。你们家长话说在前面，就要真正起到表率的作用。比如，晚上在外面打牌喝酒还说是应酬事业。这就不对了，小孩就学会撒谎了。在培养小孩的最佳时期，要有个很好的形象。家长们有哪些好的建议，我们一起来帮助孩子。我说，我就是服务生，我是给孩子们服务的。我不是要创什么口号，我真的会去这么做。这是我的工作。家长马上就鼓掌，我对此很满意，虽然自己是很会煽情，但是后面验证了我自己所说的，这让我自己的成就感又提升了。（13－F－10）

良好的家校情感是班主任的工作动力和意义期待。家长对班级工作的认可是对班主任最大的意义奖赏。班主任与家长一旦建立了良好的信任与协作关系，家庭教育才可能会与学校教育协同，家长教育才会有成效。班主任需要用真情去回应和对待家长的情绪，用自己的实际行动去回应家长的关切，才能消除心理隔阂，利于家校之间的沟通与合作。F老师为了获得家长的信任和支持，对家长们做出承诺，并进一步回应家长关心的问题，并且持续关注、认真履行自己的承诺。他用激情动员家长们参与孩子教育，引导家长做好表率示范作用。可以说，F老师具有很强的沟通能力和家校协作经验。家长们对其专业性的认同，增强了其职业认同感，因而感到十分的满足和欣喜。"一旦教师对其职业产生了内在的相对稳定的'认同'这一心理反应倾向，会通过个体的感情、认知以及行为等媒介，对其行为和知觉起到一定的影响作用。"[1] 他者的认同感是教师教学勇气更新和生命按摩的重要力量，可以强化他们内在的教育信念和职业热情。

四　同事统整：挣扎在尴尬/轻松、委屈/平和之间

教师同事关系是学校人际关系的重要类型，良好的同事关系能够加强教师团队协作，形成集体凝聚力，创造和谐的学校文化和人际关系。相互理解、相互支持和合作的教师同事情感关系有助于教师文化的健康发展。班主任作为学科"联络人"被赋予更多的专业关注和情绪期待，须具备更强的协调和沟通能力，应对随时可能出现的关系和情绪问题。

> 我对所有任课老师都是真诚的。上个学期带班，与我搭班的化学老师同时还带了一个"好班"，所以我觉得他对我们班没有花太多心思。比如，作业从来就不改我班的。在这种情况下，我想就只能我多做点吧。有时，我会去找他要他"好班"的试卷，

---

[1]　邓睿、王健：《提升教师职业成就感——催生教育家的现实途径》，《教师教育研究》2011年第2期。

打印了给学生们考。最后成绩出来，我的班还超出了市平均分很多。他花费心思和精力的班，化学分也没超重点指标。效益是我班给他的，但是我也不能到处去说，因为说了就会有矛盾。但是我想他心里应该很清楚，有时候碰见我，他也会和我说："C 老师我占了你的便宜。"我说没关系，同事之间不用分这么清楚。

有一次，另外一个带班的班主任和我说，她带的是中等班，她都不满意，你班搭的都是好老师，你班的成绩当然好了。听到这，我有些委屈，也是只能心里苦笑一下。我认为，其实好老师的注意力根本就不在我这里，我宁愿去搭所谓"差一点"（这里主要指教学方面没突出成就的）但认真的老师。我作为班主任，我想要"普通老师"而不是"好老师"——因为普通老师会花时间。其实我能理解他，他带"好班"的压力很大，所以也就轻松和释怀了，同事之间还是要相互理解。（13－C－07）

班主任是学生学业成绩的总责任人，需要关注和平衡学生各学科的学习。科任教师担任多个班级的任课教师时，还会因为成绩好坏"厚此薄彼"；班主任则不一样，会把自己所带的班当作"自己家的孩子"，全情投入。为了让本班学生全学科发展，C 老师会敏感地感觉到学科教师的"偏爱"和不公正，为此，他需要主动去补偿。班主任需要有全局的意识和精神，需要调适自己，理解和体谅他人，与任课教师建立良好的关系，有时还需担当他学科教师的助手。真诚地表达理解是真正理解的开始，而真诚、理解、合作是教师同事相处的基础。在当下，"成绩"作为学科关注的核心，这样一种功利主义的教育价值标准成了学科教师放弃"育德"的苦口，因而使得班主任工作更加复杂。"唯成绩"主导着班主任与学科老师的一个情感关系和职业使命，因而也是班主任情绪的重要影响因素。帕尔默说："教学就是开创一个实践求真共同体的空间。"① 教学因为共同的教育目

---

① ［美］帕克·帕尔默：《教学勇气：漫步教师心灵（20 周年纪念版）》，方彤等译，华东师范大学出版社 2019 年版，第 154 页。

的、信念和价值追求而真实存在，为每一位生活在共同体空间中的人提供赖以生存的教育情调和关系。"全员班主任"，也许才可能消解当下班主任的"过山车"般的情绪体验和孤独的压力感，形成教育合力，成就每一位学生。

第三节　班主任情绪工作的内容框架与特征

班主任情绪工作是教师职业体验中的特殊内容。"情绪工作"是受自己支配的情绪劳动，是指在自己的意愿和文化的规约下表现出的情绪劳动。① 以班主任具体工作情境和相应内容为维度，以对事件的现象学式反思追问为基础，构建班主任情绪的基本框架。

一　班主任情绪的总体框架

根据班主任情绪主要彰显在班级管理、"问题学生"教育、家校沟通、同事相处等方面，因其复杂的角色经历着诸如气愤、悲伤、痛苦、希望、快乐、满足、平和等多种情绪体验的波动（见表 11 – 1）。

表 11 – 1　　　　　　　班主任情绪工作的内容框架

班主任情绪体验的类型	班主任情绪体验的具体内容
班级事务管理：行走在希望/绝望、痛苦/感动之间	·学生参与班级管理：寄予希望，共同管理的希望 ·工作无时限：无边界的工作，感受痛苦 ·学生关心：回馈感动、幸福
"问题行为"干预：摇摆在期望/沮丧、遗憾/平淡之间	·初衷：向善、向上引领；感召，充满希望、期待 ·冲突："管理权威""教师权威"轻视 ·"失败"：沮丧、遗憾 ·回归：平静、平淡的心态

---

① ［美］玛丽·E. 盖伊、梅雷迪斯·A. 纽曼、莎伦·H. 马斯特雷希：《公共服务中的情绪劳动》，周文霞、孙霄雪、陈文静译，中国人民大学出版社 2014 年版，第 4 页。

班主任情绪体验的类型	班主任情绪体验的具体内容
家校协同：徘徊在无奈/满足、失落/欣喜之间	·阻碍：无奈，愁苦；如何获得家长支持 ·反思：获得家长信任、支持，维系良好的家校关系 ·管理制度：行政、管理、班主任工作的共同协调 ·认同感：有利条件；快乐、满足；教师职业发展
同事统整：挣扎在尴尬/轻松、委屈/平和之间	·"单向"的理解：引起沟通障碍；尴尬、郁闷情绪 ·"揣度"加深不理解、不信任悲观 ·"真诚之心"：真诚表达、相互沟通、和谐平静、共同协作

二 班主任情绪工作的基本特征

班主任情绪主要发生于复杂的教育关系和具体的教育场域，具有鲜明的教育性、复杂性和动态性等特征。

（一）教育性

班主任情绪工作具有教育性。教学工作场域以教师与学生的"育人"关系、文化关系为构成基础，基于文化育人的班主任工作使得班主任情绪工作具有鲜明的教育性特征。班主任情绪工作的教育性，首先指向情绪工作生产情境的教育性——师生共建的"文化育人"教育工作场域；其次，为着教育的目的而形成的事务和关系处理，情绪体验也就具有了教育性的指向——在与学生的教学交往中产生感动、快乐、不安、忧心或焦虑等情绪体验，指向的是对学生的关注和教育目的的追求；再次，出于研究的目的，对情绪工作的研究也是为了更好地服务于教育，作为审思班主任教育教学的媒介，反观教育现状以促进教育目的的协调、更新与发展。

（二）复杂性

班主任角色的复杂性决定了班主任情绪工作的复杂性。班主任作为"学校管理的代理主体""家校沟通的重要纽带""学生与学科教师之间的平衡者"及"学生品德发展主要责任人"等复杂角色，决定了其情绪体验的复杂性，也使得班主任承担着数倍于普通教师的责任和压力。教育情境的复杂性是班主任情绪体验复杂性的根源，角色的复杂性是班主任情绪工作复杂性的直接因素。

（三）动态性

"平衡—循环"的情绪体验是调节班主任内心状态和情绪反应的方式，也是班主任情绪自我调节的特征表现，因此班主任情绪工作表现出"动态性"。班主任通常被期待"每天都要有朝气和活力面对学生"，遵守着教师情绪表达规则，有时也会难以控制自己的消极情绪。由于班主任角色的复杂性，必然带来复杂多变的情绪体验；由于班主任工作的特殊性，班主任情绪需要合乎规范地表达。无论是成功时的喜悦，挫折时的失望、沮丧和痛苦，随着每一次修炼而强化内心和反应能力。外显的冷静、控制、发泄和内隐的焦虑、烦恼、生气相平衡，是每一位班主任需要修炼的天赋和能力。在不断"平衡—失衡—再平衡"的自我调节过程中，维持着情绪的"天平"。

第四节　班主任情绪体验的教育学意义

班主任情绪体验与学校文化息息相关，折射着学校的文化与风气。班主任情绪体验研究能够为理解班主任内心景观提供认识线索，为缓解班主任职业倦怠提供理论依据，为制定班主任培养政策提供支持。

一　理解班主任内心景观：情绪作为线索

理解班主任的内心景观即是在理解班主任职业角色的基础上，建立相互理解的同理心和信任感。班主任内心景观为了解和认识班主任职业角色提供了可靠的认识途径。"对好的教学来说，了解我自己和了解我的学生和学科是同样重要的"，"教师内心的景观（the inner landscape），要全面地描述就得采取三条重要的途径：理智的、情感的和精神的"①。情绪关联着情感，描述班主任的内心世界必然涉及情绪体验。情绪体验的研究作为观察和认识班主任内心景观的一种途径，是理解班主任内心世界的重要抓手。通过情绪体验的分析，班主任在认识自我中，学会反思，在反思中不断提升自我。

从教师职业发展的角度，正确认识和理解班主任情绪体验，反观他们的内在世界，有助于帮助班主任合理缓解压力，释放消极情绪和减少消极情绪体验。充分了解班主任情绪体验的内在感受，分析其形成的原因、影响因素和条件等，能够建立和发展班主任、科任教师、学生和学生家长等教育中的个体和组织间的相互理解和同理心，能够引导教师的他者立场，共同解决问题并凝聚共识，构建良好的班级文化、人际关系和学校文化。班主任情绪体验是分析和研究班主任教师内心世界的重要组成部分，是通往班主任内心世界的重要通道。

二 缓解班主任职业倦怠：情绪按摩是路径

缓解教师职业倦怠是当前所面对的共同难题。班主任的职业倦怠主要源自情绪的折腾，其中工作强度和精神压力是班主任职业倦怠产生的主要原因。给予教师情绪表达和转化的机会是缓解职业倦怠的方式之一。"教师情绪表达规则是基于组织或工作目标而定的，较少照顾到教师的自身感受。这些规则一旦内化为教师个人信念的一部分，教师就会自发地按照情绪表达规则的要求来调节自己的教学行为，而不去考虑自身的情绪状态。久而久之，情绪觉察力就会渐渐变得比较麻木和迟钝。"② 教师情绪觉察力的衰弱，影响其对周围人、事、物的感知和自我存在的感知。教师变得不那么愿意表达自己的情绪，也缺少了对自我和周围人、事、物的关注，这种境况有可能使班主任陷入或加剧职业倦怠。班主任情绪体验研究能够帮助班主任正确看待和表达情绪，帮助其强化积极的情绪体验，获得职业认同感和自我实现

---

① 李宝峰：《人格心理学》，吉林人民出版社 2005 年版，第 132 页。
② 张冬梅、葛明贵：《教师情绪表达：为何与何为》，《教育科学研究》2021 年第 3 期。

的满足感，对缓解职业倦怠具有重要意义。

班主任职业倦怠与消极情绪之间具有较强的相关性。通过认识和了解班主任情绪产生的情境、事件和状态反应，分析其情绪来源、成因、关注点和影响等，能够为缓解班主任职业倦怠提供现实依据。积极的情绪体验带来职业的幸福感；长期积累的消极情绪体验容易造成职业倦怠。体现在学校日常教学中，教师期待着证明自己的工作能力、价值并获得认同感，则产生积极的、正向的情绪体验；缺少支持的、认同感的班主任，往往表达出更高的消极情绪体验。自我和他人的积极反馈，是班主任获得认可，实现期许和自我价值的重要方式。班主任自我认同的发展，将产生自我认可、自信、向上、拼搏等积极的情绪体验，进而缓解教师职业倦怠的危机。班主任在不断追求自我实现的过程中，突破对现阶段职业不理想、精神压力和心理状态不平衡的困境，并从获得积极的情绪体验中生成职业理想和追求。

三 促进班主任支援机制：情绪体验作为视角

班主任素养是教师专业发展的重要内容，需要有相应的机制规范班主任工作权责、保障班主任合法权益、支援班主任的成长。班主任的情绪体验能够有效地反馈当前机制的合理性与实际效果，为其重建提供适宜的参考。例如，在班主任聘任上，有的学校采取直接委任的形式，不考虑教师的个人意愿和主观情绪，从而导致教师出现对班主任工作的抵制或"应付"心理。因此，学校应该对"不愿意"或有消极情绪的老师有充分体谅和深入交流，通过民主协商的方式，倾听教师内心的真实想法，这样更有利于班主任的责任落实和工作开展。此外，一些能够增强班主任积极情绪体验的措施应该引起重视，例如，优化班主任评优、评先与职称聘任的方案；规范班主任工作时间量；组织外出学习和培训活动，拓展班主任的视野，帮助和促进班主任教师的成长等。

通过对班主任日常情绪体验的研究，可以发现班主任因个人、学生、家长、领导等"人"的因素所造成的工作困扰，也可以发现个人、组织、文化互动层面所引起的情绪波动，对这些现象的揭示，为班主任文化的建设或重建提供现实依据。

总的来说，班主任情绪体验与学校文化、人际关系氛围、学生成长等方面有着很强的相关性，研究和探索班主任情绪体验是深入教师内心世界的基本途径，它能够为理解班主任内心世界，缓解职业倦怠，促进班主任职业成长并为制定培养政策的提供现实依据和内在动力。班主任情绪体验研究具有重要现实意义，现象学为这一问题研究提供了理论和实践方法，值得我们进一步探究。

第十二章 教师情绪的影响因素与生成机制

教师情绪并非凭空产生，而是由多种因素相互交织产生的综合效应。那么教师的情绪如何产生？受到哪些关键因素的影响？这些因素又是如何相互作用？厘清并回答这些问题，有助于深入认识教师情绪，通过深入分析教师情绪的影响因素及其生成机制，有助于把捉影响教师情绪的无形之手。作为管理者能通过这一框架认识教师情绪的影响因素和互动关系，进而反思教育管理过程中的制度调节、情境营造和学校文化建设，构筑良好的教师专业发展氛围；作为教师则能识别自我情绪产生的影响源，认识情绪且在专业规约下表达情绪，挖掘教师情绪的教育意蕴，进而促进教学互动的顺畅开展，提高师生、家校互动的质量。

第一节 教师情绪影响因素的分析框架建构

情绪管理作为教师必须直面的专业工作内容，与教学改革的开展有重要的互动关系，因此受到国内外学者的关注。本节主要基于国内外学者对教师情绪影响因素的研究，结合理论与实践的研究，探索教师情绪的影响因素分析框架，进而深入分析影响教师情绪的源流。

一 教师情绪影响因素的分析框架

情绪是个体的一种内在体验，受到多种因素影响。教师因其职业的特殊性，总是生活在多主体互动的工作情境和社会情境中，因此被认为是复杂的情绪劳动者。教师情绪具有内隐性，作为一种"个体—社会互动"关系的反映，受教师自身、教师工作情境和社会文化等多种因素的交织作用，把脉这些纷繁复杂的因素，有助于探寻影响情绪生成的原因及其互动逻辑。

哈格里夫斯提出了"情绪地理学"理论，并以此来研究教师情绪与教育变革的学理关系，他将情绪地图分为五个维度：包括社会文化地理、道德地理、专业地理、政治地理和物理地理。[1] 同时他指出影响教师"情绪地理"的因素包括个人因素、学校因素和社会文化因素三个方面。[2] 王嘉毅等（2011）对这三个层面的因素进行概括：个人因素包括个人的信念、职业与阶段、年龄或时代、自身能力的认知、身份认同和持续学习等方面；学校因素包括学校文化、微政治、校长领导风格、学校提供的专业学习机会、学生反应、家长参与、学校所提供的物质支持、教师的工作量和时间；而社会文化因素包括家长社会经济文化背景、地方教育政策、课程改革、全球化及本土化竞争等。[3] 哈格里夫斯指出管理者在教育变革和教育政策的制定时要充分考虑教师的情绪因素，学校领导在学校组织文化建设中要考虑教师的情感需要，教师在课堂教学中更要利用情绪实践活动来加强与学生的情感交流，在工作中要与同事、领导、学生家长建立起合意的情感联系。[4] 通过哈格里夫斯的"情绪地理学"理论，有助于厘清和剖析教师情绪的影响因素，进而正确处理教师在课程改革和教学变革中的

---

[1] Hargreaves, A., "Educational change takes ages: Life, career and generational factors in teachers'emotional responses to educational change", *Teaching and Teacher Education*, Vol. 21, No. 8, 2005.

[2] Hargreaves, A., "Educational change takes ages: Life, career and generational factors in teachers' emotional responses to educational change", *Teaching and Teacher Education*, Vol. 21, No. 8, 2005.

[3] 王嘉毅、程岭：《安迪·哈格里夫斯的教师观与教学观》，《全球教育展望》2011年第 8 期。

[4] 王嘉毅、程岭：《安迪·哈格里夫斯的教师观与教学观》，《全球教育展望》2011年第 8 期。

情感作用，促进教育质量的提升。

尤·布朗芬布伦纳提出了人类发展的生态理论，他将人和生活其中的中环境称为系统，并将该系统由小到大，由内至外地分列为五个层次，包括：微观系统（Microsystem）、中介系统（Meso‐systems）、外在系统（Exosystems）、宏观系统（Macrosystems）[1]，他同时强调时间系统（Chrono‐system）是贯穿始终的。国内学者孙彩霞、李子建（2014）运用人类生态学的视角分析教师情绪的形成机制，他们强调教师情绪形成的交互影响作用，认为："情绪体验形成于个人与环境之间的交互，这种交互不仅受个体内在性格的影响，同时也离不开外在环境对个体的相互作用。环境不仅仅指物理空间方面的意义，同时包含着人际交往、文化、组织、制度等方面的内容。所以情绪链接着教师个体的微观系统，也链接着社会、文化、政治等方面的宏观层次。"[2] 尹弘飚（2008）则强调了教师专业实践、专业身份和教学活动对教师情绪的影响，他认为："教师具有人性化的专业实践不可避免地具有情绪维度，教师会把他们自我投入教学工作中，会把个人和专业身份融为一体，因此教学成为他们获得自尊和自我实现的主要原因。"[3] 教师职业的特殊性决定着教师工作具有高情绪劳动性质，情绪普遍存在于教师的教学活动过程中，而且对教师工作产生显著影响。因此，要全面地认识和把握教师及其教学实践，离不开对教师情绪的影响因素展开深入探索和分析。

国内外学者对教师情绪的影响因素进行了较为深入的研究，对教师情绪的影响因素主要分为教师个体因素的制约以及人—环境互动关系的影响。个体因素方面，主要认为教师的性别特征、教龄、工作经

---

[1]　Dionne. I. Cross and Ji Y. Hong, "An ecological examination of teachers' emotions in the school context", *Teaching and Teacher Education*, No. 28, 2012.

[2]　孙彩霞、李子建：《教师情绪的形成：生态学的视角》，《全球教育展望》2014 年第7 期。

[3]　尹弘飚：《教师情绪研究：发展脉络与概念框架》，《全球教育展望》2008 年第4 期。

验、自我效能感、教师信念等对教师情绪有显著影响①②③④⑤。在人—环境关系互动方面，主要认为教师情绪产生于教师与教学或课堂事件的相互作用以及教师与他人的相互关系中⑥⑦⑧。关于教师情绪的分析框架，国内外学者从教师情绪的生成角度进行分析，具有代表性的有哈格里夫斯（Hargreaves）情绪地理学框架、范维恩（Van Veen）和斯利格思（Sleegers）等学者的社会—认知框架、Reinhard Pekrun等人的教师情绪的因果循环分析模型，以及孙彩霞、李子健借用尤·布朗芬布伦纳人类发展生态理论建构的教师情绪互动生态系统模型。这些分析框架对进一步厘清教师情绪的影响因素及其生成机制具有重要参考意义，但在中国情境中，教师角色如班主任、实习教师具有强烈本土色彩，需要进一步解决已有框架与本土实践的适应性问题。研究教师情绪影响因素及其的生成关系需要一个更适切的框架进行分析，因此，构建一个本土的教师情绪影响因素的分析框架十分必要。

二 现象学视域下教师情绪分析框架的构建

情绪具有互动性、过程性、复杂性等特征，在各研究领域引起较为广泛的关注。国内学者孙俊才等（2007）认为教师情绪研究表现

---

① 施珍梅：《小学教师情绪管理研究——以深圳市为例》，硕士学位论文，深圳大学，2017 年。

② 周俊：《高中教师情绪劳动策略及影响因素的实证研究》，《中国教师》2020 年第7 期。

③ 葛俭：《中小学教师情绪工作、情绪智力和工作投入的关系研究》，硕士学位论文，哈尔滨师范大学，2011 年。

④ Buric, I., Slikovic, A., and Soric, I., "Teachers' Emotions and Self-efficacy: A Test of Reciprocal Relations", *Frontiers in Psychology*, Vol. 11, August 2020.

⑤ 李家黎：《教师信念的文化研究》，博士学位论文，西南大学，2009 年。

⑥ Cross Francis, D. I., Hong J., et al., "The Dominance of Blended Emotions: a Qualitative Study of Elementary Teachers'Emotions Related to Mathematics Teaching", *Frontiers in Psychology*, Vol. 11, August 2020.

⑦ Mevarech, Z. R. & Maskit, D., "The Teaching Experience and the Emotions It Evokes", *Social Psychology of Education*, Vol. 18, No. 2, January 2015.

⑧ 刘红霞、王彦飞、曾先锋：《高职课程变革中的教师关注：情绪视角的微观审视》，《中国职业技术教育》2017 年第 17 期。

出比较明显的阶段性特征，他将相关研究划分为三个阶段：第一阶段，研究者倾向于把教师情绪作为教师个人的内部心理特征，旨在确立教师情绪在教育中的价值；在第二阶段，研究者侧重从社会关系层面看待教师情绪，积极关注社会关系、政策改变与教师情绪体验之间的联系；在第三阶段，研究者开始把教师情绪的社会文化特征纳入研究之中，侧重从权力关系、情绪规则等研究教师情绪的塑造、转换和抵制。① 这些研究由近及远的，由微观系统到宏观背景的、由教师个体到社会文化的特征变化，为构建本节的本土化教师情绪互动分析框架提供了重要启示。

在我们的研究过程中，我们发现影响教师情绪的因素具有"个体—工作—社会关系"的互动特征。我们基于教师情绪的六个维度，包括教师典型情绪如幸福、内疚、忧虑、恐惧、抱怨、愤怒，以及典型教师类型如实习教师和班主任的情绪图景来分析教师情绪的影响因素。

（一）教师典型情绪六个维度

1. 教师幸福

通过对教师幸福情绪现实样态的影响因素进行开放式编码，并比较幸福现实样态影响源之间的差异，可以提取出 8 个初始概念，包括师生互动、学生成长、同事互助、领导认可等，如表 12 - 1 所示。

表 12 - 1　　　　　教师幸福现实样态影响因素开放式编码

序号	影响因素初始概念	教师幸福现实样态
1	师生互动	"集体创造的喜悦"：共享成功的体验
2	学生成长	心生"欣慰"：感受到学生的成长
3	学生关心	共情的"感动"：源自学生的爱与理解
4	教育成果	教育成就感："成就人"的体验
5	同事互助	"助力感"：同事互助的体验

① 孙俊才、卢家楣：《国外教师情绪研究的视角转换与启示》，《外国教育研究》2007年第 7 期。

序号	影响因素初始概念	教师幸福现实样态
6	领导认可	"成功感"：领导认可的激励
7	同事激励	"报偿感"：将外出学习当奖赏
8	家长信任	家长的信任和尊重给予的价值感

2. 教师内疚

对教师内疚情绪现实样态的影响因素进行开放式编码，通过比较教师内疚情绪现实样态来源之间的差异，提取出 5 个初始概念，有缺乏教育机智、专业失误、专业威信、职业形象、专业怠惰，如表 12－2所示。

表 12－2　　**教师内疚现实样态影响因素开放式编码**

序号	影响因素初始概念	教师内疚现实样态
1	缺乏教育机智	课堂违纪处理不当的愧疚
2	专业失误	盲目使用震慑手段的挫败感
		错怪学生的懊悔
		教学失误的惭愧
		体罚犯错学生的歉疚
		当众羞辱学生的愧意
		意外中伤学生的不安
		差别对待学生的愧疚
3	专业威信	学识权威失落的羞耻
4	职业形象	职业形象受损的羞愧
5	专业怠惰	专业怠惰的心虚

3. 教师忧虑

对教师忧虑情绪的现实样态影响因素进行开放式编码，通过比较教师忧虑现实样态来源之间的差异，提取出 6 个初始概念，有师生互动关系、学生成长、管理经验、专业技能、专业价值、与家长关系，如表 12－3 所示。

表 12 – 3　　　　教师忧虑现实样态影响因素开放式编码

序号	影响因素初始概念	教师忧虑现实样态
1	师生互动关系	行为失范之急：权威随时被挑战的紧张感
		学生冲突之愁：对学生行为失控的挫败感
2	学生成长	百度作业之郁：对学生不愿独立思考的郁闷
		安全之忧：守住教育红线的紧张感
		课堂问题行为管理之烦：对学生厌学的忧愁
		性别角色之虑：对学生同性恋的忧虑
		学生早恋之困：对学生情感问题的担忧
		网瘾学生之惶：对学生方向迷失的自责
		考试评价之迫：唯分数的评价制度压迫
3	管理经验	班级管理之惑：经验不足的无助
4	专业技能	竞赛之急：专业技能缺失的焦虑
		教学比赛之过：对比赛后果的焦虑
		校领导听课之扰：一种被现场监督的紧张
5	专业价值	副科受歧之怨：专业价值丧失的焦虑
6	与家长关系	家校合作之堵：对协同育人机制构建的忧愁

4. 教师恐惧

根据教师网络教学产生的恐惧情绪的现实样态，对其影响因素进行开放式编码，通过比较教师恐惧情绪现实样态来源之间的差异，提取出 8 个初始概念，如教学环境、专业素养、应对能力、控制能力等，如表 12 – 4 所示。

表 12 – 4　　　　教师恐惧现实样态影响因素开放式编码

序号	影响因素初始概念	教师恐惧现实样态
1	教学环境	网络不稳：面对不可控条件的窘迫
2	专业素养	软件操作：学习新兴事物的抗拒
		信息留痕：被揪住错误的担心
		声貌呈现：短板被放大的苦恼
		家长旁听：被利益相关者"监评"的紧张
3	应对能力	设备故障：缺乏应对能力的慌张
4	控制能力	学生"隐匿"：互动受阻的不安
5	与家长关系	家长"对抗"：基于网络联结的无助

续表

序号	影响因素初始概念	教师恐惧现实样态
6	专业知识	学生"先知"：知识贮备不足的羞愧
7	教育机智	隐私暴露：被集体围观的惶恐
8	学生成长	学业测验：技术鸿沟扩大分化的忧虑

5. 教师抱怨

对教师抱怨情绪的现实样态影响因素进行开放式编码，通过比较教师抱怨现实样态来源之间的差异，提取出5个初始概念，如管理制度、学生管理、行政制度等，如表12－5所示。

表12－5　　　**教师抱怨现实样态影响因素开放式编码**

序号	影响因素初始概念	教师抱怨现实样态
1	管理制度	"烦琐的手续条例"：对管理制度的抗拒
2	杂事多，资源少	"精力都用在杂事上了"：教学专业时间被侵占的烦躁
3	报偿感缺乏	"付出与得到不对等"：内心职业报偿感缺失的失望
4	学生管理	"不听话的现代孩子"：师道尊严受到挑战的无奈
5	与家长关系	"不管孩子与不尊重教师"：家校不协同的气愤

6. 教师愤怒

对教师愤怒情绪的现实样态影响因素进行开放式编码，通过比较教师愤怒现实样态来源之间的差异，提取出4个初始概念，如专业素养、教育正义等，如表12－6所示。

表12－6　　　**教师愤怒现实样态影响因素开放式编码**

序号	影响因素初始概念	教师愤怒现实样态
1	专业素养	束手无策，恼羞成怒：教师深感"无力"的"强力"申诉
		爱之深，责之切：教师暗含"伤害"的"保护"手段
2	教育正义	义愤填膺，拍案而起：教师捍卫"正义"的"过激"方式
3	教育机智	火冒三丈，怒不可遏：教师维持"秩序"的"失控"状态
4	学生成长	恨铁不成"钢"："羡慕儿童"的"成人感慨"

（二）典型教师的情绪

1. 实习教师

实习是教师职业生涯的准入阶段，实习教师的情绪主要发生在与各主体及环境的互动关系中，包括实习个体与自我、学生、队友、指导老师、实习学校其他成员以及周边社区之间的各种关系等，通过对实习教师情绪现实样态影响因素开放式编码，得出如实习生活、实习环境、与指导教师关系、社区文化等初始概念，如表12-7所示。

表12-7　　　　　实习教师情绪现实样态影响因素开放式编码

序号	影响因素初始概念	实习教师情绪现实样态
1	实习生活	兴奋与期待：实习生活预体验
2	实习环境	"陌生"与"围困"：作为外来的闯入者
3	与指导教师关系	与指导老师：从冲突到适应
4	与学生关系	与学生：从质疑到认可
5	与学校成员关系	与学校成员：从排斥到接纳
6	与队友关系	与队友：从彼此陌生到相互关心
7	社区文化	与周边社区：从"异乡"到"共情"
8	职业认同	角色认同与自觉：从自我边缘到主动担当

2. 班主任

班主任角色极为复杂，其情绪主要来自于班级管理、"问题学生"教育、家校沟通、协调同事关系等多维互动关系中，对班主任情绪现实样态进行开放式编码，如表12-8所示。

表12-8　　　　　班主任情绪现实样态影响因素开放式编码

序号	影响因素初始概念	班主任教师情绪现实样态
1	班级管理	班级事务的管理：行走在希望/绝望、痛苦/感动之间
2	学生关系	"问题行为"干预：摇摆在期望/沮丧、遗憾/平淡之间
3	家校关系	家校协同：徘徊在无奈/满足、失落/欣喜之间
4	同事关系	同事统整：挣扎在尴尬/轻松、委屈/平和之间

通过对教师典型的六个维度情绪以及两类典型教师角色的情绪全

景样态的影响因素进行开放式编码，对相近概念进行进一步归纳，通过主轴编码，挖掘内在关系，形成 13 个主类属。根据研究实践并综合哈格里夫斯、尤·布朗芬布伦纳、孙彩霞、李子建和尹弘飚等已有的研究，我们认为影响教师情绪的因素主要可从三个层面进行解构，包括教师自身因素、工作情境因素和社会文化因素，因此这三个因素也作为考量的核心因素，如表 12 – 9 所示。

表 12 – 9　　　　　　　　教师情绪影响因素主轴编码

	核心因素	主类属	初始概念
教师情绪影响因素	教师自身因素	教育信念	教育成果、专业态度、教育正义
		专业身份认同	学生成长、学生关心、领导认可、家长信任、专业价值、报偿感缺乏、职业形象、职业认同
		情绪智力	教育机智
		专业素质	专业失误、专业威信、专业素养、管理经验、专业技能、应对能力、控制能力、管理能力、专业知识、学生管理、班级管理
		……	……
	工作情景因素	组织氛围	同事互助、同事激励、实习生活
		制度规范	管理制度、行政制度
		人际交往	师生互动、教师与同事的关系、教师与领导的关系、教师与家长的关系、与指导教师关系、与学生关系、与学校成员关系、与队友关系、家校关系
		教育资源	杂事多，资源少
		物理环境	教学环境、实习环境
		……	……
	社会文化因素	课程改革文化	课程变革中的情绪、课堂教学
		家庭教育文化	家校协同
		区域教育生态文化	社区文化
		……	……

　　通过理论向度及实践向度的研究，我们将教师情绪的来源由近及远分为三个层面影响因素，包括教师自身因素、工作情境因素和社会

文化因素，以此构建教师情绪的影响因素分析框架（见图 12 – 1）。教师自身因素具体包括教师性别、年龄、教龄、工作经验、教育信念、专业身份认同、情绪智力、专业素质等；工作情境因素包括组织氛围、制度规范、人际交往和物理环境等；而社会文化因素本研究主要从课程改革文化、家庭教育文化、区域教育生态文化等方面进行探讨。

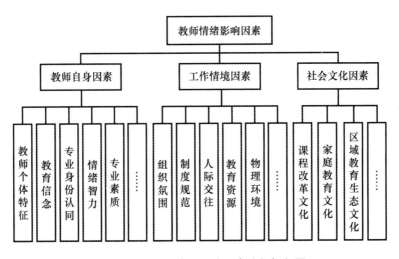

图 12 – 1　教师情绪影响因素分析框架图

第二节　教师情绪的影响因素分析

　　教师情绪的影响因素由近及远可划分为三个层面，最近层面的是教师自身因素，中间层面是工作情境因素，较远但影响深远的是社会文化因素。本节将从这三个层面深入分析教师情绪的影响因素，结合研究的实践，阐明各层面的具体影响因素，通过分析，理解这些层面因素如何作用于教师情绪。

一　教师自身因素

教师劳动极其复杂，教师需要面对的是独特的学生以及复杂的教育实践活动，这一特殊属性决定着教师工作不仅面临很多机遇与挑战，同时面临着巨大工作压力和情绪问题。有研究表明在学校工作目标的达成过程中，很少考虑教师的自身感受①，但教师的情绪是影响教师教学工作、学校目标达成的重要因素，如果对教师情绪置若罔闻，学校教育目标和教学工作将无法达成。教师对自身情绪的识别、恰当表达和处理，不仅有利于学校工作目标的达成，而且有利于教师形成良好的人际关系，提高教师的工作满意度和幸福感。② 教师的性别、年龄、教龄、工作经验、教育信念、专业身份认同、情绪智力和专业素质等因素影响着教师的情绪。

（一）教师个体特征

教师的情绪体验产生于个体与环境的相互作用之中，这种交互作用受到个体性别、年龄、教龄、工作经验等个体特征的影响。在父权主导的文化意识形态下，情绪被赋予不同的性别含义，理性、沉稳等形容通常与男性联系在一起，而感性、情绪常被与女性相关联。尹弘飚（2007）认为情绪遭到主导的父权制意识形态的排斥，在教学或改革等专业场景中，不仅男性教师不愿公开表达自己的情绪，而且女性教师也会因为注重感受而被认为不够专业。③ 施珍梅（2017）的研究表明，在小学教师中，男教师因为面临的经济压力和社会压力略高于女教师，男性教师在工作中更容易出现悲伤、厌恶和惊讶这些负向情绪；而女教师在工作中遇到一些事情时比男教师更容易产生恐惧心理，这与女性性格特征有一定关系，女性遇事较容易害怕易受某些困

---

① 丁聪聪：《教师情绪表达规则及其影响因素研究》，硕士学位论文，浙江师范大学，2012年。

② 丁聪聪：《教师情绪表达规则及其影响因素研究》，硕士学位论文，浙江师范大学，2012年。

③ 尹弘飚：《教师情绪：课程改革中亟待正视的一个议题》，《教育发展研究》2007年第6期。

扰因素牵制。[①] 周俊（2020）认为教师性别、教龄对情绪深层主动调节策略有显著正向影响，其中，女教师比男教师更倾向于采取深层调节策略。[②] 丁聪聪（2012）的研究发现，正面情绪规则知觉在性别、教师任教年级上存在差异，他认为可能是由于女性更加容易知觉到正面情绪表达规则，男性则不善于表现情绪，同时对情绪线索的把握比女性要弱。[③] 从这些研究中可见，男女教师对情绪体验、情绪调节、情绪感知上存在一定差异，性别特征是影响教师情绪的重要维度之一。此外，教龄及工作经验也是影响教师情绪的重要因素。莱因哈德和莉莎（2014）对新教师情绪的影响因素进行了分析，他们认为新教师的情绪与工作相关，教学能力和学校的工作量会影响到新教师的教学效能感和职业期待，学生的错误行为更容易激起新手教师诸如害怕、生气、忧虑、抑郁、激怒、压力、沮丧和失望等消极情绪。[④] 在教龄上，葛俭（2011）的研究认为，教龄影响教师的情绪加工深度，1 年以下的中小学教师低于 6—10 年和 10 年以上的中小学教师，1—5 年的中小学教师低于 10 年以上的中小学教师。[⑤] 他认为刚工作不久的年轻教师在工作情境中的情绪管理能力尚不成熟，对于情绪的表达和调整需要适应，而工作时间较长的教师则拥有更高的情绪管理素质，使情绪劳动更符合工作情境需要。施珍梅（2017）的研究表明教龄 20 年以上的老教师对一些新生事物容易表现出惊讶情绪，而新教师对新事物的接受会更快，适应能力更强。[⑥] 因此在研究教师情绪的过

①　施珍梅：《小学教师情绪管理研究——以深圳市为例》，硕士学位论文，深圳大学，2017 年。

②　周俊：《高中教师情绪劳动策略及影响因素的实证研究》，《中国教师》2020 年第 7 期。

③　丁聪聪：《教师情绪表达规则及其影响因素研究》，硕士学位论文，浙江师范大学，2012 年。

④　Reinhard Pekrun and Lisa Linnenbrink-Gracia, *International Handbook of Emotions in Education*, Newyork and London: Routledge, 2014, p. 504.

⑤　葛俭：《中小学教师情绪工作、情绪智力和工作投入的关系研究》，硕士学位论文，哈尔滨师范大学，2011 年。

⑥　施珍梅：《小学教师情绪管理研究——以深圳市为例》，硕士学位论文，深圳大学，2017 年。

程中，教师的教龄和经验是要考虑的重要因素，应重视工作经验积累和教师专业成长，以提升教师情绪的适应性。教师的所有个体因素如年龄、教龄、工作经验、理念、情商等都将影响到教师情绪劳动的质量。个体的特质影响教师对情境刺激的体验深度，认识倾向、不同的个体通过情绪调节，会产生有差异的情绪表达。① 教师的个体特征，如性别、年龄、教龄、工作经验等具有个体差异性，是影响教师情绪的重要个体因素。

另外值得注意的是，教师情绪是在特定情境下产生的，不仅包含了空间维度，也包含了时间维度，而时间维度容易被人们忽视。尤·布朗芬布伦纳在人类发展生态理论也强调了时间系统的重要性。时间系统是教师成长中心理变化的重要参考维度，教师情绪变化是一个动态的过程，教师的年龄、教龄会随着时间推移而增长，工作经验会随着个体知识的积累而变化。张昕、罗增让（2016）认为必须明确地将这个重要的且经常被忽视的时间维度放在前面，审视年龄、年代、职业生涯阶段在教师理解教育变革中所起的作用。② 因此，教师随着时间推移和经验积累带来的情绪转变是值得被关注的状态。

（二）教育信念

信念是个体心中坚定不移的想法，是个体情感、认知和意志的统一，支配着个体的行为。罗素把信念看成是哲学观极为重要的支柱，他在《心的分析》中认为生活是由信念及其转化推理的过程共同构成。谢翌（2010）认为教师信念犹如学校教育中的"幽灵"，影响着教师对教育变革的理解和实施，并且是转变教师成长的重要因素。③ 教师的教育信念是教师人生和事业发展中重要的价值追求。教师本人的教育信念与教师工作密不可分，是个体教育观的重要组成部分。这是因为教师身份是一个"本质的自我"的一部分，是"被个人自定

---

① 周璇：《中学教师情绪劳动的影响因素分析及管理对策研究》，硕士学位论文，湖南科技大学，2015 年。

② 张昕、罗增让：《影响教育改革中教师情绪反应的因素分析——脆弱性承诺、自我认知和微观政治素养的作用》，《全球教育展望》2016 年第 6 期。

③ 谢翌：《教师信念论》，广东高等教育出版社 2010 年版，第 1 页。

义的信念、假设和价值观所深深保护"的一部分，是教师个体认同感的一部分，且很少随环境的变化而变化。[①] 教师信念作为教师心中坚定不移的想法，一定程度上支配和决定着教师的个体行为表征。

个体的职业选择一定程度上表征其人生的信念，教师把教书育人作为自己的教育信念，是教师具有为人师表的崇高理想的重要表现。教师秉持对教育的热情以及对学生发自内心的关爱，能克服教育实践中的困难和压力，能深刻感受来自教师职业的幸福，即使有抱怨，即使辛苦，也能坚守在教书育人的进程中体验甜美；倘若教师没有从心底关爱学生，热爱教育事业，没有坚定的教育信念，纵然有较高的知识和业务水平，也不能做好教育工作，甚至会因为教育中的不如意而产生消极情绪，进而影响教师的专业成长。比如研究中有教师因为家长对学生作业不重视不负责，进而影响教师对学生作业的态度，对作业的批改亦随之敷衍了事，这一定程度上说明教师缺乏对教育复杂性的洞见，缺乏坚定的教育信念支撑。李家黎（2009）认为在当前的教育生态圈中，如果教师信念的发展完善跟不上客观事物的变化，跟不上时代发展的步伐和社会生活的变化，容易使教师主体意识日益僵化，负面消极因素越来越多，逐步丧失创造性能力和激情。[②] 因此，教师信念对教师情绪的影响极为重要，甚至举足轻重，要重视教师信念的建构价值作用。

苏霍姆林斯基认为在教育及其复杂关系中，最重要和宝贵的东西是"教师的信念"。他认为，一个教师集体的工作成绩只有在它的所有成员行动的一致性和从他们的教育信念的一致性中得到充实的时候，才能获得可靠的保证。[③] 教师的教育信念和职业理想作为教师专业发展的风向标和重要价值引领，不仅影响教师与学生、教师、家长

---

① Van Veen, K. and Sleegers, P., "Teachers' emotions in a context of reforms: To a deeper understanding of teachersand reforms", in P. A. Schutz and M. Zembylas, eds. *Advances in teacher emotion research: The impaction teachers' lives*, Dordrecht, The Netherlands: Springer, 2009, p. 238.

② 李家黎：《教师信念的文化研究》，博士学位论文，西南大学，2009 年。

③ 阿符钦尼科夫、杨进发：《教师的教育信念及其形成》，《山西教育科研通讯》1982年第 5 期。

之间的关系，还对教师教育教学质量产生深远影响。李家黎（2009）认为教师信念构架着个体的教育教学的目的和理想，为教师设定奋斗方向，是教师献身和奋斗的理由，是幸福和意义的根源。[①] 教育信念作为教师想当然是正确的准则，决定着教师个体的教育态度与行为方式。教育信念常常是教师幸福和意义的根源，教育信念作为教师内心一股强大的力量，构筑起教师在活动中、矛盾中体验职业的价值和生命的意义。长期秉持"防学生"的教育信念，容易导致教师人浮于事，采用简单粗暴或"你对我如何，我对你如何"的方式解决教育中的冲突关系。教师出现打骂学生的情况，表面上看似因为一时的情绪导致，更深层次的原因是教师信念的问题。教育应该基于对孩子的信任，构建亲密无间的师生关系，这在教育工作中具有特殊的意义，教育的过程应该在教师自我教育信念构建中求得本身的合乎逻辑的继续。[②] 工作中的"防同事""倚老卖老""累活安排给新教师"等不良观念，容易导致教师产生抵触、排斥、不合群等不平衡心理，在这样的体验中，教师时常出现抱怨、愤懑、抵触等消极情绪，如果教师信念跟不上教师职业的发展，没有团队协作意识，会导致教师主体意识僵化，丧失教师活力，进一步影响教师共同体的凝聚力，进而影响教师专业发展。因此，构筑正向的、坚定的教师教育信念，能让教师从日复一日的教学中获得新知识、新信息、新能量，以积极的情绪面对复杂的教育活动，持续获得教育激情和活力，感受教师职业带来的特殊情感体验。

（三）专业身份认同

教师身份认同制约着教师看待自身职业的方式。教师的专业身份认同是教师对自身归属的主动探寻，是指教师自我对社会所界定的教师内涵的认知与体验，确认自己作为一位教师，允诺和遵从作为教师的规范准则，把教师职业作为自己身份的重要标志。[③] 专业身份认同

---

① 李家黎：《教师信念的文化研究》，博士学位论文，西南大学，2009 年。

② 阿符钦尼科夫、杨进发：《教师的教育信念及其形成》，《山西教育科研通讯》1982年第 5 期。

③ 张军凤：《教师的专业身份认同》，《教育发展研究》2007 年第 7 期。

影响教师对自我专业身份从业人员的认知，是区别教师群体与其他群体的差异辨别，其本质是教师对自我身份特征和身份地位的确认，彰显自己不可或缺的主体诉求。教师对工作越是认同，情感上表现越为投入，越能使他们将教师工作视为对生命具有重要意义的职业，从而主观上更愿意形成积极向上的情绪。每一次课程改革政策的推行和实施，都会要求教师按照课改的精神和要求实施课程，外在的政策推动有时会唤起教师的专业认同感，有时由于各种因素的考虑，又会消弭教师的专业认同感，进而引起教师情绪起伏变化。

当教师察觉自己追求的目的和他人一致时，他会加深自己的专业身份认同从而产生积极的情绪体验，减少消极情绪体验。反之，则会出现消极情绪，或增多消极的情绪体验。情绪是植根于身份的，由于人们可以在不同的身份之间转换，例如在一个群体成员身份和另一个群体成员身份之间，或者在一个群体层面的身份和一个个体层面的身份之间进行转换，这种转换可以是情绪调节过程的一部分。人们可能被期望将采用与正面的群体情绪有关的身份或者是不认同于负面的群体情绪相关的群体，并且有符合这种理念的证据。[1] 由于教师身份认同和情绪不可避免地联系在一起，无论这种方式是有意识的，还是无意识的，教师认同经常通过情绪来传达、表达。换句话说，教师体验到的情绪反映了他人的认同感。[2] 在研究中我们发现，中小学主科和副科教师对专业身份认同存在差异化的感知，主科老师和副科老师在教育期待上也存在差别。教育职业不是真空，它也受到社会功利文化的影响。但是，无论是哪一科目教师都希望自己的教育工作被重视、被尊重、被认可。作为副科老师如果并没有被学生边缘化，也没有被学生遗忘，他们内心会感到由衷的欣愉和幸福。倘若科目未被学生认可，任课教师没有被学生尊重，他们则会感到气愤、无奈、尴尬和迷茫。在研究中我们发现有些副科老师获得了学生很多的尊重和认可，

---

① ［美］迈克尔·刘易斯、珍妮特·M. 哈维兰—琼斯、莉莎·费尔德曼·巴雷特：《情绪心理学》，南莎译，电子工业出版社 2015 年第 3 版，第 340 页。

② Paul A. Schutz & Reinhard Pekrun ed. , *Emotion in Education*, Burlington：Elsevier, 2009, p. 227.

这有时让副科老师感到惊喜、意外，进而也激活了他们的专业身份认同感。专业身份认同是在强调"个体自我"的前提和基础上，不断地自主选择、认同和建构"社会自我"。教师专业身份认同是教师专业成长中的核心问题，是教师"个体自我"和"社会自我"的有机统一。① 专业工作获得认可，教师的专业认同更容易构筑起来，进而获得良好的工作情绪。教师的专业发展受到很多规约和标准的要求，教师在"个体自我"和"社会自我"中求得发展，过多外在的角色期待往往会遮蔽教师个性的发展。我们应把教师视为一个独特的人，一个作为"人"的教师，有生命经验，有自我实现的需要。② 作为影响教师情绪的重要身份维度，我们应思考如何才能真正实现教师积极真实的自我认同。

（四）情绪智力

萨罗威（Salovey）和玛伊尔（Mayer）认为"情绪智力"是指对情绪的认知、理解和管理能力，以及运用情绪思考进而影响行为的能力。"情绪智力"这一概念被提出来之后，研究者们对情绪智力的研究从智力模型、情绪智力与学业、情绪智力与工作、情绪智力与人际交往关系等角度广泛开展。我国对情绪智力的研究起步较晚，更多从心理学层面探讨情绪智力对个体的影响。这些研究有相对一致的结论：情绪智力对于个体的学业和工作有很大的帮助，也可以促进心理健康方面的发展。③ 情绪智力对个体情绪表征上的研究大多基于心理学层面，对教育层面的研究，仍存在较大空间。

情绪工作是在工作过程中对情绪的管理，必然受到情绪智力的影响。④ 情绪智力作为个体对情绪进行处理的重要能力，在个体间存在

---

① 胡美云：《教师专业身份认同：彰显教师"个体自我"生命力》，《现代教育科学》2009 年第 2 期。

② 胡美云：《教师专业身份认同：彰显教师"个体自我"生命力》，《现代教育科学》2009 年第 2 期。

③ 葛俭：《中小学教师情绪工作、情绪智力和工作投入的关系研究》，硕士学位论文，哈尔滨师范大学，2011 年。

④ 葛俭：《中小学教师情绪工作、情绪智力和工作投入的关系研究》，硕士学位论文，哈尔滨师范大学，2011 年。

很大差异，对个体生活的影响程度有时甚至比智商还高。彭聃龄认为情绪智力高的个体可能更深刻地意识到自己和他人的情绪和情感，对自我内部体验的积极方面和消极方面更开放，这种意识使他们能对自己和他人的情绪做出积极的调控，从而维持自己良好的身心状态，与他人保持和谐的人际关系，有较强的社会适应能力，在学习、工作和生活中取得更大的成功。① 在研究教师幸福情绪体验的过程中，有教师在讲解较容易的有理数乘法时邀请一位不擅长数学的学生上讲台板书，这位教师能细腻感受到此刻班级的情绪氛围变化，也能感知这位同学因为不会而产生的紧张情绪，教师通过鼓励式的语言巧妙地化解了尴尬，并赞扬学生"不知为不知"的诚实，最终使这位学生产生显著的转变，这充分体现这位教师的教学敏感性与教育智慧。有实证研究证明个体情绪智力越高，越善于采取情绪深度加工行为，越善于体验和表达情绪，教师情绪智力与教师职业倦怠和工作绩效存在显著相关关系。② 教师拥有较高的情绪智力，往往能更清晰认知情绪的表达，拥有更娴熟的沟通技巧，能做出明确的情绪努力，满足工作要求，获得较高的教学效率。

具有较高水平情绪智力的教师往往更积极客观，在面对负面情绪的时候更容易识别出个体的情绪状态，从而进行自我反思，进行积极的情绪调节，寻求将自我从负面情绪中解脱出来的方法。而情绪智力低的教师在交往过程中，更容易表现出不信任感和焦虑感，面对问题时更容易表现出负面的情绪和不当的行为。

在团队中，拥有较高水平情绪智力的教师往往能较好地调动个体的内在资源，感知和调节自己和他人的情绪，在团队交往中更容易获得信任感和满足感，解决人际关系中的问题和冲突，使人际关系和团队氛围更和谐。此外，教师个体较高水平的情绪智力还有助于教师团队的群体智力水平构建，从而促进群体情绪智力的提升，促进良好组

---

① 彭聃龄：《普通心理学》，北京师范大学出版社 2010 年版，第 396 页。
② 张小雪：《初中教师情绪智力、职业倦怠与工作绩效的关系研究》，硕士学位论文，内蒙古师范大学，2012 年。

织氛围的形成。

（五）专业素质

"专业素质"是指人们在经过专门的教育或实践训练和专门从事某项工作或职业过程中所逐渐形成的较高深和独特的专门知识和技能以及与此相伴的基本稳定的内在品质。[①] 教学是学校教育的中心，也是教师工作的核心。教学是教师和学生互动的过程，在教与学的过程中，教师的情绪受到师生互动过程的影响，同时教师的情绪也对教与学的过程产生影响。教师的业务水平是影响教师情绪的重要因素之一，教师专业程度高，教育教学理论扎实，拥有过硬的专业技能和教学组织能力，有利于教师形成自己的教学风格，树立课堂自信，保持稳定的情绪状态，创设出平等、融洽的课堂氛围，激发学生学习兴趣和积极性，活跃学生思维，提高教学效率。

教师的专业素质水平制约着教师的教学质量，对教师情绪产生弥散性的影响。在研究中，一位教师因为备课不充分，课堂上遇到较难理解的知识点时，不知道如何根据学生情况来引导学生理解，这时教师感到心虚、紧张，这样情境下课堂的一分一秒对教师来说都是一种煎熬，难以忍受，最后到下课教师只能把答案直接呈现给学生而草草收场。教师基于专业责任的失责而感到羞愧、内疚，甚至因为没备好课，没上好课而充满职业负罪感。可见专业素质对教师极为重要，是教师的看家本领，具备良好专业素质的教师能够较好地认知和控制自己的情绪，在教学个过程中能对学生开展有效的指导，而一个专业素养较为匮乏的教师在遇到突发事件，常会感到焦躁不安，使自身受到负向情绪的困扰。备好课，上好课是教师良好专业素质的体现，教师可以通过阅读、学习、研讨、交流等多种途径提升自我专业素质，并在实践的过程中不断反思和积累，为自我专业成长负责，进而形成独特的教学风格和过硬的专业素质。

无论置身于什么样的工作状态，绝大多数教师都是以教学为主

---

① 李银玲：《中学青年教师专业素质及提升研究》，硕士学位论文，陕西师范大学，2016 年。

轴，充当教学的组织者、实施者和研究者。但是，不可否认的是，由于学校的管理人员有限，教师有时会被安排行政兼职。这些兼职有时并没有为教师带来收入和地位的改变，反而是增加了很多工作量，一定程度上可能会阻碍教师专业发展，打破教师专业系统构建。访谈中，一位语文教师称她的压力主要源于工会的行政兼职，行政工作占据了教师大量的时间和精力，进而影响了专业素质的提升，她认为自身的教学水平可能已经赶不上教龄只有三四年的教师。教师感到巨大的压力，出现抱怨和不满情绪。教学与行政工作让教师感到充实，但也难以平衡，使其感觉工作疲于奔命，感到身心俱疲。已有的教师情绪研究表明，情绪影响了教师生活，也对教师的教与学有着显著的影响。① 教师工作中，面对各种复杂的教育活动和情绪体验，很难仅仅用"积极的"或"消极的"来评价教师的情绪体验。在许多例子中，它们都是复杂的。② 实际上，巨大的挑战和教学改革所带来的不确定性，给教师的专业素质提出更高要求，教师的专业素质应然包括处理教学活动的基本能力，还包括处理工作事务的协调能力。因此，要求教师不断地提升专业素质，以面对教师复杂的工作情境和内容，教师的内心世界绝不可能永远是宁静的，而运用扎实的专业素质寻求交互过程中的宁静与坦然更可能是常态。

二　工作情境因素

职业工作情境是教师情绪产生的主要工作场所，是教师进行教学、管理工作的环境与教师身份赋予要求的情境，教师的工作情境是复杂的、多样的。本部分主要探索教师在工作情境层面中情绪的影响因素，包括组织氛围、制度规范、人际交往、教育资源与物理环境等

① Van Veen, K. and Sleegers, P., "Teachers' emotions in a context of reforms: To a deeper understanding of teachersand reforms", in P. A. Schutz and M. Zembylas, eds. *Advances in Teacher Emotion Research: The Impaction Teachers' Lives*, Dordrecht, The Netherlands: Springer, 2009, p. 31.

② Christopher Day and John Chi-Kin Lee, eds., *New Undstandings of Teacher's Work: E-motions and Educational Change*, London: Springer, 2011, p. 92.

因素。

（一）组织氛围

组织氛围是一种共享的价值判断。周璇（2015）认为学校的组织氛围对教师的行为和感受有着重大的影响，和谐、上进的学校组织氛围容易激发教师积极工作的动机和热情，从而提高工作绩效；反之，在恶劣、不正常的学校组织氛围中，教师会感受较大的心理压力，丧失积极工作的主动性，挫折感较大，更体会不到成就感。[①] 组织氛围反映的是教师所认同的一种价值判断，而教师个体的目的则体现了这种价值判断。在组织中，当教师自己追求的目标和组织愿景一致时，他会加深自己的组织身份认同，在组织中产生归属感，从而产生积极的情绪体验。反之，当教师自我追求的目标与组织愿景相冲突时，教师会对组织产生抗拒，甚至无法融入组织，成为组织的边缘人，产生消极的情绪体验。孙平（2019）的研究表明，良好的组织氛围对员工的创新行为有显著影响作用，良好的组织氛围使员工感觉更年轻、富有活力，喜欢与别人沟通交流和分享结果。[②] 焦海涛等（2008）研究表明，学校人际氛围、教学氛围和学习氛围显著影响教师的工作投入[③]。在团队中，教师主体间互相学习，互帮互助，互惠共融，这样的氛围更有利于教师发展自己；相反，如果组织中各主体各自为政，漠不关心，甚至互相排挤，教师很难在组织中找到存在感和幸福感。研究中，一名新教师参加"语文教研教学活动"比赛，因为经验不足而感到忐忑不安，但受到其他同事的鼓励和帮助后迅速成长，最终圆满完成并获得高度评价，内心充满幸福，这充分表明组织的正向作用给教师带来了支持与前进的动力。教师在积极的组织氛围濡染熏陶下逐步成长，从组织氛围中汲取营养，从而树立自信，互惠共进。

---

① 周璇：《中学教师情绪劳动的影响因素分析及管理对策研究》，硕士学位论文，湖南科技大学，2015 年。

② 孙平：《组织氛围对员工创新行为的影响研究》，硕士学位论文，湖南工业大学，2019 年。

③ 焦海涛、宋广文、潘孝富：《中学组织气氛与教师工作投入关系研究》，《中国健康心理学杂志》2008 年第 3 期。

　　但在实际的工作情境中，也存在不少消极的氛围。在访谈中，我们发现有些教师内心很排斥上公开课，他们认为这不是一件好的"差事"，且是一种不公正、不平等的学校规定，作为"政策"运行的价值基础，它缺乏公正合理的规则。但是，面对这样的学校规定，教师也只能在心理层面上进行挣扎，被动接受学校有针对性的安排。这种观念在大多数教师身上体现，甚至形成了一种组织共有的氛围。公开课本应是学校展示学校文化、办学特色的舞台，同时也是优秀教师展现自己教学能力和教学效果的"窗口"，能让教师通过这个途径更好地学习与成长。但是，在特定组织氛围中，公开课变成了教师想推脱也推脱不了的"苦差事"，也成了不可抗拒的"硬规定"。由于"规定"不符合常理，未得到某些教师的"人心"，形成不正常的组织氛围，这就会给教师带来不满、埋怨和忧愁。有些年老的教师，倚仗在学校里的"特权"倚老卖老，不顾及年轻教师自身的心理体验，把别人的善意帮助当作了应尽的责任和义务。有些领导在组织的管理中只关注结果，不注重成效，把一些资历老的教师都难以实现的要求强加给年轻教师，在这种失衡的、消极的组织氛围下，让新教师像"哑巴吃黄连"一样，既有苦难言，又无可奈何。

　　实际上，只有和谐平等、互利互惠的组织氛围才能维持长久的互动关系。教师人生的精彩，并非常态，总有受挫的时候。人是群体动物，需要从组织中获得关怀与能量，经由自我成长，以获得生命的焕发。人有一种与生俱来的本能，它是一种对等感，在组织氛围中，教师之间缺乏对等，缺乏平等，丧失民主，交往就会遇到阻碍，就会把合作变成一件敷衍了事的事情。在教师的工作情境中，良好的组织氛围能促进友好的交流，组织氛围对教师产生深刻的影响，在组织的交往中，只有承载了关心彼此福祉的交往才能体验别人的体验，变成个人化的机智与圆融的智慧，从而更好地惠及他人和成长自己。

　　在某些组织氛围中，公开课不是被理解为彰显教学精彩的课，反而变成了一种考核新手教师教学技能的"规定课"。在这样氛围中，公开课更多强调的是片段式的知识与技能，以及强调新手教师的教，缺乏新手教师的学。从而导致课程缺乏过程性的整体设计，公开课的过程性、整体性和价值性难以得到体现。由于课程愿景的"魂"失去了，课程目标的"体"难以彰显，课程内容、课程实施和课程评价也缺乏科学合理的评判机制。失魂落魄的顶层课程规划和充满压迫感的组织氛围，带给教师的是压力感、紧张感和无意义感。面对这种碎片化的课程观念和压制性的组织氛围，教师遭遇到"霸权式"的教学观，即教学大于课程，缺乏民主、科学的"教什么""怎么教"及"如何教"的课程意识，课程内涵的丰富魅力被祛魅了，教师体悟到的是消极的课程文化所带来的冲突，这样畸形的组织氛围下，教育质量很难得到提升。

组织氛围具有一种隐藏的能量，对教师的影响是潜移默化的。学习共同体也是组织氛围形成的另一模式，是指教师作为教育的工作者共同合作学习的组织，在共同体中，教师可以通过与自己对话，与他人对话，与世界对话，明晰自己的职业价值和教育理想。教师在"名师工作室""班主任工作坊""青年教师成长营""阅读共同体"等学习组织中进行课题研究、集体备课、案例分析、经验分享、研讨交流、阅读分享等，在组织中吸收知识，汲取能量，让教学变得高效、快乐。理想的学习共同体应当像家一样温馨，给人舒适、安全、温暖的感觉，教师在这样的组织氛围熏陶中，可以真实表达自己的情绪，安心地说出自己的困难与疑惑。学习共同体有利于教师形成独一无二的个体，教师通过共同体的活动和文化氛围，提升自己的理论知识和文化涵养。一个好的教师学习共同体，可以形成积极正向的组织氛围，可以从本区域到跨区域，带动教师成长，滋养教师心灵，让教师在共同学习和共同研究中升华内心境界。

（二）制度规范

制度规定了组织机构从决策、执行、监督、反馈等各过程必须遵守的事项，规定了组织机构对所属人、财、物、时间、信息等的调配和使用、管理规则，这些指导教师工作和学生学习、生活的种种规则和规范构成学校管理的制度体系，制度体系对人的指导和约束过程就是制度规范。① 学校的制度规范与管理体制对教师的情绪虽然不是直接产生影响，但制度规范作为学校的一种政策，是对教师的一种例行性的惯例和常规化要求。学校制度管理的规范性、民主性以及科学性，制约着教师自主权发展，对教师的工作及情绪产生不同程度的影响。学校管理者有责任保持教师能够在最好的状态下进行情绪工作，给教师创建良好的情绪工作环境。管理者要建立弹性化的制度规范，形成民主平等的管理关系，满足教师的合理需要，重视教师的个人价值，实施开放式管理，赋予教师更多的专业自主权和心理空间自由度。② 完善的制度规范能保障学校工作的良性运转，教师在相对完善的制度体系下能较好地开展教育工作，进而保持良好的工作和情绪状态。

学校的制度规范应包括合理的、人性化的工作强度、请假制度、评价机制及奖励晋升制度等，并且做到教育管理的公平公正。如果一味地注重形式，忽视客观实际，无视教师意愿，就会失却其应有的客观性。形式有时只是"做做样子"，并不是为内容而服务。过多的形式化的要求，容易把学校管理变成商业化的束缚，与学校的公益性这一本质属性产生冲突。学校不同于工厂或公司，例如过多次数的打卡制度容易形成机械的形式主义，增加教师烦恼，教师认为打卡制没有任何商量的余地，只要有迟到的现象，工资相应地会受到牵连，因而衍生更多消极行为和负面情绪。在学校制度规范上教师如果没有自主权，只感受到被限制，教师会把自己定位为一个"打工人"，容易让教育蒙上"打工"的色彩，认为"教学只是吃的一碗良心饭"，很难全身心投入教学中。

在中国文化里，上下级的领导与被领导关系很微妙，似乎要如履薄冰、小心翼翼的工作状态及交往方式才能把握住双方的相处之道。制度规范和教育管理如果过于强调结果，就会无视具体的教育过程和

---

① 吴业春、王树新、聂耀华、赵联和：《现代大学管理：从制度规范到文化浸润》，《国家教育行政学院学报》2010 年第 4 期。

② 葛俭：《中小学教师情绪工作、情绪智力和工作投入的关系研究》，硕士学位论文，哈尔滨师范大学，2011 年。

教育对象。在机械管理的学校，管理方式往往是工具性的，缺乏人文气息和变通氛围，上下级的沟通现状通常是单向的、单一的和封闭的。比如在访谈中，教师谈及打卡制度，迟到一分钟也要被扣钱，这样的制度和管理模式无疑给教师产生极大的内心伤害。过分注重结果，就会忽视具体的实际情况。一些学校为了便于管理，容易把教师"客体化"，即物化为一个个被管理的对象和可视化的待观察行为，失去了人性化和弹性的向度。这种严苛的制度规范，使得任何情况都没有回旋的余地，教育生活过得过分严格，锱铢必较，冷若冰霜，教师自然会产生消极情绪。访谈中教师谈到真正有事或生病需要请假时还要看领导心情，不仅难以请假，有时还会受到领导责骂。这种责骂有时不是一般程度的责备，而是弥漫着"讽刺味""火药味"的话语权力制度规范，使教师感到惊慌失措，无可奈何，甚至感到害怕。教师带病坚持上课并不会起到好的教学效果，反倒让教师内心难受，对制度管理失望。生病请假本来是人之常情，但在某些领导看来，却是一种不可忽视的管理环节。请假本身是一种平常现象，但在一个工具主义主导的单位里，却变得非同寻常，这种制度规范下让教师处于非常艰难的处境。

当前我国中小学管理通常采用的是科层管理制度，实行的是校长负责制，看重的是以校长为首长的领导核心作用，把教师视为需要管理的客体。这种管理方式体现了领导的权威与意志，弱化了教师的主体作用。[1] 校长真正要管理的不是教师，而是整个学校的发展，以制度管人远远不如构建一种和谐平等的文化来浸润人。我们应审视问题的本源，即教育行政的真正目的是什么？教育行政的旨归应是服务于教学。制度规范应是合理、民主、有效，不应管得过多、过死，以致消解教师的积极心理。校长应该关心的是如何提升教学质量，如何让老师更快地成长，让老师惧怕或让学生害怕并不能达到管理的目的，反而是一种粗暴的、征服者的管理思想。

从访谈资料可以看出，学校出现各种不合理的制度和非人性化的

---

① 李芳：《新课程实施中教师的消极情绪研究》，硕士学位论文，西南大学，2007 年。

规定，主要是管理者缺乏教育本位意识，管理者的长官意识凌驾于民主意识之上，根据管理权威的主观意志实施权责，教师只能被迫接受不合理甚至非人性的制度规约。在没有足够人性关怀的制度下，教师感受不到制度的温暖与关怀，反而更多感到的是制度规范的冷漠无情，久而久之会令教师觉得无奈与失望，容易出现反感、压抑、抱怨的情绪。学校的领导者要站在人本主义的视角，强化以人为本的教育管理理念，从"人"出发，聆听教师真实的声音，通过平等民主的沟通，了解教师的真实需求，基于共同的愿景构筑合理的制度规范，体现制度的人性正义。

（三）人际交往

教师人际关系是教师与学校有关的所有成员之间的交往关系，最基本的关系包括教师与学生、教师与同事、教师与领导、教师与家长的关系，这些交往关系是促进教师专业发展的重要组成部分。钟启泉（2004）认为教师专业的发展发生在人际网络及情境之中，它总是基于学校的具体情境，教师面对教学环境中的不确定性与挑战，需要得到同时的鼓励与支持，因此，教师的专业发展必然表现在人际关系上。[1] 教师人际关系是教师需要处理的重要工作内容之一，情绪产生于互动之中，因而教师人际交往与教师情绪有密切联系，教师与各主体间的互动关系是教师情绪研究需要关注的重要内容。

师生关系是教师在教学过程中最基础的人际关系。在教学实践中，基本的师生关系体现为放任型、专制型、民主型三种模式，不同的师生关系产生不同的教育结果。[2] 在放任型的师生关系中，教师只管完成教学工作任务，对学生漠不关心、不闻不问，教师只尽到完成工作任务的责任，没有做到育人的目的，在这种关系里，教师很难体验到教育的真谛和育人的快乐；在专制型的师生关系中，教师处于绝对领导的角色权威中，对学生任何事务进行专制管理，教师掌握绝对

---

① 钟启泉：《中国基础教育课程改革：问题与行动》，《全球教育展望》2004 年第 1 期。

② 全国十二所重点师范大学联合编写：《教育学基础》，教育科学出版社 2014 年版，第 155 页。

的话语权，学生没有自主权利，在这种关系中，教师容易固执己见，蛮横不讲理；民主型的师生关系是较为理想的师生关系，在民主型关系中，师生关系是平等的，教师尊重学生个性，学生能够畅所欲言表达所思所想，师生能够自由交流，教师在这种理想的关系中，能充分发挥学生学习的主观能动性，培养学生自信心，同时教师也能感受到教学过程的平等与民主，教师自然充满自信和满足感，能够持续获得愉悦的教学情绪。但民主型的师生关系要求教师有更高的综合素养，在教学与管理的过程中面对着各种机遇与挑战，不可避免会有面对机遇时的兴奋，以及面对困难时的困惑或焦虑。

与同事间的关系是教师需要面对的重要工作关系。教师是独立的个体，每一位教师都有其独特的个性特质，在教师与教师交往的过程中，教师如果秉承平等互助和普遍信任的信念，摒弃"防同事"的消极观念，多换位思考，多从合作共赢的角度考虑问题，可以有效避免很多同事间的情感冲突，提升协作关系，进而提升工作的满意度。教师与教师之间有竞争的关系，但在协作已经成为重要交往方式的社会文化体系中，教师之间更多应是合作关系，教师在科组中可以互相学习教育理论，互相探讨教学方法，互相交流教学经验，共同成长，互惠共进，共享成果。我们应鼓励教师间建立和谐互助的人际关系，提供一个平等民主、人性化的工作氛围，一方面有助于教师间的关系融洽，另一方面舒适的同事交往关系能促进教学质量的提升，即使教师感觉到压力，感觉孤独，也能在这种和谐的人际交往关系中获得归属感和满足感。

教师与领导的关系是上级与下级的关系，属于领导和被领导的关系，在教育实践中，教师得遵从领导的安排。如果管理不透明，评价不公正，教师对领导就容易产生偏见，缺乏民主的领导和管理方式会让教师对行政权力产生强烈反感。要保证教师和领导之间建立良好的人际交往关系，首先要对领导的职责进行明确划分，这样能有效防止领导和管理人员以专制者身份自居。明确的权责关系，有利于教师合法利益维护，在管理的过程中能防止主观臆断的管理方式。领导要把握沟通的和交往的艺术，促进与教师交往的稳定性和有效性，"霸权式"的交往方式往往容易让教师产生抵触情绪，缺乏民主表达的交往关系容易让教师有苦不敢言。

学生的成长成才离不开教师与家长的紧密合作，教师与家长的关系是教师专业成长中的特殊关系。家校合作理念在社会中已经获得普遍认同，家校合作是学生成长中必不可少的重要环节，教师和家长应成为学生成长成才的教育合作者。随着家校互动的加深，教师和家长的交流互动不断增多，教师与家长的交往成为教师无法避免要处理的关系，教师与家长之间的有效沟通与交往已成为家校有效合作的重要因素。在研究中，发现教师与家长沟通顺畅融洽时，往往学生的学业表现较佳。然而，也存在教师与家长沟通不畅及双方教育管理的理念存在分歧的情况。研究中，教师面临学生出现问题需要寻求家长协同改进时，发现家长的教育方式存在较多问题，比如在农民工子弟学校，有很多家长因为工作繁忙对孩子疏于管理，且又认为教育孩子主要是学校和教师的责任，对为人父母应有的教育沟通都没法保障；而有些家长更是直接采用打骂的方式，这导致教师在家校协作过程中往往感觉力不从心，进而影响了教师在心理上放弃对孩子的关注。在与家长交往的过程中，教师一方面要摒弃先入为主的观念，比如教师可能会听闻家长管理孩子不严格，爱唠叨，不讲理等，这些不一定是真实的情况，但会造成教师与家长之间的偏见和误解。另一方面教师要避免与家长沟通时的防卫心理，明确双方在学生教育上的责任规划，家长与教师之间互相尊重，通力合作，促进在学生教育问题上的有效沟通。

（四）教育资源

教育资源制约着教育发展的质量，是学校人力资源、物资资源的总和。具体来说，学校的人力资源包括教学人员数、教学辅助人员数、在校生人数、班级规模数等，而物资资源包括学校的固定资产、教学耗材等资源。教育资源作为社会的公共资源是制约教育发展的重要因素，由于区域经济发展不平衡造成地区教育资源分配方式存在差异。我国教育资源分配在地区和城乡间存在差异，在同一地区不同学校之间也存在差异，教育资源的差异表现在教育投入、教学环境、教育经费、教师收入差异等方面，教育资源的差异性会影响教育教学的各个层面，是教育教学过程中的重要主题。

根据《2018 中国教育经费统计年鉴》数据，在教育经费投入上，东部城市在一般公共预算教育经费比中、西部城市高，在基础教育各阶段生均一般公共预算教育事业费上都高于中西部地区。在财政投入和教师投入方面，各地区存在较大差异，部分地区学校处于非常弱势的地位。在研究中，有学校的兼任行政职务的教师每周至少上 9 节课，而专职教师每周至少 14 节课甚至更多，学校配备的教师职数不足，在原本人力紧缺的情况下，个别领导人浮于事，普通教师除了教学之外还有各种杂事，教师疲于奔命。在教育资源相对缺乏的弱势学校里，教师工作量大，身兼数职，导致教师出现抱怨的情绪，教师抱怨工作越来越难开展，缺乏动力。从投入来说，这些教师负面情绪是由教育资源投入失衡、优质资源匮乏造成的。因此，教育资源的合理公平调配以及创造更多优质教育资源是提升教师情感满意度和工作幸福感的重要途径。

（五）物理环境

物理环境主要指的是学校的自然环境和人工环境，它是学校本身由于物理因素而形成的影响学校成员的环境。人的自然属性或人的基本需要是一致的，符合人的客观实际的，我们应视为人对一定物理自然环境的需求和心理反映。[①] 人的生理生存需要是人最基本的需要，人的情绪和感觉受外界环境的影响，不同的环境中给人情绪影响是不同的，怡人的温度令人感觉舒畅，柔和的声音让人舒缓平静，舒适的空间给人心旷神怡的感觉，环境对教师的情绪产生或多或少的影响。

物理环境是学校课程开展的场所，它直接影响课程的实施。"近朱者赤，近墨者黑""蓬生麻中，不扶而直"，从传统的教育观念中可见环境对人的成长和发展所发挥的作用。高尔基认为，"赏心悦目

---

① 任红：《学校自然物理环境对心理影响的初探》，《辽宁教育学院学报》1995 年第 3 期。

的环境，可以使人心旷神怡；奋发图强的气氛，可以催人奋进。"[1]
教室是开展学习活动的主要场所，教室里的环境对学生的认知、心理
和行为方式有不可替代的教育功效。教室环境创设的合理性，对学生
学业进步、身心发展都具有极为重要的作用。整洁有序、优雅美观的
教室，积极向上的学习气氛，和谐友好的人际关系，都是陶冶学生美
好情感、积极态度、健康价值观的有利教学条件。[2] 所以，要营造教
师良好的工作情绪还需要重视学校物理环境的建设。

　　教室是学生学校生活的主要场域，也是师生共同学习的情境，教
室的场域影响学生的心理感受和行为方式。杜威说："想要改变一个
人，必须先改变环境，环境改变了，人也就被改变了。"可见，环境
承载着课程所蕴含的教育功能。教室环境的隐性教育影响不是被"言
传"就能进行"说教"的，而是在"身教"或"熏陶"的教育过程
中，无形中受其影响。

　　个体的经验是在与周围环境的互动过程中形成的。一方面，学生
作为个体是环境的主动建构者，他们的言行举止创设了环境的条条框
框；另一方面，教室环境作用于学生，学生在教室环境中是被动的学
习者，受环境潜移默化的影响，学习是个体置身于特定情境下，形成
相对持久的活动过程。再者，学生不同的天赋、兴趣和需要要求教室
环境的创设具有不同的形态，教室环境的布置很大程度上要符合大多
数人的价值追求、审美取向和教育理念等。教室环境不会自动生成，
必须经过师生的共同创设，满足大多数人的审美理念和情感追求。反
过来，一定形式的相对固定的教室环境像"无形之手"，影响着师生
的心理体验、性格、情感和价值观的形成与深化。这有点像杜威强调
的经验，包括两种不同性质的因素，缺一不可，杜威认为："一个孩
子仅仅把手指伸进火焰，这还不是经验；当这个行动和他遭受的疼痛

---

[1]　罗道全：《谈高校物质环境的育人作用》，《西北工业大学学报》（社会科学版）
2001 年第 2 期。
[2]　楼汉葳：《论课程开发视野中的教室环境创设》，《教学与管理》2011 年第 18 期。

联系起来的时候，才是经验。"① 物象本身不具备意义，只有主体与环境相互作用，在互动中觉察到相互作用的体验时才使物质内在的意义得以显现。

人乃环境之子，深受环境的影响。我们应重视学校环境的功能性价值，关注学校环境生态的改进与改善。在调研期间，有老师抱怨学校环境恶劣，办公室和教室又臭又热，非常影响心情。面对糟糕的工作环境，影响身体只是一方面，但师生的学习状态和工作效率也会慢慢受到影响。在这样的环境下，教师的心理生活会郁闷无比，激情和美好会被压抑，原本积极的心理素质也会受到不良因素的刺激，慢慢地容易变得消沉、烦躁、浮躁和无奈。

学校环境是师生学校生活的最主要场所，以及师生经验习得的重要来源域。学校环境经由师生的改造和创造，能发挥课程所无法达到的非正式作用，将隐性课程资源源源不断地当作学习的素材，教师和学生在学校环境这种隐性课程的互动中生成个体不同的体验和智慧。如蒙台涅说："满足于纯粹的书本的知识，是极其糟糕的！在学哲学的时候，所有呈现在我们眼前的东西都可以作为我们的书。这个巨大的世界是一面镜子，我们应当在这面镜子中好好地瞧一瞧我们自己。所以，我希望我的学生把这个世界当作他们的书。"在受教育的过程中，何尝不能将大千世界作为无字符的、无声的教育素材，重视这些无声素材的教育价值与情感意义。

三 社会文化因素

社会文化对人的影响是多方面的，并且由文化产生的这种影响是浸润式的，根深蒂固的。不同的社会文化对人产生不同的影响，体现在人的思维、意识和行为上。教育与社会文化是双向影响的关系，教育一方面受到社会政治体制、经济发展水平的显著影响，一方面教育中的教育体制、教育理念、教育内容与方法等是产生和创造社会文化

---

① ［美］约翰·杜威：《民主主义与教育》，王承绪译，人民教育出版社 2001 年版，第 153 页。

的重要方式。社会文化理论认为，认知不仅是个体建构的，且还是人在参与相关文化活动中相互建构的，该理论强调了所有的人类活动都是在文化背景中发生的，人的发展离不开人与环境的相互作用，人生活在社会文化之中，因此对人类活动的考察离不开对其社会文化的分析。① 我们探索教育实践和研究教育改革，离不开对社会文化的这一维度的探析，社会文化通过政治制度改革、经济发展等作用促进教育理论和实践的发展。在研究教师情绪影响因素这一具体实践中，社会文化因素作为一个大前提、大概念对教师的教育理想信念、教师专业身份认同、专业发展及人际互动产生等方面产生渗透式的、潜移默化的影响，可以说教师的人生观和职业观处处彰显着社会文化的烙印。社会文化以非制度化的形式存在并影响着人们的价值判断，显示了公众对职业存在意义的认识，同时也影响着职业所属群体对职业的认识与价值判断。文化传统与社会地位的影响积淀着教师的心理特征，影响着属于教师的思维方式与价值取向，内在地决定着属于教师的态度倾向与行为方式。② 社会文化因素对教师情绪的作用具有渗透性和长期性，对教师情绪的作用是潜移默化的，甚至无声无息的。

任何个体都是社会整体的组成部分。教师是社会中的人，社会文化是教师情绪生成的重要"土壤"，作为一种"隐性文化"全方位地影响着教师，鼓荡着教师的情绪状态。教师生活在社会文化的"大伞"下，不论教师是否能够明显感知，社会文化作为一种非直接作用的因素，其力量是潜移默化的。教师幸福有赖于社会的伦理规则，有赖于社会的公正法则，有赖于教师的职业理想和信仰，它是个体幸福、信念与社会责任的统一③，研究教师情绪的过程中，需要重新审视这些社会文化因素。本章正是基于社会文化背景，从教师职业的视角关注教师情绪与社会文化间的互动，从课程改革文化、家庭教育文

---

① 易娜伊：《社会文化理论视角下汉语国际教育硕士课程实施的个案研究》，博士学位论文，东北师范大学，2014 年。

② 唐芬芬：《试论几种社会因素对教师文化的影响》，《教育科学研究》2001 年第 11 期。

③ 刘燕楠、李莉：《教师幸福：当代教师发展的生命意蕴》，《教育研究与实验》2019年第 6 期。

化、区域教育生态文化等方面思考社会文化对教师情绪的影响。

（一）课程改革文化

中华人民共和国成立至今，教育领域推进了八次基础教育课程改革①，每一次课程改革都会影响整个教育领域乃至整个社会系统，而教师是教育生态系统中的重要主体之一，因而面临着更多的挑战。课程改革和教育行政文化无疑会对教师的情绪产生强烈冲击，教师受控于一系列详细规定的教育政策要求，面临着多重制度规范的约束。每一次课程改革政策的推行和实施，都会要求教师按照课改的精神和要求实施课程。在此过程中，教师会受到各方面的监督与评价，检视其行为是否符合新课程的要求。当教师的行为不符合既定的要求时，教师就可能被指责，甚至受到惩罚。② 课程改革制度、教师评价制度、教师培训制度都会影响着教师的身份认同，从而影响着教师的情绪。③ 课程改革对教师的情绪有重要的制约与牵制作用。

在应对课程改革的过程中，教师面临前所未有的挑战，对教师全球化视野、专业能力和终生学习能力提出客观要求，教师在面对这些文化对话的过程中，会产生各种复杂情绪。范维恩和斯利格思（Van Veen & Sleegers）等学者认为，教师的情绪产生于从对自己的专业身份认同和情境需要之间。他们发现教师在应对改革的情境下，即使教师赞同改革的议程，但是改革现有的工作会给教师产生更多的负面情绪和阻力。尹弘飚认为："课程改革虽然对教师可能意味着更多的选择和自由，但也使教师失去了原有的稳定、舒适和安全，让不确定成为每一位教师都要面对而且必须面对的日常之物。在实施改革时，教师既有可能走向成功与自我实现的喜悦，又有可能因无法适应改革而遭受情感重创。教师往往对课程改革持有极其复杂的情绪反应，其中既有欣喜、兴奋，又有犹疑、困顿，甚至也有苦恼和失望，并且这种

---

① 孙芙蓉、胡红珍、韦婧婧：《新中国成立 70 年来教研员的角色变迁：回顾与反思——以八次基础教育课程改革为背景》，《课程·教材·教法》2019 年第 39 期。

② 张军凤：《教师的专业身份认同》，《教育发展研究》2007 年第 7 期。

③ 罗增让、余巧：《课程改革中教师身份认同及教师情绪的研究》，《教学与管理》2016 年第 2 期。

情绪会始终伴随着课程改革的整个进程。"① 因而，每一轮课程改革的进程都会自始至终影响着教师的职业发展，这一过程必然伴随着复杂的情绪体验。课程改革从本质而言是学校文化的重构，教师情绪与课程改革是双向互动的关系，只有形成触及教师认同的课程改革文化才能促进课程改革的发生。

（二）家庭教育文化

家庭是兼具生物属性和社会属性的组织，家庭教育建构了家庭成员个体参与家庭教育活动的基础性场域。② 家庭教育文化是影响这一场域的重要力量，影响着家庭教育的效能，一定程度上也制约着家校协作的开展。随着时代的变迁和社会的发展，家庭教育越来受到重视，父母作为孩子的"第一任教师"的重要性已经被社会广泛认可，家庭教育呈现多种化的现实样态。在中国家庭中，尤其在只有一个孩子的家庭，父母对孩子教育往往体现出"焦虑式"的关注，因而家长对待教育的观念也变得急功近利，把孩子接受教育当作一种投资，对教师提出了更高的要求，在这样家庭教育观念和的文化氛围的影响下，导致教师在面对家长和学生时，常常感到压力大，感觉应付不来，出现忧虑、恐惧等情绪。而在一些薄弱学校中，往往存在另一种情况，家长疲于工作，对孩子无暇顾及。在研究中，我们发现有不少父母把孩子送到学校后，认为学校理所当然肩负全部培养孩子的责任，而将作为父母的教育责任束之高阁，在"家校本"（一种家校联系、沟通的手段）上随意签字或者从不签字，对班群布置作业敷衍了事，甚至不与教师沟通合作，一方面反映了父母对家校协作重要性的忽视，另一方面也说明家庭教育观念存在问题。家庭教育文化作为一股重要的文化力量，牵制着教师工作的开展，进而影响着教师情绪。

家庭教育文化是复杂而多元的系统，犹如一股巨大的力量牵制着学校教育的发展，家庭教育是学校教育的基石，恰当有效的家庭教育

---

① 尹弘飚：《教师情绪：课程改革中亟待正视的一个议题》，《教育发展研究》2007 年第 6 期。

② 葛敏、缪建东：《家庭教育实践的方法论阐释：基于场域的视角》《首都师范大学学报》（社会科学版）2018 年第 4 期。

观念和文化氛围是极其重要的。良好的家庭互动关系和良好的家庭教育文化有助于教师积极开展家校协作，给教师工作带来机遇。

（三）区域教育生态文化

从宏观层面来说，社区文化是指社区居民长期沉淀下来的认知、情感态度与做事方式。广义的社区文化表现为物质文化和精神文化两种形态，狭义的社区文化是指社区内文化现象的总和，即社区居民在特定区域内长期实践中形成的独特的群体意识、价值观念、行为模式和文化形式等。[①] 社区是教师生存的另一场域，教师会不自觉地、潜意识地会受到社区的群体意识、价值观念等因素的熏陶，教师所在的区域的教育生态也是影响其情绪产生的重要因素之一。良好的区域教育生态能有效呵护教师心灵的成长，帮助教师在专业发展的过程中实现自身勇气的更新，教师能不忧不惧，淡定从容，泰然自若，实现自身整体成长。教师的成长需求是来自本我的力量，教师的情绪是教师自主成长的内在重要影响因素，改革需要从教师内部发生，区域良好的教育生态作为宏观的因素创生着有利于教师心灵成长的社区环境，为教师搭建共生平台，能够有效帮助每个教师进行生命的联结。良好的区域教育生态，创设出和谐共生的区域教育氛围，使得每个教师都能够在这里找到适合自身成长的土壤，从而不断克服恐惧和忧虑，实现自我觉醒，让教师有勇气让自己从孤独的角落中走出来，不断走向教育舞台的中央。

第三节　教师情绪的生成机制

对教师情绪影响因素进行研究，我们发现影响教师情绪的因素有显性的，也有隐性的；有内在，也有外在的；有直接的，也有间接的；有微观的，也有宏观的。哈格里夫斯、尤·布朗芬布伦纳、孙彩霞、李子建、尹弘飚等学者有关情绪生成的互动理论框架为我们构建

①　魏梅霜：《论开展社区文化建设对学校心理健康教育的意义与思路》，《海峡科学》2007 年第 9 期。

教师情绪的生成机制提供了重要基础。我们看到研究者对教师情绪互动关系的研究离不开从教师自我内部特征与外在环境因素，或自我与社会互动关系等角度来剖析，我们借鉴哈格里夫斯和尤·布朗芬布伦纳的理论，以及孙彩霞、李子健、尹弘飚等人的情绪互动逻辑的研究，尝试从教师自身、工作情境和社会文化等层面入手，结合影响教师情绪的具体因素，构建教师情绪的生成的机制模型，以深入理解教师情绪的影响因素及其生成机制。本研究建构的教师情绪生成机制模型如图 12 - 2 "教师情绪的'教师—工作情境—社会文化'生成机制图"所示。

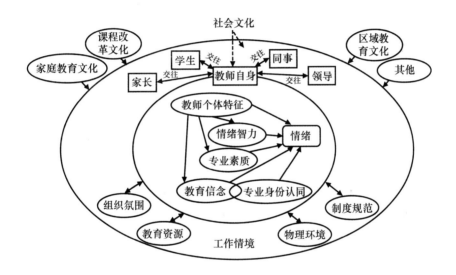

图 12 - 2　教师情绪的"教师—工作情境—社会文化"生成机制①

　　① 该图修订自 Dionnel. Cross，JiY. Hong 2012 年以及孙彩霞、李子建 2014 年的研究，文献见 DI. Cross，JiY. Hong，"An ecological examination of teachers' emotions in the school context"，*Teaching and Teacher Education*，Vol. 28，2012；孙彩霞、李子建：《教师情绪的形成：生态学的视角》，《全球教育展望》2014 年第 7 期。

一 教师自身系统：教师情绪形成的直接制约域

情绪链接着教师个体的微观系统[①]，教师情绪是教师个体与环境交互作用产生的心理状态，受教师自身内部因素的制约。教师情绪的产生与事件直接相关，但影响教师起起伏伏情绪出现的不是事件本身，而是教师对事件的理解、阐述和表达，与教师自身与情绪事件的解释有关。教师自身层面的各个因素共同构成了教师自身的微观系统，是教师情绪形成的直接制约因素，如图 12 - 2 的内圈所示，教师人口统计学变量、教育信念、专业身份认同、情绪智力以及专业素质是教师情绪形成的主要因素，也是直接的因素，教师人口变量中的性别、年龄、教龄和工作经验等因素对教师情绪产生直接影响。男女性教师被情绪影响的"导火线"有所不同，产生的情绪类型不一样，有实证研究表明男性教师在工作中因经济压力和社会压力较大，比女性教师更容易出现悲伤、厌恶和惊讶情绪，而女性教师在工作中更容易出现恐惧心理。[②] 在教龄上，随着教师年龄和工作经验的增长，教师在面对矛盾和突发事件时，更趋向成熟理智，慌乱、焦虑、紧张等负面情绪体验会随着年龄和工作经验的增长有所降低。有实证研究表明性别、年龄、学历、教龄与职位等人口变量对小学教师情绪智力有显著影响[③]。根据赞布勒斯（M. Zembylas）和克布凯（Feryal Cubukcu）的研究表明教师个体知识[④]、教育信念、专业认同以及教学实践的经验与能力[⑤]与教师的情绪理解有关，进而进一步影响教师情绪。

[①] 孙彩霞、李子建：《教师情绪的形成：生态学的视角》，《全球教育展望》2014 年第 7 期。

[②] 施珍梅：《小学教师情绪管理研究——以深圳市为例》，硕士学位论文，深圳大学，2017 年。

[③] 袁小平：《人口统计学变量下的小学教师情绪智力调查研究》，《吉林省教育学院学报》2019 年第 10 期。

[④] Zembylas, M., "Emotional Ecology: The Intersection of Emotional Knowledge and Pedagogical Content Knowledge in Teaching", *Teaching and Teacher Education*, Vol. 23, 2007.

[⑤] Feryal Cubukcu., "The Significance of Teachers' Academic Emotions", *Procedia-Social and Behavioral Sciences*, Vol. 70, 2013.

教师自身的因素是教师情绪产生的重要主观原因，教师的职业选择是个体教育信念的重要表征。崇高而坚定的教育信念与教师的专业身份认同相互交织，相互促进。具有崇高理想信念，职业素养高，对教师职业具有强烈认同的教师往往具备更成熟的心智，能正确自我认知，更容易识别自我的情绪状态，能更理智地面对和处理生活中的突发事件或各种矛盾，从而表现出更平稳的情绪状态。而教育信念缺失的教师，认为教育只是一份工作或者谋生手段，很难真正理解教书育人的深刻含义，缺乏对教书育人的责任感知度和幸福感知度，他们往往更容易产生各种情绪困扰。

教师情绪在一个大环境中形成，受到内外环境的影响、制约和催化。从个体内在环境来看，教师自身是首要制约系统，其次受到工作情境层面的影响。教师与学生、同事、领导和家长等主体间的双向交往状况动态影响教师的情绪变化。教师自身系统中，教师个体特征、教育信念、专业身份认同、情绪智力以及专业素质是影响教师情绪最关键的因素，教育信念和专业身份认同本身有重叠的属性，相互交织，因此它们的影响也是交叠的，这些因素构成了教师自身的微观系统，是教师情绪产生的关键域。

二　教师工作情境系统：教师情绪形成的过渡区

情绪体验形成于个人与环境的交互中，这种交互不仅受个体内在性格的影响，同时也离不开外在环境对个体的相互作用。环境不仅仅指物理空间方面的意义，同时包含着人际交往、文化、组织、制度等方面的内容。[①] 我们谈论的教师情绪是在教师这一特定的工作情境中产生的，教师情绪产生于教学、管理以及与各主体交往的过程中。教师的情绪主要产生在工作场域中，工作情境层面的因素通过教师自身系统作用进而影响教师的情绪，工作情境系统如图 12 - 2 的中间圈层所示，是教师情绪形成的过渡区域。

---

① 孙彩霞、李子建：《教师情绪的形成：生态学的视角》，《全球教育展望》2014 年第 7 期。

工作情境层面中的组织氛围、制度规范、教育资源、物理资源以及教师与不同主体之间的互动关系不仅对教师产生影响，对教师人际交往的对象包括学生、同事、家长均产生影响。工作情境是教师与多主体互动的重要场域，教师每天都面临着各种人际关系的互动，并且无法回避，具体包括师生互动关系、与同事间的关系、与领导的关系、与家长的关系等，作为特殊身份的实习教师还需要与指导教师、与队友紧密联系，而班主任则需要面对更复杂的人际关系。在各种复杂关系中，教师与学生是教师最基本的人际交往关系，教师与同事或领导的关系是教师必不可少的互动关系，教师与家长间也存在无法避免的交往关系，他们都是教师重要的交互主体，在该互动机制中与教师形成重要交互关系。教师是复杂情绪的劳动者，因教师工作的特殊性，要求教师长期保持情绪的平和与稳定，保持精力充沛，始终表现出乐观积极、和蔼可亲、愉悦平和的情绪，教师在教学实践过程中面对不同主体都需要进行适当的情绪工作。

教师情绪的产生与事件直接相关，教师工作情境中的组织氛围、制度规范、人际交往、教育资源和物理环境等因素对教师情绪的产生不是直接起作用，而是影响教师情绪生成的中间因素，教师工作情境是教师情绪生成的过渡区域，这些因素在教师具体交往情境中很可能会引起教师情绪爆发。工作情境与教师自身是相互影响，相互作用的圈层关系，工作情境是教师职业生活开展的重要区域，分析这些影响教师的情绪生成的工作情境因素，有助理清这些因素和教师情绪体验的互动关系，通过各种措施有助于改进教师的工作情境，包括营造平等的组织氛围，形成平等对话氛围，构建和谐的学习共同体，制定合理规范的工作制度、合理的工作强度、人性化的请假制度、公正的评价机制和奖惩制度，构筑和谐舒适的教学环境等都能进促进教师积极正面的情绪，形成良好的互动关系圈。

三　社会文化系统：教师情绪形成的潜移默化带

从外部环境看，社会文化系统的区域教育生态文化、课程改革文化、家庭教育观念与方式、区域教育生态等因素也对教师情绪的形成构成浸润式的影响，如图 12 - 2 最外圈层所示，是一个开放式的系统。社会文化层面的影响因素是影响教师情绪形成的宏观因素，社会文化因素作为一种"隐性因素"渗透式地影响着教师情绪，该层面的要素不直接作用于教师的情绪形成，但是社会背景、文化脉络、意识形态、教育改革文化等方面会通过影响教师的思维方式、价值观念和做事方式进而影响教师的情绪体验。社会文化对教师的教育理想信念、专业身份认同、专业发展及人际互动产生等方面产生的影响不仅是潜移默化的，更是根深蒂固的，可以说教师的人生观和职业观无处不隐含着社会文化的影子，这也是教师情绪生成的文化表现。教师情绪是个体与社会文化互动关系的反映，社会文化层面包括课程改革要求、家庭教育观念与方式、区域教育生态等文化因素，但影响教师情绪形成的文化层面因素远不止这些，甚至更为微妙，更为开放。哈格里夫斯指出影响教师情绪的社会经济文化因素还包括地方教育政策、全球化及本土化竞争等因素。[①] 这些社会文化层面的因素对教师情绪的影响往往是无声无息的，但却坚若磐石，犹如一种潜在而厚重的力量形塑着教师的态度和行为方式，进一步形成教师情绪生成、表达的社会文化规约。社会文化层面因素是教师情绪形成的弥散性的、隐性的因素，该文化圈层是教师情绪生成机制模型的潜移默化地带。

综上所述，教师情绪的形成不仅与教师自身内部因素相关，还与教师工作情境和社会文化等因素交互作用有关，这些因素交织在一起，相互作用影响，形成教师情绪生成的内在逻辑。该"教师—工作情境—社会文化"情绪生成机制模型并不是万能的分析模型，因为教师情绪具有复杂性、个体性、情境性和社会性，该生成机制模型并不能囊括所有影响教师情绪的因素，而是展示了教师自身、教师工作情境以及社会文化等因素与教师情绪的互动关系逻辑。该机制图展示了影响教师情绪生成的三个层面的重要系统及三个层面因素的交互关系作用机制，该模型图三个圈层交互作用，相互影响，运用该模型可以

---

① 王嘉毅、程岭：《安迪·哈格里夫斯的教师观与教学观》，《全球教育展望》2011年第 8 期。

帮助我们理解教师情绪生成的原因和来源，分析教师自身、工作情境及与社会文化间的互动关系，运用该模型有助于理解教师专业发展的情绪因素及其交互关系，进而加深教师情绪的研究。教师情绪是多种因素相互作用，相互交织产生的结果。本章主要回答教师情绪是如何产生，受哪些因素影响，且这些因素是如何相互作用的。基于国内外对教师情绪影响因素的研究，结合理论与实践的向度，探索出教师情绪影响因素的本土分析框架，从教师自身、工作情境、社会文化因素解构影响教师情绪的具体因素。借鉴哈格里夫斯、尤·布朗芬布伦纳、孙彩霞和李子建等人的研究，通过教师自身、工作情境和社会文化三个层面切入探讨其互动关系，分析教师情绪的生成逻辑，构建了教师情绪的"教师—工作情境—社会文化"生成机制模型。运用教师情绪影响因素分析框架和"教师—工作情境—社会文化"生成机制模型，可以帮助理解影响教师情绪产生的因素及其互动关系，进而正确理解教师情绪，发挥其教育学意义。

第十三章　研究结论、建议与展望

近年来，教师情绪研究逐渐成为教育研究的热点。哲学、社会学、历史学、心理学等领域，在教师情绪研究上都可以看到代表性的研究观点。伴随着教育研究范式的丰富和转向，教师情绪研究越来越引起教育学人的关注与重视。究其根源，一方面，教育是一种情绪劳动，教师情绪是复杂教育活动中不确定的因素。由于其复杂多变，构成了教育复杂性的重要维度，引发越来越多学者的好奇；另一方面，教师情绪的教育学价值也越来越受到学界的重视，需要认真审视和深度解读。本研究运用实践教育现象学的视角，在一定程度上揭示了教师情绪的结构、本质与教育学意义。

第一节　教师内心景观的真实样态

人们习惯了关注精彩纷呈的外部世界，习惯于向前看，却很少去"回望"自己的内心世界。了解一个人，只有了解他的内心世界，才能算是真正了解一个人。但了解一个人的内心世界并非易事，现象学提供了很好的路径与方法。"为了写作和阅读一个现象学文本，我们需要某种开放性，对于捕捉和表达某种东西的开放性测量，也是对于深度性质的测量。探究超越直接被体验东西的意义结构的丰富描述，就把握住了深度这个维度。"[1] 只有悬置"前见"，以开放的态度回到

---

[1]　［加］马克斯·范梅南：《实践现象学：现象学研究与写作中意义给予的方法》，尹垠、蒋开君译，教育科学出版社2018年版，第457页。

原初的体验，通过不断地追问和反思，才可能捕捉到某种情绪体验的本质。正是基于现象学的态度和方法，通过大量的轶事解读，才得以初步勾勒出教师情绪的结构框架与职业特质，为完整地呈现教师内心景观的真实样态开展了一次全景式的探索。

一　教师情绪的结构框架

"现象学应该是结构化的，至少一开始是这样。更确切地说，这种区分和解读错纵交织的意向性艺术应该由胡塞尔称为意向对象的反思的东西来指引。"[①] 在教师情绪的现象学研究之旅中，我们研究了教师幸福、教师内疚、教师忧虑、教师恐惧、教师抱怨、教师愤怒、实习教师情绪和班主任情绪等维度，并在每一种维度中展示了其形式多样、精彩纷呈的结构样貌（如表 13－1）。

表 13－1　　　　　　　　　　教师情绪结构框架

类型	现实样态
教师幸福	·源自师生互动的幸福体验 ·来自学校层面的幸福体验 ·偶遇家长：社会信任和尊重赋予的价值感
教师内疚	·基于专业失误的自责 ·基于专业威信假设的羞愧 ·基于专业伦理的负罪感
教师忧虑	·关于师生互动的焦虑 ·关于学生身心健康的担忧 ·关于教师专业发展的着急 ·关于应对学校评价的紧张
教师恐惧	·不确定的技术恐惧：面对未知的害怕 ·虚拟化的交往恐惧：线上"在一起"的忐忑 ·公开化的学科恐惧：专业权威被挑战的恐慌 ·被聚焦的自身恐惧：自我形象的担忧

---

① ［法］保罗·利科：《论现象学流派》，蒋海燕译，南京大学出版社 2010 年版，第 49 页。

续表

类型	现实样态
教师抱怨	·"烦琐的手续条例"：对管理制度的抗拒 ·"精力都用在杂事上了"：教学专业时间被侵占的烦躁 ·"付出与得到不对等"：内心职业报偿感缺失的失望 ·"不听话的现代孩子"：师道尊严受到挑战的无奈 ·"不管孩子与不尊重教师"：家校不协同的气愤
教师愤怒	·束手无策，恼羞成怒：教师深感"无力"的"强力"申诉 ·爱之深，责之切：教师暗含"伤害"的"保护"手段 ·义愤填膺，拍案而起：教师捍卫"正义"的"过激"方式 ·火冒三丈，怒不可遏：教师维持"秩序"的"失控"状态 ·恨铁不成"钢"："羡慕儿童"的"成人感慨"
实习教师情绪	·兴奋与期待——实习生活预体验 ·"陌生"与"围困"——作为外来的闯入者 ·冲突与调适——围墙内外的"重要他人" ·角色认同与自觉——从自我边缘到主动担当。
班主任情绪	·班级管理：希望、绝望、痛苦、感动 ·"问题学生"教育：期望、沮丧、遗憾、平静 ·家校协同：无奈、满足、失落、欣喜 ·同事统整：尴尬、轻松、委屈、平和

从对教师幸福、内疚、忧虑、恐惧、抱怨、愤怒六种典型情绪类型，以及实习教师情绪和班主任情绪的研究中，我们看到了普通教师、实习教师和班主任的基本情绪样态，捕捉到了他们丰富多彩的内心体验和生活感受，教师完整的内心景观被一点一点地彰显出来，未经发现的细致入微而多种多样的内隐体验逐渐被解蔽、放大。

二　教师情绪的职业特质

"现象的本质就是事物的共核，它可以通过对支配着现象本质的外在表现和具体结构的研究来加以描述。"[①] 在现象学看来，"现象学要寻求现象的真正天性，要寻求造就某个'事物'（things）到底是什么——也就是没了它就不可能成为该事物了"（Husserl，1982；

---

① Max van Manen，*Researching lived experience：Human science for an action sensitive Pedagogy*，New York：SUNY Press，1990，p.10.

Merleau – Ponty，1962）。因此，仅仅研究教师情绪的结构框架远远不够，还需揭示"是其所是"的本质特征。"特质"（traits），即以某种持久的人格品质行动、思考和感受，这些品质在人类所有的语言中都能找到相应的描述词。正如化学元素氮与氢能和其他很多化学元素相结合，形成不计其数的复杂物质一样。[①] 基于表 13 – 2 的概括，教师情绪的职业特质表现如下：

表 13 – 2　　　　　　　　教师情绪主要特质

类型	主要特质		
教师幸福	·外在的意义报偿感 ·内在的价值追求		
教师内疚	·内向性　　·道德性 ·智慧性　　·弥散性		
教师忧虑	·多元性　　·延续性 ·弥散性　　·道德性		
教师恐惧	·技术的关联性 ·弥散性和持续性 ·普遍性 ·中性		
教师抱怨	·内心诉求的外化 ·内在压力的表征 ·对道德绑架的抵制 ·消极情绪的弥散 ·价值冲突的彰显		
教师愤怒	·社会适应性 ·非愉悦的工作状态 ·低效的应对方式 ·不对等师幼关系的反映		
实习教师情绪	·多重性　　·阶段性　　·发展性		
班主任情绪	·复杂性　　·教育性　　·动态性		

综上，我们认为，教师情绪的职业特质总体上表现出以下主要特质。

———————

① ［美］塞缪尔·巴伦德斯：《人格解码》，陶红梅译，商务印书馆 2013 年版，第 24 页。

一是文化性。"情绪通常是在有机体的天然生物需要是否获得满足的情况下产生的，例如，由于饮食的需求而引起满意或不满意的情绪，由于危险情景引起的恐惧，和搏斗相联系的愤怒等。因此，情绪为人和动物所共有。但是，人的情绪在本质上与动物的情绪有所不同。即使人类最简单的情绪，在它产生和起作用的时候，都受人的社会生活方式、社会习俗和文化教养的影响和制约。"① 教师工作内嵌于文化期望、社会标准、专业准则、道德约束和伦理情操之中，其情绪必定是复杂情境的产物。例如，社会大众对教师有着相对固有的角色期待，这种期待也转化成了教师对自身角色的固有信念；比如，教师应该"温文尔雅、彬彬有礼、衣着端庄、博学多识"等；因此，教师更愿意将情绪埋在心里，以维持自己的职业形象，且想办法运用适可而止、恰到好处、不偏不倚的中庸之道，促使教师反思和评判自我的能力、地位、权威、认同和形象，进而引发各种不同的情绪体验。

二是情境性。教师情绪是教师个体与情境的互动中形成和变化的，教师的个性特征和心理特点深度影响着教师的情绪"象限"。"心理学研究证明：依赖于个体的自尊状况除了有'心境一致记忆'之外，还有'心境不一致记忆'，悲观抑郁的人在消极的情境中更容易引起消极的回忆，形成恶性循环；而乐观自信的人在积极的环境中更容易产生积极向上的情绪，即使在消极的环境中，他们也会利用自身的情绪调节产生积极的认知。"② 教师很容易受到人际关系、学生行为、学生表现和工作量的影响，但对外部事件的理解差异自然造就着教师们迥然不同的情绪。即使"对于那些类似的外部条件，比如：学校、环境、情境和事件，教师的内在情绪体验、反应和潜在行动也迥然各异。"③

---

① 曹日昌：《心理学》，吉林科学出版社 2010 年版，第 265 页。

② 张萌：《管理好情绪：做一个内心强大的自己》，吉林文艺出版社 2019 年版，第 126 页。

③ Mei Ngan Tam, *Emotions and emotional experiences：A case study in Hong Kong*, England：Scholar's Press, 2013, p. 430.

三是教育性。教师情绪多在师生互动中发生，成为一种重要的教化力量；越是对教育事业有追求的教师，越容易被情绪所影响、牵制和纾解。"为了营造教学活动中良好的师生关系，实现有意义的师生互动，在尊重、信任、关怀、民主等基础上，教师有必要觉察自己与他人的情绪，增强情绪理解能力，管理并平衡自己内在感受与外显行为，适当运用调节情绪方法，纾解自我与他人的情绪。"① 情感关系是师生关系的核心，唯有教师保持机智感和道德感，才能以积极的情绪支援学生更好的成长与发展。由于经验、学识和性格等差别，教师对待学生的情绪会表现出不同的反应。但是，"学生需要感到来自他人的理解、接受、爱，而不是评判和责备。我们清楚地知道内疚、怀疑和羞耻的情绪很容易扩散，而且极具杀伤力。评价和控制只能起到火上浇油的作用，卡尔·罗杰斯认为无条件地接纳对方应该是提供帮助的人的最大美德。"②

四是复杂性。首先，教师情绪多变，难以捉摸，但它是理解教育复杂性的重要通道。"教育终究是个人与个人之间的事情，教育的最深处即是个人体验的互动，是心灵的相互影响。这种互动、影响带来的是整个生命价值的交流，它是整体对整体，浑圆对浑圆，它本身具有模糊和可能性，它也需要这种模糊和可能性。"③ 教师情绪的产生存在受到多种因素的影响，复杂交织、多元重叠、复合表现。因其内隐性、复杂性和多变性等特征，不同的理论流派给出了不同的解释。正如"情绪地理理论"所揭示的那样，教师在情绪活动中的表现充满了能动性和不确定性，经常表现出强度性、稳定性、持久性、应激性以及主导心境等综合性特征。

五是弥散性。情绪就像感冒"病毒"，在它萌芽的时候，若不将感冒"隐患"消灭在萌芽之初，很可能会"成灾之后"，走近"情绪

---

① 邱德峰：《师生互动中不可忽视的力量：教师的情绪——评〈课程变革下教师的情绪地图与支持路径〉》，《湖州师范学院学报》2021年第3期。

② ［加］丹尼尔·沙博，米歇尔·沙博：《情绪教育法——将情商应用于学习》，韦纳、宝家义译，教育科学出版社2017年版，第107页。

③ 王卫华：《教育现象学：观念与方法》，中国社会科学出版社2020年版，第127页。

化"的泥淖，不但无助于情绪疏解，也在无形中感染给学生。比如"愧疚感是一个人内心强烈不安的征兆，它们的到来就像电掣风驰的暴风雨一样。'它感觉就像雾、寒风、漆黑的街道、令人不适的事物。天空中密布的乌云，偶然闪现的闪电，寒冷的天气中空旷的海滩，来自海水的一阵寒风。'"①

六是中性。人们常以"情绪化"作为理性的对立面，甚至在一定意义上贬抑情绪。事实上，情绪是一个中性概念，喜怒哀乐等本身不具有积极、消极的倾向，旨在描述一种心境。我们需要悬置对情绪的前见，回到具体的事件中去判别其积极性和消极性。高兴未必就是积极，"乐极可能生悲"；忧虑未必一定不好，"生于忧患"表明了忧虑的积极意义。

七是内省性。情绪是教师面向自我的一种内在审视，与个体的性格、动作、表达和道德品质等内在价值有关联。"情绪是经由内心深处的性格而发出的，以动作为中介，直到观众被情绪所感染为终结。情绪的传达是中介，最后趋向于内在的生命力，使得人生获得向升的生命力，可以促成人格和德行的形成，情绪的表现更贯穿着一种教育的功能。"②

三　教师情绪的教育学意义

教师情绪能力的提升有利于良好师生关系的形成，而良好的师生关系对学生的学业表现和社会性发展具有积极的影响。③ 一方面，积极的情绪状态将给教育注入丰富的正能量；相反，消极的情绪状态则可能成为降低教育成效的重要因素；另一方面，即便是消极的情绪，如果在一定的合理范围内存在，它对个体的身心健康和专业成长也可

---

① ［美］克拉克·穆斯塔卡斯：《现象学研究方法：原理、步骤和范例》，刘强译，重庆大学出版社 2021 年版，第 153 页。

② 鄂建华：《情绪主体性的表现——向培良的情绪表现说初探》，《成都理工大学学报》（社会科学版）2021 年第 5 期。

③ 杨柳叶、陈时见：《美国提升教师社会情绪能力的路径与经验》，《教师教育学报》2021 年第 3 期。

能起到反向性的积极作用。因此，正确认识和解读情绪的教育学意义至关重要。

（一）作为一种教育资源：有助于教师建构完整的职业形象

教师情绪会影响到教师的心理和情绪发展的进程，干扰到他们的智力、程序能力和关系能力。但是，善于调适和管理情绪的教师，擅长妥善处理和统筹兼顾，通过形成强大的资源整合"关系网"，促使教师在学校和家校互动中处理好人际关系，建构起完整的教师形象。完整的教师形象既可以是应对喜怒哀乐的凡人角色，也可以是善于整合多元化专业和社会化资源的专家型教师角色。

"心中教师发出的呼声不是召唤良心的呼声，而是召唤自我认同和自我完善的呼声，它要告知的不是我们应该如何，而是什么会与我们情投意合。例如，'这个工作适合你，那个工作不适合你''这事可以体现你的为人，那事不能体现你的为人''干这个让你振奋，干那个让你泄气——简直让你痛不欲生'。"① 就像教师抱怨情绪一样，它是走进教师内心世界的窗口，它反映了教师目前不和谐、不爽快和不舒适的心理境况。反观而言，它并非只是起着消极的作用，也是教师保持心理健康的调节器。即使是教师生气同样具有教育价值，合理识别愤怒中的冲突，是维护教师心理健康的有效手段，也是改进学校管理的契机。同样，适度的忧虑是一种持续的动力，唯有不断调适和持续改善，教学工作才有更多渴望合作的同辈携手同行，共同应对目前存在的困难和挑战。教师情绪越丰富，教师越能从充满挑战的教育活动中获得意义报偿感和成就感，他们的职业认同感和自我完整感就越强。

（二）作为一种教学动力：能激发教师的实践智慧

情绪表达内在地包含着智慧。比如，教学激情可以很好地推进教学活动的发生；教师幸福可以促进教师表达教育爱；教师内疚作为教师专业发展的"驱动器"，能够引发自我专业与德性的拷问，形成触

---

① ［美］帕克·帕尔默：《教学勇气：漫步教师心灵（20周年纪念版）》，方彤译，华东师范大学出版社 2020 年版，第 73 页。

动生命的精神能量，从而不断修正他们过往对待学生的错误认识和不当行为。

（三）作为一种职业素养：有利于提升教师情绪建构能力

教师情绪是教师教育情绪课程构建的重要依据，通过为实习教师、新手教师、老教师和班主任提供丰富化、多元化的情绪训练，能够助其实现角色认同和专业成长，提升情绪素养，优化职业生命体验。"情绪课程在某种意义上是情绪建构，旨在提升职前教师的认知结构，把教师情绪前奏暴露出来，引发更好的参与、更灵活的认知加工、更适当的反应和更机智的认知融合。"[①] 教师认知感受的不同影响着教师的专业学习和专业实践。基于生活体验的情绪知识、情绪智力和情绪能力等关乎教师对情绪事件的理解和对学校场域复杂事务的管理。因此，教师的情感能力、实践智慧和教育情怀是教师素养的重要组成部分，它们深度影响了教师的课堂管理和师生关系。比如，教师幸福作为一种情感激励，既彰显了专业发展的快乐，又体现了无私奉献的职业真爱；教师内疚作为一种换位体验的生活智慧，可以提升教师体知的能力，催生个体的人本情怀，从而促进教师求真求善、以生为本。

（四）作为职业生态的反映：是窥探教师内心世界的"窗口"

中小学教师职业生态是教师情绪的重要影响因素。传统的教师人文意识，现代教育体制的弊端以及信息社会的挑战是导致当前中小学教师职业生态危机的主要原因。[②] 从外部来看，新媒体给教师群体带来了负面影响，影响了教师职业认同感，社会期待与教师实际能力存在偏差，容易催生消极情绪；从内部来看，知识更新速度快，教师工作的复杂性、强度增大，容易催生职业倦怠感，使得自豪感、幸福感和成就感降低，导致教师职业生态失衡，过早地进入事业发展的"瓶颈期"。教育的生命活力来自勇气的不断更新和教师内心的深度觉

---

① Mei Ngan Tam, *Emotions and Emotional Experiences：A Case Study in Hong Kong*, England：Scholar's Press, 2013, p. 438.

② 陈锡腾：《中小学教师职业生态危机及其对策分析》，硕士学位论文，福建师范大学，2008 年。

醒……即唤醒教师的自我意识——对自身的主体地位、主体能力和主体价值的自觉意识，调动教师的主观能动性。① 要唤醒教师的主观能动性，需要教师关注内心需要，从内在体验的转变中找到改善教育教学现状的契机。"每天，在你经历纷繁复杂的事物时，只要切实体会内心感受，坚定不移地向顺流靠近，随着时间的推移，自然会不由自主地关注内心真正所需。"② 比如，教师理解了愤怒的适应性，就为改善教师情感教育提供了一个突破口，也催生师生良性互动的期待；教师恐惧作为教学范式变革的必然结果，既是个体与社会文化互动的结果，也是窥探网络教学场域中教师内在生命景观的通道。

（五）作为一种政策参照：为教师研修提供依据与支持

教师研修政策的制定，应当关照教师的情绪，照顾他们的需求感、职业感和价值感。教师培训不应过多倾向于外在的、强制性的、千篇一律的专业培训，也应该在政策层面上将情绪调节、情绪智力和情商训练等课程作为教师教育的要点。教师情绪反应也是政策合理性的重要考量维度。比如，考虑到班主任工作容易产生职业倦怠，制定正确表达、调适班主任情绪是缓解或消除职业倦怠的重要方式之一。政策可以通过认识和了解班主任情绪产生情境、事件和状态反应，分析其情绪来源、成因、关注点和影响等内容，旨在规范班主任工作权责、保障班主任合法权益和培养具有卓越性的班主任教师队伍，为制定可持续的班主任研修政策提供参考。

（六）作为学校文化的表征：以潜课程的形式实现育人目标

教师情绪作为教师精神气质和外显行为的具体体现与外部特征，与学校文化保持着密切的互动关系，它受到学校文化的影响，反过来它也会影响着学校文化建设的性质与方向。学校文化是在学校场域中，师生共享的信念、假设、价值观和做事方式。学校文化的核心是这所学校师生员工内在的精神气质及外在的行为方式，表现为全体师

---

① 孙焱、孙朝仁：《成长文化建设：缓解教师职业生态危机的实践路径——基于连云港市墟沟小学教师成长文化的建设与思考》，《江苏教育研究》2016 年第 9 期。

② ［美］埃斯特·希克斯、杰瑞·希克斯：《情绪的惊人力量》，钟玉玲译，光明日报出版社 2015 年版，第 48 页。

生员工'无需提醒的自觉'。① 既然教师情绪是学校文化的具体表征，那么我们应当把教师情绪作为学校文化建设的重要内容。

第二节　教师情绪的管理

在本研究过程中，我们发现影响教师情绪的因素具有"个体—工作—社会关系"的互动特征。我们基于教师情绪的六个维度，包括教师典型情绪（比如幸福、内疚、忧虑、恐惧、抱怨、愤怒）及典型教师类型，如通过借助实习教师和班主任的情绪图景分析教师情绪的影响因素。

教师情绪是教师专业素养的重要维度。教师情绪的理解力、表达力、转化力是教师专业发展的重要内容。个体、工作情境、社会都是教师情绪的影响源，教师情绪不单单需要外在支持，更需要内在引领与智慧疏导。通过积极引导，教师情绪能够转换成教师重要的专业素养，成为教师职业幸福的源泉和动力。因此，教师应懂得管理好自己的情绪，成为情绪的主人，而不是被情绪支配。为管理好教师情绪，我们从"个体—工作—社会关系"的多主体互动视角，提出了相应的看法。

一　提升教师情绪管理素养

在"技术至上"的时代，揭示教师情绪的教育意义，引导教师关照自己的内心景观，促进外界对教师情绪的反思性认知，对于提升教师的职业素养具有重要意义。"通过对情绪自我反思的体验，个体获得他们的情绪体验知识，使个体能够形成对不同的情境如何理解以及分析为什么引起情绪的理论。这种理解和分析情绪体验的能力转化成更好地理解自己以及自己与环境之间关系的能力，这种能力可能促进

---

① 陆云峰：《学校文化的哲学本质》，《教育视界》2021 年第 28 期。

有效的情绪调节和更大的幸福感。"① 这种能力和境界被认为是"情绪素养"，它能使得个体能够从事心情维持和心情修复策略，诸如回避令人不愉快的行为或寻求他们通常发现是有益的行为。那些无法管理自己情绪的个体更有可能体验负面情感和保持情绪不佳。相反，善于管理情绪的个体通常可以体验正面情感和保持情绪良性。

情绪改变注重过程性和目标性，需要遵循一定的程序与规律，像情绪选择、情境改进、注意力部署、认知改变和反应调节这五个要素都可以对情绪进行调节，重塑个体的情绪状态。即使在一种潜在的、诱发情绪的情境中已经出现并且这种情境已经被注意之后，情绪也不一定随后发生。这是因为情绪进一步要求该个体给情境赋予某种类型的意义。这时，随着注意力的集中，认知将会出现变化，认知改变的旨归在于"再评价"，即以改变一个人对情境的情绪反应方式来改变该情境的意义。

情绪调适与改变具有整体性和阶段性的特征，非一蹴而就。尽管情绪并非一成不变，它可以被调节、排解、疏导和管理，但特别是当情绪是错误的类型，当情绪在错误的时间到来时，或者当情绪以错误的强度水平发生时，情绪会产生这样或那样的意料之外的效果。在诸如上述的情况下，我们可能会非常积极地试图调节情绪。

（一）坦然面对与接纳负面情绪的发生

情绪有时似乎没有逻辑，甚至无意表达什么，只是即刻心里泛起的感受和一种行动立场。但是，出于职业习惯，教师喜欢对学生、同事、领导和家长的情绪状态横加责备，往往自己也深陷情绪的自责之中。负面情绪是相对的，责备、抱怨其实也是负责任的表现，但不能止于此。教师往往需要接纳和面对，同时需要理智去反思产生的原因，积极地去寻求表达、寻求释放，而不能让其长期蛰居心里从而影响健康。

面对、认同和接纳消极情绪就是对自我认同与宽恕。如果我们能

---

① ［美］迈克尔·刘易斯、珍妮特·M.哈维兰－琼斯、莉莎·费尔德曼·巴雷特：《情绪心理学》（第3版），南莎译，电子工业出版社2015年版，第416页。

够接纳自我在任何时候的情绪，就可以释放出内在的生命力；如果我们不去面对，总是拒绝，被抑制的情绪能量就会转变为压力，对我们造成或隐或现的损害。在教育实践中，我们也经常会看到这样的现象：教师一味地向学生强调要快乐、要乐观，不要苦着一张脸。人们普遍认为负面情绪是不好的，一旦产生负面情绪，一定要克制。而我们生活的环境如此复杂多变，每个人都要面对各种各样的生活问题，产生不良情绪在所难免。而负面情绪产生后就会影响其自身个性、人格的评价，导致挫折感和负罪感的生成。负面情绪并非都是不好的，它本身没有对错之分，既需要我们精准识别，更需要我们正确对待。虽然影响人情绪的因素方方面面，但不管内外哪种原因催生而来的情绪问题，都需要以内求的方式予以解决——毕竟"解铃还须系铃人"。当我们正确认识情绪问题后，才会想到怎么对待它，随后是应对态度的选择——情绪作为特定情境的产物，是正常不过的现象，不能对其"妖魔化"或"污名化"，我们所应该做的是坦然接受负面情绪的产生。

个人也可依赖社交网络来应对负面情绪，这种方式不仅是实用的，也是情绪的重要缓冲。在他人感觉不好或与心爱的人闹矛盾时，面对这些负面情绪，有的旁观者愿意站出来，为当局者排忧解难；在帮助他人的过程中，也可以很好地提升自己的情绪素养。

（二）改变不合理的教育信念

信念就是想当然认为正确的东西。信念往往成为我们做什么或不做什么的理由。信念决定了我们看重什么或不看重什么，进而影响我们的情绪和态度。如果我们无法改变当下的事实，那我们就只有改变对待事物的看法和态度。人是意义的动物。教师群体尤其如此，需要意义世界的滋养，才能活得踏实。被功利绑架的教师就会急功近利，甚至有时会感到精神空虚。"诚然，精神不是物质，不是金钱，不能吃，不能喝，也不能购房和买车，但它却是意识之源、智慧之源、道德之源、言行之源，一个人有没有精神，有什么样的精神，笃定是要驱动和决定他的人格质量、人生方向与事业成败的。"①

信念是情绪产生的深层理由，转变信念才可能改变情绪。"如果信念合理，当生活中的矛盾出现，教师因矛盾而产生的情绪和行为就会适度和适当。如果信念不合理，当生活中的矛盾出现时，教师产生的情绪和行为往往不恰当，甚至过激。教师秉持的不合理信念越多，越容易产生负面情绪，直至精神障碍的产生。"② 信念是实践的意义圈层的半径。在教师信念的默许下，学生的做事方式才可能产生，同时这样一种积极或消极的行为会慢慢扩展、蔓延、传染，从而逐步拓展了教师的容忍半径。③ 同样是面对学生上课睡觉的问题，秉持师道尊严信念的教师就会认为学生不尊重自己的教师劳动，会觉得自己的师道尊严受到挑衅，内心不悦，心生愤怒，甚至动手打人。而认为师生关系应民主平等的教师，就会更富有同情心，会把师生关系看作学习共同体，会反思自己的问题：是不是自己的课没有讲好？是不是自己的教学方式不恰当？往往他们也会站在学生的角度考虑问题，不把学生上课打瞌睡看成恶意行为或品德问题，而会从学生的立场上去看待：是不是学生身体不舒服？是不是昨晚没睡好？

相关研究同样表明，参与者有关自己情绪的天真信念（不论是认为情绪是固定的抑或是可塑的）影响了他们如何调节自身的情绪，以及他们在重要生活转变时如何做出改变，这一研究确证了有关情绪和情绪调节的信念在塑造情绪调节选择和效果方面发挥着重要的作用。④

（三）倾诉：一种"心灵按摩"

倾诉，是心灵放松的重要路径。身体累了，需要放松；心灵累了，同样需要松弛。倾诉是一种十分重要的心灵按摩。有时候不在于我们说了什么，而在于我们什么都不说，只需要静静地去倾听。例

---

① 艾斐：《精神境界的时代光彩与价值追求》，《先锋队》2014 年第 3 期。
② 徐晋华：《论戾气弥散下的教师情绪管理》，《教育评论》2014 年第 4 期。
③ 谢翌：《教师信念：学校文化之魂——N 中学的个案研究》，《教育学术月刊》2016 年第 10 期。
④ ［美］迈克尔·刘易斯、珍妮特·M. 哈维兰－琼斯、莉莎·费尔德曼·巴雷特：《情绪心理学》（第 3 版），南莎译，电子工业出版社 2015 年版，第 394—395 页。

如，在悲伤的时候，我们更需要积极地相信别人，去寻求他们的帮助，应坦率地向肯听自己倾诉的人、跟自己有同样感受的人和觉得自己不可或缺的人寻求帮助。① 通过聊天疏解积压的情绪，不仅可以平复心情，而且在和别人说明情况时，可以客观地看待自己，心情也因此得以改善。

在一种充满友谊、信任和安全感的氛围中，对话才能真正转向自身的内心，对话的意义才能显现出来。聆听倾诉与共情交流，真实的情绪才会涌现，也不会带来压抑、反感和重挫的体验。这远比批评指责与对辩更具疗效，建构的共处关系和朋友关系也不至于受到牵连或使得消极的情绪恶化。在对方诚恳的关注、鼓励的眼神、回应的点头等情绪表达中，谈话推进得以深度发生。"真正谈话"的情绪是一种亲密感和信任感，没有指责的辩论或冲突的言语攻击。对辩往往会破坏友好的交谈情绪，破坏对话的情调，也就无以达成内心按摩与修复的目标。当然，这种亲密的"谈话"有时不需吐露一字，便十分奇妙地达成了对话的效果。

当不良情绪出现时，不应逃避负面情绪的产生，而应及时应对，敞开心扉向知心朋友或情感导师交流，打开心量，直面困境。生命不可能一帆风顺，沿途会有风雨，有曲折，重要的是遇到问题时应打开生命的"心灯"，倾诉可以让阳光和温暖沿着缝隙照射进来，冲破风浪与雾霾，共享合作与暖意。

（四）找寻适合自己的情绪调节方式

情绪需要个性化的智慧去调节和管理。流行的心理图景把情绪视为身体或演进模块中的不同实体，它是过程性事物，处在不断变化、持续生成的过程。对于这种一时兴起的情绪，我们应当保持理性，增强认识，切记不能过度对待，防止过犹不及，伤人伤己。Barrett 认为，情绪不是反映了在大脑中类似的实体，而是涉及比分立情绪或者

---

① ［日］有川真由美：《整理情绪的力量》，牛晓雨译，鹭江出版社 2016 年版，第 131 页。

基础情绪的观点所意味着的有多得多的变化性过程的综合。① 有学者提出了情绪调节的 ABCDE 模式："A 指一个事情发生了；B 指一个人对这件事情的主观看法，因为每个人的立场不同，所以观点也有所不同；C 指人的主观看法，对这件事情的反应，即情绪表现；D 指反省，对自己的行为做一个反省：这样做看看别人的反应怎么样；E 指如果反省后发现行为不好，就赶快调整，调整以后再重新出发。"②

有专家指出，合理安排自己的饮食也是情绪调整的方式之一。一般认为，钙离子除强壮骨骼的功能外，还可降低神经肌肉兴奋性，使人情绪稳定；镁离子会让紧张疲劳的肌肉组织变松弛，人因而也会变得心平气和；钾离子会使因过度劳累而偏酸性的 pH 值保持平衡，使人心情愉悦。常见的食物如奶类、豆类及其制品等都富含钙质，各种绿叶蔬菜、薯类和麦类等富含镁离子和钾离子。此外，红茶有降低机体应激激素分泌水平的功效，多饮可以舒缓神经。③

消极的情绪犹如病毒，有时需要"防患于未然"，有时需要积极应对，有时又需要专业的治疗。消极情绪不能在个体持续太久，需要用兴趣、动机和注意力加以调节，以防止负面情绪转向抑郁状态。如果不良情绪一直存在，凭个人的力量怎样也调剂不了，这时需要寻求专业的心理支持，主动寻求有能力提供心理咨询、心理治疗项目与服务的医院、组织或协会的帮助。同时，也可以通过互联网、QQ、微信或电话与专业心理组织或心理工作者联系，通过与心理咨询师联络，争取他们的帮助，让他们就个人的实际情况"把脉"，寻找对策。

二 以良好的学校文化滋养教师情绪

关注教师情绪的显性与隐性价值，引领教师修炼情绪素养，体验

---

① ［美］迈克尔·刘易斯、珍妮特·M.哈维兰－琼斯、莉莎·费尔德曼·巴雷特：《情绪心理学》（第3版），南莎译，电子工业出版社2015年版，第488页。
② 曾仕强：《情绪的奥秘：曾仕强告诉你不生气的活法》，北京联合出版公司2014年版，第121页。
③ 徐晋华：《论戾气弥散下的教师情绪管理》，《教育评论》2014年第4期。

他人的体验，这是教师智慧的重要内涵。教师情绪主要源自专业情境，它可以被改变、转化和培养。教师作为学校组织中的个体，其情绪与学校文化场域特征密切相关，场域中的人、事、物以及互动关系是影响着教师情绪的重要因素。作为组织管理者，应该认识到教师情绪管理与教师情绪素养提升的重要意义，从组织文化的建设入手，保障教师良好的情绪状态。

（一）学校要以提升师生幸福为文化愿景

组织文化主要指一个单位成员所共有的信念、价值观、行为规范等。一所学校的文化氛围可以滋养教师的身心，也可以侵蚀一个教师的身心。积极向上的组织文化是教师保持情绪稳定、身心健康、专业成长的基础。良好的组织文化的核心是教师幸福感的水平，这是现代学校管理的重要追求。理论上讲，个体能够管理和应对所面临的一切困境，积极情感的反复体验和频率加强有助于提高心理弹性和情绪韧性，即"人通过学习可以发展个人弹性以减少脆弱，能够更加幸福地生活。教师的情绪劳动具有职业特点，情绪弹性的培养有利于其缓解压力，促使教师有意识地进行情绪管理，提高心理健康水平"①。作为学校管理者，需要制定人性化的管理制度、创设温馨和谐的工作氛围、深入了解教师的内心诉求，只有经常深入教师中间，加强沟通交流，倾听教师内心的真实想法，并设身处地地关心教师，才有可能捕捉到教师真实的情绪状态，增强教师积极的情绪体验。

（二）情绪素养导向的课程研制

情绪素养"可学"，相应的课程研制是关键。素养是一种综合性的、情境化的能力，需要基于复杂性的任务解决而得以提升。为此，需要结合教师生活中的复杂教育事件，让教师通过具身化的体验，融合多种情感素养，设计相应的学习化活动，进而提升自我情绪的理解和复杂问题处理的综合能力。同时，学校应当提供多样化的健康情绪教育活动，为教师之间提供情绪交流的机会。教师同行之间坦诚交流、开诚布公，创设安全、开放和专业的情绪情境，让教师无所畏惧

---

① 张庆：《论教师情绪弹性的养成》，《教育评论》2011 年第 6 期。

地表达自己的情绪、管理他人的情绪，不仅仅有利于教师情绪健康和心理健康，而且还能提升学校文化品位和格局。事实上，还可以让教师在情绪教育中提升个人的情感素养，教师在课程研制与教学实施中达成"教学相长"。如北京市中关村第一小学在 2016 年时就开设过情绪健康融合课程，课程融合了思想品德、语文、心理等科目，旨归是教会学生学会控制情绪，安抚同伴的情绪。在这一过程中，教师的情感素养自然也可以同时得以提升。

三　社会的尊重与理解：积极教师情绪的催化剂

教育与社会互动的增强，社会的迅速变迁，都给教育提出了新的挑战，也对教师提出了新的要求。人们对教育的关注和要求越来越高，学校和教师的压力也越来越大，教师情绪也随之波动较大。教师与家庭、社会关系的质量是教师情绪变化的重要诱因。构建家—校—社协同的育人机制，为教师情绪管理提供全方位、全过程的社会支持至关重要。当家—校—社三方育人目标一致，三方有了共同的愿景，容易形成相互信任、相互支持的情感关系；一旦三方关系不好，就会诱发教师消极情绪，进而影响教育活动的质量。可以想象，一个得到社会尊重的教师内心充满着意义和幸福；反之，如果不能得到社会的尊重和支持，教师如何可以有激情地投入到自己的教育教学当中？社会的支持与认可是教师职业报偿的重要来源。教师的工资并不高，但仍然有许多坚守和热爱教育事业的优秀人才不断涌入这一队伍，很重要的一个原因在于社会的尊师重教之风。当前，教师职业倦怠泛滥与家长的推责、社会文化的伤害不无关系。例如，家长基于"内卷"的指手画脚，把个人的压力传导给教师；家长以工作忙、没时间为理由，拒绝参与孩子的教育，把所有的教育责任都推给学校；也有社会无边界地对教师工作提出要求等，类似的现象还有很多。社会和家长的理解、支持和鼓励是教师工作的动力。在当今社会，较为普遍的急功近利、过度的物质追求、"以收入论英雄"等不良价值取向，一定程度上给"尊师重教"的社会传统带来了冲击，破坏了良好的教育生态，也给教师的职业体验带来了负面影响。

第三节 教师情绪研究的未来路向

目前，对于教师情绪的研究多建立在量化数据的实证分析和对情绪的外在观照上，对教师情绪的内隐世界的深度和整体探索远远不够，丰富多变的教师情绪需要有多元化的视角。置身这样一个充满不确定性的时代，如何在充满变化的教师情绪变化中把握教师情绪之本质，并培养教师面对和管理这种不确定性情绪的素养，这是教师素养发展的重要一维。国外教师情绪的相关研究也表明，当前的研究对情绪劳动的积极体验关注较少；实证研究偏多，思辨研究不够丰富；跟踪研究缺乏等。[①] 这也提示，未来在教师情绪研究须聚焦以下问题：研究取向上逐步重视对教师情绪的质性分析；研究主题上越来越重视具体情境中的教师情绪体验，尤其是积极情绪体验的教育价值；研究方向上重视摒弃先念，采纳多元化的质性研究方法，还原教师情绪的本质。

一 研究取向：多元化方法论视角下的教师情绪理解

情绪研究需要多元化的方法论。教师情绪的多质性决定了研究方法的多元性。既需要基于教师情绪的大样本的调查，同样需要关注个性化的教师情绪，从多角度、多层面地揭示教师情绪的现实结构、本质和发生机制。当前对教师情绪的研究更多地采用定量的研究，通过大样本的调查来了解某类教师群体的情绪现状及背后的影响因素，在此基础上提出改进策略。较少通过质性的方式收集数据，缺乏深入跟踪和剖析教师在具体情境中的情绪现实样态及其影响机制。定量的研究以实证主义为理论基础，使用问卷、测量、实验的方法来分析世界的数字表征，它是一种假设检验研究。定性研究主要以现象学为理论基础，采用字词、文本、叙述、图片等来收集和分析世界的非数字表

---

① 余凤燕、郑富兴：《因果机制与管理路径——国外教师情绪劳动研究综述》，《比较教育学报》2021 年第 6 期。

征，它被认为是一种假设生成研究。① 选择质化取向的根本原因在于情绪自身的性质。对情绪这种复杂、抽象、依附于文化并且为人们提供着丰富社会信息的现象来说，研究的重点在于把握人们对情绪的感受、诠释、赋予的意义以及人们所处社会情境的习俗和内隐法则。这些都是量化研究难以企及的，而质化研究对铺陈细致复杂的现象、揭露并解释一些表面之下鲜为人知的现象却颇为得心应手（Strauss & Corbin，1998）。未来，还需要结合 AI 技术，基于大数据进行大样本、全过程、情境性的资料收集，对教师情绪的样态与实质进行揭示；同时，需要借助脑科学对教师情绪的发生机制与情感素养的培育机制进行构建。

二 研究主题：聚焦不同教师角色的微观情绪体验

教师情绪的研究永远"在路上"，由于其带着文化色彩，因而随着时代的变迁自然有着不一样的表征。唯有回到真实的教育情境，对具体、微观的情绪保持敏感，才能真正把握变化着的教师情绪。本研究仅仅关注了教师较为普遍的情绪，即教师的幸福、内疚、恐惧、忧虑、抱怨和愤怒等，并整体关注了班主任和实习老师两个重要群体的情绪样态。由于受各种条件的限制，本研究只能聚焦部分情绪内容，很难把握教师情绪的完整内涵和全面本质。同时，教师情绪受到文化的制约，若要找寻教育领域普适性的情绪规则，需要整合更多的理论框架和概念结构，还有很长的路要走。②

未来，还需要探究学校中不同教育者的情绪体验，包括教学行政人员、学科教师、校工等各种成员的情绪样态，以丰富教师情绪的适切性理解，以为学校文化的重建提供理据。

---

① 周明洁、张建新：《心理学研究方法中"质"与"量"的整合》，《心理科学进展》2008 年第 1 期。

② Reinhard Pekrun and Lisa Linnenbrink-Gracia，*International Handbook of Emotions in Education*，Newyork And London：Routledge，2014，p. X.

三　研究方法：突破教师情绪意义还原的可能限制

回到事件本身，回到那个时刻的体验，这是教育现象学的基本精神。把基于生活体验的轶事作为重要的研究对象，为探索情绪的本质提供了一种可能性。通过轶事还原教师情绪的本质，才有可能真正认识和理解教师情绪。体验和故事都是现象学研究轶事呈现的"载体"和借此传情达意的"方式"。毫无疑问，在越来越注重多元化实证研究的当下，轶事不应该是教育研究的"独唱"或"绝唱"。从研究方法层面来看，多元化的质性研究方法才可以真正展现质化特性或人文科学研究的属性。在未来的研究面向中，我们主要从以下各个方面来突破现有研究的局限性：

一是拓展现象学研究的方法。轶事是现象学研究的核心载体，它是现象学研究的起始点和归宿。通过轶事的呈现与分析，使得研究内容有身临情境的"现场感"和"实践感"，能更好地理解和呈现研究报告。在《人与世界》这本书的简介中，范登伯格写了一则轶事："……这个土著人几乎看不到其他任何东西。住在丛林中的人与丛林中的事物为伍，使得他看待我们周围事物的方式与我们不同，也是我们无法理解的……他力图通过轶事和现象解释来说明人类不仅处于与周围世界的关联之中，而且人类本身就是这个关联。"① 在某种意义下，当轶事出现在萨特、马塞尔、梅洛—庞蒂等哲学家的现象学作品中时，不能看成仅仅是为了使难懂或乏味的"阿谀奉承"或"对其进行加工"而举出的例子。轶事可以看作是人文科学中帮助我们理解某种晦涩概念的手段。尽管本研究把轶事作为了现象学研究的重要研究内容，但忽视了自我体验的意义与价值。其实，自我体验也是现象学研究用来理解同类体验的一种手段或工具。现有的研究更多关注他者的体验，对自我体验运用较少。未来的研究内容可以把自我体验的轶事作为研究的另一个"关注点"。此外，"现象学研究不仅

---

① Max van Manen, *Researching lived experience*: *Human science for an action sensitive Pedagogy*, Albany, NY: SUNY Press, 1990, pp. 115 – 116.

把小说、诗歌、故事等文学作品作为资料的源泉，而且把传记、个人生活史、日记、札记和笔记，甚至各种形式的艺术作品都作为资料来源，理论文献、词源追溯、俗语和习惯用语分析等都是现象学研究获取对现象或体验理解的重要步骤。"① 但是，本研究较少运用文学作品中的轶事内容去佐证现象学研究文本。接下来，小说、诗歌、故事等文学作品中寻找轶事的资料，多样化地运用将是下一步研究的方向。此外，教育学观察、词源追溯等现象学研究方法也将在后续的研究中适当加以运用。

二是运用多元化的资料收集方法。本研究的班主任情绪研究这一章，适当地采纳叙事研究的角度去观照班主任情绪，但仍做得远远不够。叙事研究关注个体的经验故事，通过搜集故事来建构田野文本数据，报告个人生活经历，并探讨这些经历之于此一特定个人的意义。② 叙事研究的视角更为宏大，可以更整体地关注教师情绪经验的现状、变化与影响。《叙事研究：阅读、分析和诠释》中提道："作者提到根据整体与部分、内容与形式这两个维度，可以组合出四种叙事分析的方法：整体—内容分析、整体—形式分析、部分—内容分析、部分—形式分析。每一种分析方法都各有其优势与适合的研究目的。"③ 在未来的研究中，可以尝试叙事研究这四种叙事分析方法去剖析生活体验，研究核心主题和次要主题，而不局限于逐行分析。

三是运用更宽泛的个案研究的方法。本研究的实习教师情绪这一章多以个案研究的方式呈现其生活体验，但运用深度和广度还有欠缺。斯塔克指出："我们将有一个研究问题、一个困惑、一个综合理解的需要，在一个特定的情况下，我们可能感觉对这个问题有深入的了解……这种个案研究的运用是为了理解其他别的事情……这里的个

---

① ［美］洛伦 S. 巴里特等：《教育的现象学研究手册》，刘洁译，教育科学出版社2010 年版，第 2 页。

② 张希希：《教育叙事研究是什么》，《教育研究》2006 年第 2 期。

③ 王红艳：《从备忘录到博士帽：一位北大教育学博士的经验重构》，重庆大学出版社2021 年版，第 31 页。

案研究是工具性的，它是为了完成某事，而不是为了理解这个个案。"① 我们运用的个案可以作为深入思考的"参照点"，也可以是为了完成某个研究任务而使用的研究工具。因此，个案的意义既可以是随机性、目的性的，更可以是完整性、深入性的。在未来的研究中，我们可以尝试采用个案研究方法，聚焦教师个体某种主题体验，一是采取随机应变的方式探寻其生活体验，二是要深入、细致、全面地跟踪某一主题的生活体验，以期更完整、立体地理解这一类型的教师情绪。

---

① Miachel, Bassey, *Case Study Research In Educational Settings*, Buckingham: Open University Press, 1999, p. 30.

参考文献

中文译著

〔德〕康德：《康德的批判哲学》，唐译编译，吉林出版集团有限责任公司 2013 年版。

〔德〕马克斯·舍勒：《哲学与现象学》，倪梁康译，北京师范大学出版社 2014 年版。

〔德〕施密茨：《新现象学》，庞学铨、李张林译，上海译文出版社 1997 年版。

〔俄〕尤里·谢尔巴特赫：《恐惧感与恐惧心理》，刘文华等译，华文出版社 2008 年版。

〔法〕雅克·德洛尔：《教育——财富蕴藏其中》，联合国教科文组织总部中文科译，教育科学出版社 1996 年版。

〔荷〕罗伊·马丁纳：《学会情绪平衡的方法》，胡因梦译，云南人民出版社 2013 年版。

〔加〕丹尼尔·沙博、米歇尔·沙博：《情绪教育法——将情商应用于学习》，韦纳、宝家义译，教育科学出版社 2009 年版。

〔加〕马克斯·范梅南：《教学机智——教育智慧的意蕴》，李树英译，教育科学出版社 2001 年版。

〔加〕马克斯·范梅南：《教育的情调》，李树英译，教育科学出版社 2019 年版。

〔加〕马克斯·范梅南：《生活体验研究——人文科学视野下的教育

学》，宋广文等译，教育科学出版社 2003 年版。

[加] 马克斯·范梅南：《实践现象学：现象学研究与写作中意义给予的方法》，尹垠、蒋开君译，教育科学出版社 2018 年版。

[加] 马克斯·范梅南：《探究生活经验——建立敏思行动教育学的人文科学》，高淑清等译，（嘉义）涛石文化事业有限公司 2004 年版。

[加] 迈克尔·富兰：《变革的力量——透视教育改革》，教育科学出版社 2005 年版。

[美] 阿尔伯特·埃利斯：《控制焦虑》，李卫娟译，机械工业出版社 2014 年版。

[美] 阿瑟·S. 雷伯：《心理学词典》，李伯黍译，上海译文出版社 1996 年版。

[美] 安东尼奥·达马西奥：《笛卡尔的错误——情绪、推理和大脑》，殷云露译，北京联合出版公司 2018 年版。

[美] 巴利特：《教育的现象学研究手册》，刘洁译，教育科学出版社 2010 年版。

[美] 卡伦·霍妮：《我们内心的冲突》，武志红译，中华工商联合出版社 2018 年版。

[美] 莉莎·费德曼·巴瑞特：《情绪》，周芳芳等译，中信出版集团 2020 年版。

[美] 洛伦·S. 巴里特等：《教育的现象学研究手册》，刘洁译，教育科学出版社 2010 年版。

[美] 马斯洛：《动机与人格》，许金声等译，华夏出版社 1987 年版。

[美] 马斯洛：《自我实现的人》，许金声、刘锋等译，生活·读书·新知三联书店 1987 年版。

[美] 玛丽·E. 盖伊、梅雷迪斯·A. 纽曼、莎伦·H. 马斯特雷希：《公共服务中的情绪劳动》，周文霞、孙霄雪、陈文静译，中国人民大学出版社 2014 年版。

[美] 迈克尔·刘易斯、珍妮特·M. 哈维兰—琼斯、莉莎·费尔德曼·巴雷特：《情绪心理学》（第 3 版），南莎译，电子工业出版社

2015 年版。

[美] 米歇尔·N. 施塔、詹姆斯·W. 卡莱特：《情绪心理学》，周仁来等译，中国轻工业出版社 2015 年版。

[美] 帕克·帕尔默：《教学勇气：漫步教师心灵（20 周年纪念版）》，方彤等译，华东师范大学出版社 2019 年版。

[美] 帕克·帕尔默：《教学勇气：漫步教师心灵（十周年纪念版）》，吴国珍等译，华东师范大学出版社 2014 年版。

[美] 奇普·康利：《如何控制自己的情绪》，谢传刚译，中信出版集团 2019 年版。

[美] 塞缪尔·巴伦德斯：《人格解码》，陶红梅译，商务印书馆 2013 年版。

[美] 亚当·斯密：《道德情操论轻松读——用道德约束做事，干干净净做人》，刘烨编译，新世界出版社 2009 年版。

[美] 亚莉·霍奇斯柴德：《情绪管理的探索》，徐瑞珠译，（台北）桂冠图书股份有限公司 1992 年版。

[美] 约翰·杜威：《民主主义与教育》，王承绪译，人民教育出版社 2001 年版。

[美] 詹姆斯·W. 卡莱特、米歇尔 N. 施塔：《情绪》，周仁来等译，中国轻工业出版社 2009 年版。

[日] 有川真由美：《整理情绪的力量》，牛晓雨译，鹭江出版社 2016 年版。

[意] 乔瓦尼·弗契多：《情绪是什么》，黄珏苹译，浙江人民出版社 2018 年版。

[英] 迪伦·埃文斯：《解读情感》，石林译，外语教学与研究出版社 2007 年版。

[英] 梅拉尼·莫特纳等：《质性研究的伦理》，丁三东等译，重庆大学出版社 2008 年版。

中文专著

曹日昌：《心理学》，吉林科学出版社 2010 年版。

陈向明：《质的研究方法与社会科学研究》，教育科学出版社 2000 年版。

邓金主编：《培格曼最新国际教师百科全书》，学苑出版社 1989 年版。

丁声扬：《教育从叙事开始》，团结出版社 2017 年版。

（东汉）许慎撰，思履主编：《图解说文解字》，北京联合出版公司 2016 年版。

高谦民、黄正平：《小学班主任》，南京师范大学出版社 1997 年版。

蒋开君：《走近范梅南》，北京师范大学出版社 2014 年版。

李宝峰：《人格心理学》，吉林人民出版社 2005 年版。

李镇西：《我的教育思考》，漓江出版 2012 年版。

李政涛：《教育学的智慧》，安徽教育出版社 2008 年版。

刘次林：《幸福教育论》，人民教育出版社 2003 年版。

刘良华：《叙事教育学》，华东师范大学出版社 2011 年版。

孟昭兰：《情绪心理学》，北京大学出版社 2005 年版。

彭聃龄：《普通心理学》，北京师范大学出版社 2010 年版。

乔建中：《情绪研究：理论与方法》，南京师范大学出版社 2003 年版。

全国十二所重点师范大学联合编写：《教育学基础》，教育科学出版社 2014 年版。

沈双一、常云平：《课堂管理学分析》，光明日报出版社 2015 年版。

石中英等：《情感教育》，教育科学出版社 1999 年版。

檀传宝：《教师伦理学专题》，北京师范大学出版社 2003 年版。

王红艳：《从备忘录到博士帽：一位北大教育学博士的经验重构》，重庆大学出版社 2021 年版。

王萍：《教育现象学：方法及应用》，教育科学出版社 2012 年版。

王卫华：《教育现象学：观念与方法》，中国社会科学出版社 2020 年版。

王晓春：《问题学生诊疗手册》，华东师范大学出版社 2006 年版。

王志良：《人工情感》，机械工业出版社 2009 年版。

吴宝沛：《基于情绪的道德判断：厌恶与愤怒的不同效应》，中央编译出版社 2014 年版。

谢翌：《教师信念论》，广东高等教育出版社 2010 年版。

姚本先：《心理学新论》（修订版），高等教育出版社 2005 年版。

殷飞：《班主任的家校沟通》，华东师范大学出版社 2013 年版。

余闻婧：《教师的操心》，华东师范大学出版社 2015 年版。

袁振国：《当代教育学》，教育科学出版社 2010 年版。

曾仕强：《情绪的奥秘：曾仕强告诉你不生气的活法》，北京联合出版公司 2014 年版。

张静抒：《情感管理学》，上海交通大学出版社 2005 年版。

张萌：《管理好情绪：做一个内心强大的自己》，吉林文史出版社 2019 年版。

朱仁宝：《现代教师素质论》，浙江大学出版社 2004 年版。

朱小蔓：《情感教育论纲》，人民出版社 2008 年版。

中文期刊论文

阿符钦尼科夫、杨进发：《教师的教育信念及其形成》，《山西教育科研通讯》1982 年第 5 期。

艾斐：《精神境界的时代光彩与价值追求》，《先锋队》2014 年第 3 期。

鲍日新、王嘉曦：《教师外展形象三要素及其培养途径》，《河北师范大学学报》（教育科学版）2015 年第 3 期。

曹蓉：《教师情绪智力影响教学效果的探析》，《高等理科教育》2001 第 5 期。

柴江：《家校合作的本质属性、困境根源与破解思路》，《南京师范大学学报》（社会科学版）2021 年第 3 期。

陈德云：《我国中小学教师压力来源分析与压力应对策略》，《江西教育科研》2007 年第 4 期。

陈永兵：《教师发展迈向"情感素养"提升新阶段——以江苏省南通田家炳中学为例》，《人民教育》2018 年第 2 期。

陈振华：《教师情感管理的意义与方式》，《教育科学》2013 年第

4 期。

楚红丽、谢珊：《实习生教师信念建构与"非正式"组织社会化影响》，《教育学术月刊》2018 年第 9 期。

邓睿、王健：《提升教师职业成就感——催生教育家的现实途径》，《教师教育研究》2011 年第 2 期。

鄂建华：《情绪主体性的表现——向培良的情绪表现说初探》，《成都理工大学学报》（社会科学版）2021 年第 5 期。

冯大鸣：《早恋，我们何以应对？——美国中学的〈学生示爱限定规则〉的启示》，《中小学管理》2007 年第 11 期。

符晓辉：《虚拟社会之"虚"与"实"》，《人民论坛》2013 年第 35 期。

傅海伦、张丽：《中小学乡村教师消极情绪体验的社会学分析——以山东省域数据调查为例》，《山东师范大学学报》（社会科学版）2020 年第 1 期。

傅瑜倩：《英国：家长成为教师焦虑和工作压力的主要原因》，《人民教育》2019 年第 19 期。

葛敏、缪建东：《家庭教育实践的方法论阐释：基于场域的视角》《首都师范大学学报》（社会科学版）2018 年第 4 期。

顾明远：《大学文化的本质是求真育人》，《教育研究》2010 年第 1 期。

关姗：《影响教师幸福感的因素》，《基础教育参考》2007 年第 8 期。

郭惠智：《教师的情绪对教学的影响》，《心理发展与教育》1985 年第 2 期。

郭伟：《高职教师课堂教学情绪的调节策略》，《成人教育》2011 年第 4 期。

郭文武：《教师情感特征在教学中的作用》，《河南教育学院学报》（哲学社会科学版）1996 年第 1 期。

韩燕丽：《求善与体善》，《南昌大学学报》（人文社会科学版）2014 年第 6 期。

贺枢：《构建良性的师生关系》，《中南民族大学学报》（人文社会科学版）2003 年第 23 期。

侯瑞鹤等：《儿童对情绪表达规则的认知》，《心理科学进展》2004 年第 3 期。

侯一波：《新形势下中小学师生关系存在的问题及对策———以江苏省淮安市为例》，《中国教育学刊》2013 年第 3 期。

胡东芳：《当代青年教师内疚感探索》，《江苏教育学院学报》（社会科学版）1999 年第 3 期。

胡海燕等：《中小学教师心理健康状况调查研究》，《中国健康心理学杂志》2014 年第 9 期。

胡美云：《教师专业身份认同：彰显教师"个体自我"生命力》，《现代教育科学》2009 年第 2 期。

胡萨：《反思：作为一种意识——关于教师反思的现象学理解》，《教育研究》2010 年第 1 期。

户清丽：《职前教师教育实践能力发展的层次性解析》，《教育研究》2018 年第 5 期。

黄亚婷、刘浩：《新高考改革中的教师情绪：基于情绪地理学的叙事研究》，《全球教育展望》2020 年第 4 期。

黄勇鹏、李志松：《"从新手到专家"——德莱弗斯模型在职业教育中的应用》，《中国职业技术教育》2006 年第 14 期。

江雯斐：《中小学生网瘾归因及预防对策》，《中学政治教学参考》2014 年第 24 期。

焦海涛、宋广文、潘孝富：《中学组织气氛与教师工作投入关系研究》，《中国健康心理学杂志》2008 年第 3 期。

解惠本、孟维杰：《内疚情绪：道德情绪的新进展及其未来》，《阴山学刊》2019 年第 3 期。

金琦钦、张文军：《课程变革中教师情绪的叙事研究——基于杭州市 C 高中的案例》，《教师教育研究》2016 年第 4 期。

黎琼峰：《试论回归生活的教育学——马克斯·范梅南现象学教育学及其启示》，《现代教育科学》2006 年第 2 期。

李家成：《论班主任工作的专业性——基于对班主任工作复杂性的认

识》，《基础教育》2011 年第 4 期。

李玲玉、刘春：《基于学习共同体的新手教师情绪劳动管理策略——以贵州省 Z 县 11 位教师的访谈调查为例》，《中小学教师培训》2020 年第 3 期。

李勤：《关怀生命 追寻意义 成就教师幸福人生——在职场与非职场生活双向建构中成就教师》，《江苏教育研究》2012 年第 5 期。

李森、高岩：《教师教学决策的情感机制与实践策略》，《课程·教材·教法》2012 年第 10 期。

李树英：《教育现象学：一门新型的教育学——访教育现象学国际大师马克斯·范梅南》，《开放教育研究》2005 年第 3 期。

李树英、王萍：《教育现象学的两个基本问题》，《华东师范大学学报》（教育科学版）2009 年第 3 期。

李政涛、林小遐：《教育现象学的方法论与德国研究风格的形成》，《教育研究》2014 年第 7 期。

李子建、尹弘飚：《教师情绪与课程实施》，《新课程》（综合版）2007 年第 2 期。

梁丽婵：《是什么影响了家师关系——基于家长、教师、家校互动多因素综合视角的实证研究》，《中国教育学刊》2019 年第 11 期。

梁林梅、李逢庆：《如何激励和支持高校教师从事网络教学：国际经验与对策》，《开放教育研究》2014 年第 6 期。

林媛媛：《幼儿园教师一日工作情感体验分析》，《学前教育研究》2017 年第 8 期。

刘次林：《羞耻感及其教育意义》，《教育研究》2001 年第 9 期。

刘德才：《加强学校安全教育，构建平安和谐校园》，《新课程研究》2009 年第 2 期。

刘冬梅、韦玫：《中小学教师压力的成因及对策》，《教育探索》2005 年第 9 期。

刘桂春：《教师幸福感的构成要素及其现实遭遇》，《赤峰学院学报》2009 年第 5 期。

刘红霞、王彦飞、曾先锋：《高职课程变革中的教师关注：情绪视角的微观审视》，《中国职业技术教育》2017 年第 17 期。

刘良华：《何谓"现象学的方法"》，《全球教育展望》2013 年第 10 期。

刘平、张文：《规划生涯：人生成功的开端》，《江西教育》（增刊） 2016 年版。

刘铁芳、颜桂花：《教师：活在师生关系之中》，《大学教育科学》 2015 年第 3 期。

刘万海：《论教师的职业内疚》，《教育发展研究》2011 年第 10 期。

刘燕楠、李莉：《教师幸福：当代教师发展的生命意蕴》，《教育研究 与实验》2019 年第 6 期。

刘佑祥：《当代教师形象的意蕴及塑造》，《当代教育科学》2003 年第 1 期。

刘振天、刘强：《在线教学如何助力高校课堂革命？——疫情之下大 规模在线教学行动的理性认知》，《华东师范大学学报》（教育科学 版）2020 年第 7 期。

楼汉葳：《论课程开发视野中的教室环境创设》，《教学与管理》2011 年第 18 期。

陆云峰：《学校文化的哲学本质》，《教育视界》2021 年第 28 期。

吕立杰、刘新、王萍萍：《实习教师自我效能与职业认同的相关性研 究》，《高教探索》2016 年第 11 期。

罗道全：《谈高校物质环境的育人作用》，《西北工业大学学报》（社 会科学版）2001 年第 2 期。

罗刚、佘雅斌：《"我和你"师生关系及其建构——信息对称环境下 的新型师生关系探究》，《电化教育研究》2010 年第 8 期。

罗儒国、宋琦：《国外教师网络教学研究的回溯与启示》，《外国中小 学教育》2016 年第 11 期。

罗增让、余巧：《课程改革中教师身份认同及教师情绪的研究》，《教 学与管理》2016 年第 2 期。

罗祖兵、李丽：《教学恐惧：涵义、危害与对策》，《全球教育展望》 2012 年第 7 期。

马多秀：《情感素养提升：让教师专业发展走出"技术化"误区——基于 350 名小学教师情感素养现状的调查分析》，《中小学管理》2015 年第 8 期。

马克斯·范梅南、胡玲：《对"关爱"意义的探究》，《中国德育》2006 年第 1 期。

穆佩芬：《现象学研究法》，《护理研究》1985 年第 2 期。

倪坚：《小学高年级学生早恋现象剖析》，《教育探索》2002 年第 8 期

宁虹、胡萨：《教育理论与实践的本然统一》，《教育研究》2006 年第 5 期。

宁虹：《教育的实践哲学——现象学教育学理论建构的一个探索》，《教育研究》2007 年第 7 期。

宁虹、钟亚妮：《现象学教育学探析》，《教育研究》2002 年第 8 期。

彭建军：《青年教师要善于控制自己的情绪》，《学校体育》1986 年第 5 期。

邱德峰：《师生互动中不可忽视的力量：教师的情绪——评〈课程变革下教师的情绪地图与支持路径〉》，《湖州师范学院学报》2021 年第 3 期。

邱懿：《教师教学情绪的现状分析与优化策略》，《上海教育科研》2018 年第 9 期。

任红：《学校自然物理环境对心理影响的初探》，《辽宁教育学院学报》1995 年第 3 期。

任胜涛：《青少年厌学现象的成因及心理辅导机制构建》，《中国青年研究》2016 年第 4 期。

单万杰：《做一名幸福的教师》，《中国民族教育》2013 年第 5 期。

邵光华、纪雪聪：《国外教师情感研究与启示》，《教师教育研究》2015 年第 5 期。

邵士庆：《幸福的生成机制与特性》，《学术论坛》2012 年第 4 期。

申自力等：《我国中小学生研究存在的问题》，《现代中小学教育》2013 年第 3 期。

石国兴、张冬梅：《论我国心理健康教育的缺失和应对》，《教育研究

与实验》2008 年第 5 期。

石建伟、谢翌：《质的研究设计：教师课题研究的质量保证》，《课程教学研究》2013 年第 3 期。

石林：《情绪研究中的若干问题综述》，《心理学动态》2000 年第 1 期。

石中英：《"狼来了"道德故事原型的价值逻辑及其重构》，《教育研究》2009 年第 9 期。

孙彩霞、李子建：《教师情绪的形成：生态学的视角》，《全球教育展望》2014 年第 7 期。

孙彩霞、李子建：《专家型教师情绪智能的表征与成因》，《基础教育》2020 年第 4 期。

孙芙蓉、胡红珍、韦婧婧：《新中国成立 70 年来教研员的角色变迁：回顾与反思——以八次基础教育课程改革为背景》，《课程·教材·教法》2019 年第 39 期。

孙华、田友谊：《论教师教学恐惧及其超越》，《中国教育学刊》2014 年第 10 期。

孙俊才、卢家楣：《国外教师情绪研究的视角转换与启示》，《外国教育研究》2007 年第 7 期。

孙利：《儒家伦理的三条求善之路》，《陕西师范大学学报》（哲学社会科学版）2011 年第 4 期。

孙许民：《谈教师情绪对学习效果的影响》，《体育函授》1994 年第 Z1 期。

孙焱、孙朝仁：《成长文化建设：缓解教师职业生态危机的实践路径——基于连云港市墟沟小学教师成长文化的建设与思考》，《江苏教育研究》2016 年第 9 期。

孙贞锴：《教师如何改变恐惧心态》，《中国教育报》2014 年 3 月 26 日第 7 版。

唐芬芬：《试论几种社会因素对教师文化的影响》，《教育科学研究》2001 年第 11 期。

唐汉卫：《交叠影响阈理论对我国中小学协同育人的启示》，《山东师范大学学报》（人文社会科学版）2019 年第 4 期。

田学红：《教师的情绪劳动及其管理策略》，《教育研究与实验》2010
　　年第 3 期。

汪昌华：《中小学师生冲突关系的形成机制与消解策略》，《教育研
　　究》2016 年第 2 期。

汪甜甜、邓猛：《融合教育背景下新任资源教师的身份建构研究——
　　基于教师情绪的视角》，《中国特殊教育》2021 年第 4 期。

王冬冬、王怀波、张伟、王海荣、沈晓萍：《“停课不停学”时期的
　　在线教学研究——基于全国范围内的 33240 份网络问卷调研》，《现
　　代教育技术》2020 年第 3 期。

王凤英、柳海民：《走向以“情”为根基的教师专业发展》，《教师教
　　育研究》2012 年第 3 期。

王海燕、赵纳新、刘双、徐丽丽：《实习教师在线协作反思中情感体
　　验的特征研究》，《电化教育研究》2019 年第 1 期。

王红妹等：《中文版 SF－36 量表用于杭州市区居民生命质量研究》，
　　《中华预防医学杂志》2001 年第 6 期。

王洪明：《幸福的职业特性》，《思想理论教育》2011 年第 9 期。

王嘉毅、程岭：《安迪·哈格里夫斯的教师观与教学观》，《全球教育
　　展望》2011 年第 8 期。

王力娟、张大均：《中小学教师状态焦虑流行率调查与分析》，《中国
　　教育学刊》2011 年第 3 期。

王立霞：《教育机智，让我们孩子的心灵》，《学周刊》2012 年第
　　33 期。

王丽娟：《名牌中学教师压力现状与应对研究——以河南省郑州外国
　　语中学为例》，《中国教育学刊》2014 年第 5 期。

王培刚：《主观幸福感结构 情感要素和认知要素二元分类图式的诊
　　断》，《社会》2010 年第 4 期。

王平：《情感教育视阈下的教师人文素养提升：理念与行动》，《教育
　　科学研究》2019 年第 3 期。

王萍：《教育现象学的发展历程》，《河北师范大学学报》（教育科学

版）2011 年第 9 期。

魏戈、陈向明：《社会互动与身份认同——基于全国 7 个省（市）实习教师的实证研究》，《教育学报》2015 年第 4 期。

魏梅霜：《论开展社区文化建设对学校心理健康教育的意义与思路》，《海峡科学》2007 年第 9 期。

邬大光、李文：《我国高校大规模线上教学的阶段性特征——基于对学生、教师、教务人员问卷调查的实证研究》，《华东师范大学学报》（教育科学版）2020 年第 7 期。

吴康宁：《学生仅仅是"受教育者"吗？——兼谈师生关系观的转换》，《教育研究》2003 年第 4 期。

吴业春、王树新、聂耀华、赵联和：《现代大学管理：从制度规范到文化浸润》，《国家教育行政学院学报》2010 年第 4 期。

伍美群、冯江平、陈虹：《中小学教师焦虑对工作倦怠的影响：教学效能感的中介效应》，《基础教育》2015 年第 2 期。

谢灵芝：《幸福与超越——从马斯洛需要层次理论谈起》，《成都大学学报》（教育科学版）2008 年第 5 期。

谢翌、黄臻伟：《小学教师职业内疚的理解：教育现象学的视角》，《现代基础教育研究》2019 年第 35 卷第 3 期。

谢翌：《教师信念：学校文化之魂——N 中学的个案研究》，《教育学术月刊》2016 年第 10 期。

谢翌、马云鹏，《重建学校文化：优质学校建设的主要任务》，《华东师范大学学报》（教育科学版）2005 年第 1 期。

谢翌、张释元：《学校变革阻力分析——一所县级重点中学的个案研究》，《 教育发展研究》2008 年第 8 期。

邢占军：《主观幸福感研究：对幸福的实证探索》，《理论学刊》2002 年第 5 期。

徐晋华：《论戾气弥散下的教师情绪管理》，《教育评论》2014 年第 4 期。

许倩倩：《师幼互动中教师生气情绪表达原因探析》，《学前教育研究》2018 年第 1 期。

薛桂琴:《多元价值时代道德激励的构建》,《教育探索》2009 年第 10 期。

杨剑锋:《在推动素质教育发展中构建新型师生关系》,《山西师范大学学报》(社会科学版) 2009 年第 36 期。

杨柳叶、陈时见:《美国提升教师社会情绪能力的路径与经验》,《教师教育学报》2021 年第 3 期。

杨泉良:《教师情绪状态与教学效果的关系》,《教学与管理》2013 年第 5 期。

杨田静、尹爱青:《扮演与真实:小学音乐教师情绪劳动心路历程探析》,《中国教育学刊》2019 年第 12 期。

杨恬:《教师愤怒情绪的控制》,《基础教育》2007 年第 2 期。

杨秀玉、任辉:《实习教师的实践性知识及其生成路径探析——基于国外学者的研究》,《外国教育研究》2015 年第 8 期。

姚立新:《教师,要学会控制愤怒》,《中国教师》2009 年第 14 期。

叶子、庞丽娟:《师生互动的本质与特征》,《教育研究》2001 年第 4 期。

尹弘飚:《教师情绪:课程改革中亟待正视的一个议题》,《教育发展研究》2007 年第 3B 期。

尹弘飚:《教师情绪劳动:一个象征互动论的解读》,《全球教育展望》2011 年第 8 期。

尹弘飚:《教师情绪研究:发展脉络与概念框架》,《全球教育展望》2008 年第 4 期。

尹弘飚:《教育实证研究的一般路径:以教师情绪劳动研究为例》,《华东师范大学学报》(教育科学版) 2017 年第 3 期。

尹坚勤、吴巍莹、张权、贾云:《情绪劳动对幼儿园教师的意义:一项定量研究》,《华东师范大学学报》(教育科学版) 2019 年第 37 卷第 6 期。

余凤燕、郑富兴:《因果机制与管理路径——国外教师情绪劳动研究综述》,《比较教育学报》2021 年第 6 期。

虞亚君、张鹏程:《教师情绪表达的内涵、影响因素及策略研究》,

《教学与管理》2014 年第 27 期。

袁桂亭：《试析课堂教学中教师的情感因素》，《中国教育学刊》2010
　　年第 9 期。

袁小平：《人口统计学变量下的小学教师情绪智力调查研究》，《吉林
　　省教育学院学报》2019 年第 10 期。

岳群：《关于青少年学生厌学的教育思考》，《统计与管理》2014 年第
　　7 期。

曾文婕：《"正视"教师情绪——教学公平研究的应有取向》，《中国
　　教育学刊》2009 年第 7 期。

张冬梅、葛明贵：《教师情绪表达：为何与何为》，《教育科学研究》
　　2021 年第 3 期。

张夫伟、苏春景：《学生厌学的根源及改善之道——基于威廉·格拉
　　瑟的选择理论》，《中国特殊教育》2014 年第 8 期。

张洁、陈柏华：《小学英语实习教师实践性知识发展研究》，《教师教
　　育研究》2016 年第 3 期。

张九海：《思想政治教育的新变革——基于网络思维特征的思考》，
　　《国家教育行政学院学报》2011 年第 1 期。

张军凤：《教师的专业身份认同》，《教育发展研究》2007 年第 7 期。

张俊、吴重涵、王梅雾、刘莎莎：《面向实践的家校合作指导理
　　论——交叠影响域理论综述》，《教育学术月刊》2019 年第 5 期。

张丽等：《中小学教师工作困扰、消极情绪与职业幸福感的相关研
　　究——以山东省域数据调查为例》，《当代教育科学》2019 年第
　　11 期。

张敏、代建军：《论教师恐惧》，《当代教育科学》2016 年第 15 期。

张鹏程、徐志刚：《教师情绪劳动的内涵、价值及优化策略》，《教育
　　探索》2016 年第 1 期。

张庆：《论教师情绪弹性的养成》，《教育评论》2011 年第 6 期。

张释元、陈向明、邱霞燕：《师范实习生教师专业身份建构》，《教师
　　教育研究》2015 年第 4 期。

张希希：《教育叙事研究是什么》，《教育研究》2006 年第 2 期。

张昕、罗增让：《影响教育改革中教师情绪反应的因素分析——脆弱性承诺、自我认知和微观政治素养的作用》，《全球教育展望》2016 年第 6 期。

张雪、索长清、王秀青：《家园合作的困境与突破——基于哈格里夫斯教师情绪地理框架的分析》，《重庆第二师范学院学报》2021 年第 4 期。

张玉杰、姜浩、杨启迪：《顶岗实习对师范生教师职业道德的影响与对策分析》，《河北师范大学学报》（教育科学版）2018 年第 1 期。

张玉柱、金盛华：《高校教师职业幸福感调查与影响因素分析》，《教育科学》2013 年第 5 期。

张正江：《做事求真 做人求善 人生求美——真善美教育论纲》，《教育理论与实践》2005 年第 10 期。

赵彩侠：《更加关注教育内部公平，更加关注社会主义核心价值观教育——专访北京师范大学教育学部部长石中英教授》，《中国教师》2016 年第 1 期。

赵婷婷、田贵平：《网络教学到底能给我们带来什么——基于教学模式变革的历史考察》，《教育科学》2020 年第 2 期。

赵鑫、熊川武：《教师情感劳动的教育意蕴和优化策略》，《教育研究与实验》2012 年第 5 期。

郑楚楚、郭力平：《二十一世纪以来国内外教师情绪智力与教师职业倦怠关系研究的元分析》，《教师教育研究》2018 年第 30 卷第 4 期。

郑太年：《以全面育人推进普通高中教育改革与发展》，《教育发展研究》2021 年第 41 期。

钟启泉：《中国基础教育课程改革：问题与行动》，《全球教育展望》2004 年第 33 卷第 1 期。

周俊：《高中教师情绪劳动策略及影响因素的实证研究》，《中国教师》2020 年第 7 期。

周凯、何敏媚：《青少年的自我意识与心理健康的现状及其相关研究》，《中国学校卫生》2003 年第 3 期。

周明洁、张建新：《心理学研究方法中"质"与"量"的整合》，
　　《心理科学进展》2008 年第 1 期。

周勇：《文学、电影与人生教育学——论教育学的现象学转向及其优
　　化路径》，《全球教育展望》2013 年第 8 期。

朱光明、陈向明：《理解教育现象学的研究方法》，《外国教育研究》
　　2006 年第 33 卷第 11 期。

中文演讲

李树英：《教育现象学研究方法：重新寻找生活的体验》，江西师范
　　大学教育学院演讲，2014 年。

朱光明：《做现象学的教育研究》，江西师范大学初等教育学院演讲，
　　2016 年。

中文学位论文

陈锡腾：《中小学教师职业生态危机及其对策分析》，硕士学位论文，
　　福建师范大学，2008 年。

陈学敏：《幼儿园组织视角下教师情绪管理的问题及管理系统构建》，
　　硕士学位论文，内蒙古师范大学，2020 年。

丁聪聪：《教师情绪表达规则及其影响因素研究》，硕士学位论文，
　　浙江师范大学，2012 年。

范洋杨：《小学班主任情绪劳动的调查研究》，硕士学位论文，淮北
　　师范大学，2018 年。

葛俭：《中小学教师情绪工作、情绪智力和工作投入的关系研究》，
　　硕士学位论文，哈尔滨师范大学，2011 年。

韩竹青：《青岛市中小学教师幸福感现状调查研究》，硕士学位论文，
　　青岛大学，2012 年。

黄臻伟：《小学教师职业内疚的现象学研究》，硕士学位论文，江西
　　师范大学，2015 年。

蒋开君：《范梅南现象学教育学思想研究》，博士学位论文，首都师
　　范大学，2011 年。

李芳：《新课程实施中教师的消极情绪研究》，硕士学位论文，西南大学，2007 年。

李家黎：《教师信念的文化研究》，博士学位论文，西南大学，2009 年。

李银玲：《中学青年教师专业素质及提升研究》，硕士学位论文，陕西师范大学，2016 年。

林媛媛：《幼儿园教师生气事件应对能力的差异研究》，博士学位论文，福建师范大学，2019 年。

施珍梅：《小学教师情绪管理研究——以深圳市为例》，硕士学位论文，深圳大学，2017 年。

孙平：《组织氛围对员工创新行为的影响研究》，硕士学位论文，湖南工业大学，2019 年。

王力娟：《中小学教师状态焦虑研究》，硕士学位论文，西南大学，2008 年。

王萍：《教育现象学方法及其应用》，博士学位论文，河北大学，2010 年。

叶悠悠：《小学名班主任班级管理中情绪表达规则的个案研究》，硕士学位论文，安徽师范大学，2020 年。

易娜伊：《社会文化理论视角下汉语国际教育硕士课程实施的个案研究》，博士学位论文，东北师范大学，2014 年。

张小雪：《初中教师情绪智力、职业倦怠与工作绩效的关系研究》，硕士学位论文，内蒙古师范大学，2012 年。

章卓娜：《A 市中小学班主任班级管理智慧的叙事研究》，硕士学位论文，江西师范大学，2018 年。

赵申冉：《负性情绪表达情境对负性情绪表达规则选择倾向的影响》，博士学位论文，河南大学，2015 年。

周璇：《中学教师情绪劳动的影响因素分析及管理对策研究》，硕士学位论文，湖南科技大学，2015 年。

朱丽娟：《中学生学校联结、学业情绪、学业成就与班主任情绪劳动的关系》，硕士学位论文，哈尔滨师范大学，2017 年。

会议论文

李敏：《"一屏一幕"总关情"一师一课"成名师》，《教育学》教科研成果展示会议论文，北京，2018 年 7 月。

英文著作

Alf Ross, On Guilt, *Responsibility and Punishment*, Berkeley and Los Angeles：University of California Press, 1975.

Bronfenbrenner, U., *The Ecology of Human Development*, Cambridge, MA：Harvard University Press, 1979.

Christopher Day and John Chi – Kin Lee eds., *New Undstandings of Teacher's Work：Emotions and Educational Change*, London：Springer, 2011.

Davidson, J., Bondi L. and Smith M., *Emotional Geographies*, Hampshire：Ashgate Publishing Limited, 2007.

D. C. Phillips, *Encyclopedia of Educational Theory and Philosophy*, California：Sage Publications, 2014.

Greenspan, P. S., *Practical Guilt：Moral Dilemmas, Emotions, and Social Norms*, New York：Oxford University Press, 1995.

Hannes Wiher, *Shame and Guilt：A Key to Cross-Cultural Ministry*, Hamburg：Verlag für Kultur und Wissenschaft, 2003.

Jan E. Stets and Jonathan H. Turner, *Handbook of the Sociology of Emotions：Volume II*, New York：Springer, 2005.

June Price Tangney, Ronda L. Dearing, *Shame And Guilty*, New York：The Gulford Press, 2002.

Max van Manen ed., *Writing in the Dark：Phenomenological Studies in Interpretive Inquiry*, On-tario：The Althouse Press, 2012.

Max van Manen, Phenomenology of Practice：Meaning-Giving Methods in Phenomenological Research and Writing, California：Left Coast Press, 2014.

Max van Manen, "Phenomenology of Practice" (unpubished), Electronic version: 2013.

Max van Manen, *Researching Lived Experience: Human Science for An Action Sensitive Pedagogy*, New York: SUNY Press, 1990.

Max van Manen, *The Tact of teaching: The Meaning of Pedagogical Thoughtfulness*, New York: Suny Press, 1991.

Mei Ngan Tam, *Emotions and Emotional Experiences: A Case Study in Hong Kong*, England: Scholar's Press, 2013.

Mei Ngan Tam, *Emotions and Emotional Experiences: A Case Study in Hong Kong*, Germany: Scholar's Press, 2007.

Miachel, Bassey, *Case Study Research in Educational Settings*, Buckingham: Open University Press, 1999.

Norman K. Denzin, *Qualitative Inquiry Under Fire: Toward a New Paradigm Dialogue*, California: Left Coast Press, 2009.

Parrot, W., *Emotions in Social Psychology*, Philadelphia: Psychology Press, 2011.

Paul A. Schutz, Reinhard Pekrun ed., *Emotion in Education*, Burlington: Elsevier, 2009.

Pekrun R., & Linnenbrink-Garcia L., *International Handbook of Emotions in Education*, New York And London: Routledge, 2013.

Reinhard Pekrun and Lisa Linnenbrink-Gracia, *International Handbook of Emotions in Education*, New York And London: Routledge, 2014.

Salzberger-Wittenberg, I., Henry, G. & Osborne, E., *The Emotional Experience of Teaching and Learning*, London: Routledge & Kegan Paul, 1983.

Seidman, I. ed., *Interviewing as Qualitative Research: A Guide for Researchers in Education and the Social Sciences (Third Edition)*, New York: Teachers College Press, 2006.

Shuying Li, *Pedagogy of Examinations: A Phenomenological Inquiry into the Pedagogical Significance of Chinese Students' lived Experiences of Examinations*, Ottawa: Library and Archives Canada, 2006.

Spiegelberg, H., *Doing Phenomenology*, Den Haag: Martinus Nijhof, 1975.

Tam, M. N., *Emotions and Emotional Experiences: A Case Study in Hong Kong*, Germany: Scholar's Press, 2007.

William Damon, *The Moral Child: Nurturing Children's Natural Moral Growth*, New York: The Free Press, 1988.

英文期刊论文

Ahn, H. J. & Stifter, C., "Child Care Teachers' Response to Children's Emotional Expression", *Early Education and Development*, Vol. 17. No. 2, June 2006.

Ai-Girl T., Dianaros M., "Teachers' Perceptions of Creativity and Happiness: A perspective from Singapore", *Procedia-Social and Behavioral Sciences*, Vol. 15, 2011.

Benevene, P., Stasio, S. D., Fiorilli, C., Buonomo, I., Ragni, B., Briegas, J. J. M. & Barni, D., "Effect of Teachers' Happiness on Teachers' Health. The Mediating Role of Happiness at work", *Original Research*, Vol. 10, October 2019.

Braun, S. S., Schonert-Reichl, K. A. & Roeser, R. W., "Effects of Teachers' Emotion Regulation, Burnout, and Life Satisfaction on Student Well-being", *Journal of Applied Developmental Psychology*, Vol. 69, May 2020.

Buric, I., Slikovic, A. & Soric, I., "Teachers' Emotions and Self-efficacy: A Test of Reciprocal Relations", *Frontiers in Psychology*, Vol. 11, August 2020.

Caires, S., Almeida, L. & Vieira, D., "Becoming A Teacher: Student Teachers' Experiences and Perceptions About Teaching Practice", *European Journal of Teacher Education*, Vol. 35, No. 2, 2012.

Carol Vincent, Annette Braun, "Being 'fun' at work: emotional labour, class, gender and childcare", *British Educational Research Journal*,

Vol. 39, No. 4, August 2013.

Cross, D. I. & Hong, J. Y., "An Ecological Examination of Teachers'Emotions in the School Context", *Teaching and Teacher Education*, Vol. 28, No. 7, October 2011.

Cross Francis, D. I., Hong J., et al., "The Dominance of Blended Emotions: a Qualitative Study of Elementary Teachers'Emotions Related to Mathematics Teaching", *Frontiers in Psychology*, Vol. 11, August 2020.

Davis, F. D., "Perceived Usefulness, Perceived Ease of Use And User Acceptance of Information Technology", *MIS Qquarterly*, No. 13, 1989.

Deanna Geddes, Ronda Roberts Callister, "Crossing the Line (s): A Dual Thereshold Model of Anger in Organizations", *The Academy of Management Review*, Vol. 32, No. 3, July 2007.

De Ruiter, J. A., Poorthuis, A. M. G. & Koomen, H. M. Y., "Relevant Classroom Events for Teachers: A study of Student Characteristics, Student Behaviors, and Associated Teacher Emotions", *Teaching and Teacher Education*, Vol. 86, August 2019.

Dzuka J, et al., "Student Violence Against Teachers: Teachers'Well-Being and the Belief in a Just World", *European Psychologist*, Vol. 12, No. 4, Jan 2007.

Farouk, S. "What can the Self-conscious Emotion of Guilt Tell us about Primary School Teachers' Moral Purpose and the Relationships They have with Their Pupils?", *Teachers and Teaching: Theory and Practice*, Vol. 18, No. 4, June 2012.

Feryal Cubukcu., "The Significance of Teachers' Academic Emotions", *Procedia- Social and Behavioral Sciences*, Vol. 70, 2013.

Frenzel, Anne C., Pekrun R., et al., "Measuring Teachers' Enjoyment, Anger, and Anxiety: The Teacher Emotions Scales (TES)", *Contemporary Educational Psychology*, Vol. 46, 2016.

Fried, Leanne, et al. "Teacher Emotion Research: Introducing a Conceptual Model to Guide Future Research", *Issues in Educational Research*,

Vol. 25, No. 4, January 2015.

Friedman Ray, et al. , "The positive and negative effects of anger on dispute resolution: evidence from electronically mediated disputes", *The Journal of applied psychology*, Vol. 89, No. 2, April 2004.

Gkonou, C. & Miller, E. R. , "An Exploration of Language Teacher Reflection, Emotion Labor, and Emotional Capital", *TESOL Quarterly*, Vol. 55, No. 1, March 2020.

Golby, M. ,"Teachers' Emotions: An Illustrated Discussion", *Cambridge Journal of Education*, Vol. 26, No. 3, 1996.

Gross, J. J. , "Emotion Regulation: Current Status and Future Prospects", *Psychological Inquiry*, Vol. 26, No. 1, April 2015.

Gross, J. J. , "The Emerging Field of Emotion Regulation: An Integrative Review. Review of General Psychology", *Review of General Psychology*, Vol. 2, No. 3, 1998.

Hagenauer, G. & Volet S. E. , " I don't Hide My Feelings, Even Though I try to: Insight into Teacher Educator Emotion Display", *Aust Educ Res*, Vol. 41, No. 3, October 2013.

Hagenauer, G. & Volet, S. E. , "I Don't Think I Could, You Know, Just Teach Without Any Emotion: Exploring the Nature and Origin of University Teachers' Emotions ", *Research Papers in Education*, Vol. 29, No. 2, 2014.

Hargeaves A. , "Mixed emotions: Teachers' Perceptions of Their Interactions with Students", *Teaching and Teacher Education*, Vol. 16, No. 8, 2000.

Hargreaves, A. ,"Educational Change Takes Ages: Life, Career and Generational Factors in Teachers'Emotional Responses to Educational Change", *Teaching & Teacher Education*, Vol. 21, No. 3, 2005.

Hargreaves, A. , "The Emotional Geographies of Teachers' Relations with Colleagues", *International Journal of Educational Research*, Vol. 35, No. 5, 2001.

Hargreaves, A. , " The Emotional Practice of Teaching", *Teaching and Teacher Education*, Vol. 14, No. 8, 1998.

Jennings, Patricia A. ,"Early Childhood Teachers' Well-Being, Mindfulness, and Self-Compassion in Relation to Classroom Quality and Attitudes Towards Challenging Students", *Mindfulness*, Vol. 6, No. 4, May 2015.

Jimmy Calanchini, Wesley G. Moons and Diane M. Mackie, "Angry expressions induce extensive processing of persuasive appeals", *Journal of Experimental Social Psychology*, Vol. 64, May 2016.

Judge Timothy A. , Scott Brent A. & Ilies Remus, "Hostility, Job Attitudes, and Workplace Deviance: Test of a Multilevel Model", *Journal of Applied Psychology*, Vol. 91, No. 1 , January 2006.

Junjun Chen,"Understanding Teacher Emotions: The Development of a Teacher Emotion Inventory", *Teaching and Teacher Education*, Vol. 55, January 2016.

Kate Boyer, Suzanne Reimer and Lauren Irvine, "The nursery workspace, emotional labour and contested understandings of commoditised childcare in the contemporary UK1", *Social & Cultural Geography*, Vol. 14, No. 5 , August 2013.

Kelchtermans, G. , "Teacher Vulnerability: Understanding Its Moral and Political Roots", *Cambridge Journal of Education*, Vol. 26, No. 3, November 1996.

Kidd, T. , "The Rhetoric of Fear: Voices and Stories Told of Faculty Who Engage in Online Teaching", in Kidd, T. & Lonnie R. Morris, Jr. , *Handbook of Research on Instructional Systems and Educational Technology*, IGI Global, 2017.

Klaas Van Veen & Peter Sleegers, "HowDoes It Feel? Teachers' Emotions in A Context of Change", *Curriculum Studies*, Vol. 38, No. 1, February 2006.

Kwok Kuen Tsang, "The Interactional-institutional Construction of Teachers' Emotions in Hong Kong: the Inhabited Institutionalism Perspec-

tive", *Frontiers in psychology*, Vol. 10, November 2019.

Lee, John Chi-Kin and Hong-Biao Yin, "Teachers' Emotions and Professional Identity in Curriculum Reform: A Chinese Perspective", *Journal of Educational Change*, Vol. 12, No. 1, February 2011.

Little, J. W., "The Emotional Contours and Career Trajectories of (Disappointed) Reform Enthusiasts ", *Cambridge Journal of Education*, Vol. 26, No. 3, November 1996.

Mevarech, Z. R. & Maskit, D., "The Teaching Experience and The Emotions It Evokes", *Social Psychology of Education*, Vol. 18, No. 2, January 2015.

Nichols, Sharon L. et al., "Early Career Teachers' Emotion and Emerging Teacher Identities ", *Teachers and Teaching*, Vol. 23, No. 4, July 2016.

Ozmantar, Z. K., "A Phenomenological Study of Practicum Experience: Preservice Teachers' Fears", *International Journal of Progressive Education*, Vol. 15, No. 1, 2019.

Poulou, M. , "Student-Teachers' Concerns About Teaching Practice", *European Journal of Teacher Education*, Vol. 30, No. 1, 2007.

Randolph M. Nesse, "EvolutionaryExplanations of Emotions", *Human Nature*, Vol. 1, No. 3, September 1990.

Regan, K., Evmenova, A., Baker, P., Jerome, M. K., Spencer, V., Lawson, H. & Werner, T., "Experiences of Instructors in Online Learning Environments: Identifying and Regulating Emotions", *Internet & Higher Education*, Vol. 15, No. 3, 2012.

Rosemary E. Sutton, Karl F. Wheatley, "Teachers' Emotions and Teaching: A Review of the Literature and Directions for Future Research", *Educational Psychology Review*, Vol. 15, No. 4, December 2003.

Scott, Neil H, "Careful Planning or Serendipity? Promoting Well-Being through Teacher Induction", *Paper presented at the Annual Meeting of the Canadian Society for the Study of Education*, Ottawa, Canada, May 28,

1998.

Simona Prosen, Helena Smrtnik Vituli, "Anger in preschool teachers: experience, regulation and connection to mental health", *European Early Childhood Education Research Journal*, Vol. 27, No. 4, July 2019.

Steven H. Lopez, "Emotional Labor and Organized Emotional Care", *Work and Occupations*, Vol. 33, No. 2, June 2006.

Susanne A. Denham, et al., "Early Childhood Teachers as Socializers of Young Children's Emotional Competence", *Early Childhood Education Journal*, Vol. 40, No. 3, June20.

Toulabi, Z., Raoufi, M. & Allahpourashraf, Y., "The Relationship Between Teachers' Happiness and Quality of Working Life", *Procedia-Social and Behavioral Sciences*, Vol. 84, 2013.

Van Veen, K. and Sleegers, P., "Teachers' Emotions in a Context of Reforms: to a Deeper Understanding of Teachers and Reforms", in P. A. Schutz and M. Zembylas, eds., *Advances in Teacher Emotion Research: The Impact on Teachers' Lives*, Dordrecht, The Netherlands: Springer, 2009.

Venkatesh, V., Morris, M. G., Davis, G. B. & Davis, F. D., "User Acceptance of Information Technology: Toward a Unified View", *Management Information Systems Quarterly*, Vol. 27, No. 3, 2003.

Waring, M, "Finding your theoretical position", in Arthur, J., Waring, M., Coe, R. & Hedges, L., eds. *Research Methods and Methodologies in Education*, London: SAGE, 2012.

Zembylas, M., "Emotional Ecology: The Intersection of Emotional Knowledge and Pedagogical Content Knowledge in Teaching", *Teaching and Teacher Education*, Vol. 23, 2007.

后　记

　　到了后记，意味着一个活动行将结束，需要说点啥，以铭记这段共同奋斗的时光。

　　关注教师心灵，主要因自己小学教师的经历催生。教师是课程实施的关键人物，他们的信念、文化、情绪像幽灵，若一只无形的手，时刻在影响着学校的教育活动。为此，曾完成过《教师信念论》《教师文化论》的相关研究。这本可算是它们的姊妹作吧。

　　整理这一成果是一个夙愿。早在2013年以教师情绪为主题申请过一个"江西省教育科学规划重点课题"，立了项。那一年，我刚好在加拿大阿尔伯塔大学学习教育现象学，越来越觉得现象学是最适合用于这一主题的研究。回国后，我带着一帮硕士生对这一主题进行了各个维度的现象学探讨，产出了一批学位论文。在这一过程中，我与他们一起学习，一起探索，更加深了对这一主题的情结。总想以这一主题报国家项目，但始终不能如愿，于是被迫放弃了对这一主题的持续关注。

　　2015年，立了一个主题为"儿童道德共识"的国家社科基金项目，更多的精力开始转移到了国家课题的主题上，于是中断了多年对这一主题的深度关注。只是因为爱、情总牵着它。2017年来到广州大学工作，由于跟博士生上质的研究方法课程，总是魂牵梦萦般地绕到这一主题上，决心重拾对这一主题的关注。

　　"潘多"学术共同体是一种情感共同体，这一成果就是共同努力的结晶。在思念的动员下，2018年寒假起我开始着手整理，先是由黄臻伟、程雯协助，完成了书稿的雏形；后来在博士生刘明清的组织下，大家进行了多轮的讨论和共同的努力，终于完成了初稿。这一过程十分快乐。有一段时间，我们常常是全天候十多个小时的讨论，有时是连续一周每晚3个多小时的讨论。我把这一过程当作是一门"课程"，引导"潘多"共同体的学生一起经历，成为生命当中同行的重要旅程。作为"潘多"的"船长"，谢翌负责全书结构的设计，参与各个章节的写作思路指导和修改，并完成全书的统稿工作。写作过程中，大家群策群力，都在尽可能地做贡献，很多章节是由多人共同完成的，这里只列出代表性的作者。书稿的大致分工如下。

章节与作者对照表

章节	主题	主要完成者
第一部分 理论基础与研究设计		
第一章	绪论	谢翌 刘明清 黄臻伟
第二章	情绪与教师情绪	陈婕 谢翌 刘明清
第三章	研究设计	黄臻伟 谢翌 刘明清
第二部分 教师情绪的现实表征：六种典型体验		
第四章	教师幸福的现象学研究	陈瑞华 宋娟 谢翌
第五章	教师内疚的现象学研究	黄臻伟 张佳丽 谢翌
第六章	教师忧虑的现象学研究	刘明清 李玲 谢翌
第七章	教师恐惧的现象学研究：网络教学的视角	程雯 谢翌
第八章	教师抱怨的现象学研究	张妮 刘明清 谢翌
第九章	教师愤怒的现象学研究	李春会 谢翌
第三部分 教师情绪体验的整体图景：实习教师和班主任的视角		
第十章	实习教师情感体验的现象学研究	李亚培 谢翌
第十一章	班主任情绪体验的现象学研究	曾瑶 齐曼琳 谢翌
第四部分 研究结论与理论建构		
第十二章	教师情绪的影响因素与生成机制	赖丽花 黄臻伟 谢翌
第十三章	研究结论、建议与展望	黄臻伟 吴紫娟 谢翌

漫步教师心灵，贴近内心景观，这是一段情感旅程，更是一段探索与理解之旅。聆听教师的生活体验，关注教师生命的现实，行走于生命间的对话，于我们每一个人而言都是一次成长的机缘。

情绪可以成为一种美丽的力量，赋予我们勇气，给予我们力量！

感恩共同体情感的滋养，让我们可以有趣、有力地完成许多超越预期的研究工作；感恩愿意向我们开放内心的教师们，向我们展现了自己美丽的内心景观和多样化的情绪样态；感恩江西师范大学、广州大学的接纳和支持，让我可以生有所托地自由思想；感恩中国社科出版社的厚爱，特别是许琳老师的用心、用情帮助！

今年，恰逢女儿高三毕业，幸被心中的梦校（Grinnell 文理学院）录取，这也算是送给她的升学礼物。

2021 年夏天于尚宅